파트와를 통해 본
이슬람 사회의 규범과 현실

제 3 권 상거래 문화 관련 파트와

문재완 · 곽순례 · 김정아 · 박재원 · 박희호 · 이명원 · 이인섭   저

세창출판사

아랍이슬람총서 12

파트와를 통해 본 이슬람 사회의 규범과 현실
제 3 권 상거래 문화 관련 파트와

초판 1쇄 인쇄 2016년 10월 20일
초판 1쇄 발행 2016년 10월 25일

저 자 | 문재완 · 곽순례 · 김정아 · 박재원 · 박희호 · 이명원 · 이인섭
발행인 | 이방원
발행처 | 세창출판사
신고번호 | 제300-1990-63호
주소 | 서울 서대문구 경기대로 88 냉천빌딩 4층
전화 | (02) 723-8660 팩스 | (02) 720-4579
http://www.sechangpub.co.kr
e-mail: sc1992@empal.com
ISBN 978-89-8411-648-1 94210
        978-89-8411-272-8 (세트)

값 20,000원
잘못 만들어진 책은 바꾸어 드립니다.

이 저서는 2011년 대한민국 교육부와 한국연구재단의 토대연구지원사업의 지원을 받아 수행된 연구임(NRF-2011-322-A00026)

이 도서의 국립중앙도서관 출판시도서목록(CIP)은 e-CIP홈페이지(http://www.nl.go.kr/ecip)와 국가자료공동목록시스템(http://www.nl.go.kr/kolisnet)에서 이용하실 수 있습니다.
(CIP제어번호: CIP2016025156)

머 리 말

Fatwā

이 책은 모두 세 권으로 이루어진 『파트와를 통해 본 이슬람 사회의 규범과 현실』을 마무리하는 제3권이다. 앞서 제1권에서 결혼과 이혼, 상속에 관한 가정 생활의 규범을 소개하였고, 제2권에서 사회생활의 규범과 현실을 연구한 바 있다. 제3권은 상거래 관련 파트와를 중심으로 무슬림 사회의 경제 활동에 초점을 맞춘다. 이 책은 앞의 두 권이 이룬 성과를 기반으로 하고, 무슬림 사회의 규범이라는 틀 내에서 직·간접적인 연관을 지니고 있으므로 함께 읽는 것이 바람직하다. 하지만 세 권을 반드시 순서대로 읽어야 하는 것은 아니다. 세 책이 다른 주제를 갖고 있느니 만큼, 관심이 가는 부분을 따로 참고할수 있을 것이다.

이 책에서 다루는 경제는 사회의 물적 토대이다. 가정과 사회의 규범이 이슬람의 역사와 더불어 오랜 세월 동안 서서히 정착한 반면, 경제는 근대에 들어오면서 변화의 속도가 빨라짐으로써 관련 규범 또한 커다란 변화를 겪었고 여전히 변화가 진행 중이다. 아랍 각국에서 가정의 윤리는 전통적 가치를 대체로 수용하는 편이며, 이와 대조적으로 사회생활 규범은 시대의 흐름에 동조하는 경향이 있다. 이는 아랍 각국에서 개인신상법이 대동소이하게 샤리아를 근간으로 하는 데 비해 경제 관련 법규에는 실정법의 요소가 많이 포함되는 데에서 드러난다.

아랍 무슬림 사회는 유구한 역사를 통해 자리잡은 다채로운 상거래 관행을 가지고 있다. 이슬람이 발흥한 메카가 인도양과 지중해 연안을 연결하는 무역로에 위치하고, 예언자 무함마드는 카라반 상인이었다. 상업은 중세는 물론이고 근대 이후에도 산업화에서 뒤처진 아랍 세계의 주요 산업이었다. 아랍 무슬림들이 이슬람 법 샤리아의 틀 안에서 정교한 상거래 규범을 발전시킨 것은 우연의 소산이 아니다.

현대 경제 활동의 기본 요소라 할 자본과 금융 제도는 무슬림 사회로서는 새로운 현상이었다. 제1권과 제2권에서 다룬 가정과 사회생활은 바깥 세상에 큰 영향을 미치지 않는다. 더 이상 고립이 불가능해진 현대에서도 무슬림 사회 내부문제의 성격이 강한 것이다. 무슬림 가정에서 전통적 규범은 도전에 직면하곤 하지만 여전히 권위를 유지하고 있다. 경제 또한 빈곤, 계층 갈등, 자원 분배와 같은 내부문제와 직결되어 있다. 그러나 경제는 외부 세계와의 상호작용 또한 중요하다. 상거래는 자본과 물자가 오고감을 전제로 한다. 그만큼 개방적이고 역동적이며 여건과 환경의 변화에 민감하다. 무슬림 사회를 지탱해 온 과거의 전통만으로는 더 이상 규제가 불가능한 상황에 도달한 것 같다.

무슬림 사회의 경제는 규범이 현실의 변화를 따라가는 중이다. 물질적 욕망이 추동하고 이해의 충돌이 난무하는 현실에서 샤리아의 권위가 도전을 받고 있다. 무슬림들은 샤리아가 시대를 초월하는 진리라는 믿음만으로는 살기 어려워졌다. 끊임없이 흐르는 자본과 금융의 속성에 더해 자본을 둘러싼 관계들은 현실을 더욱 복잡하게 만든다. 구체적으로 말하자면 경제 활동에서 나타나는 외상이나 할부 결제, 이자와 배당, 투자, 상조, 도박 등에 관하여 샤리아는 나름의 관행과 규범을 지니고 있다. 은행 예금과 주식, 경품, 신용카드, 리스 등과 같이 새롭거나 새로운 형태로 진화한 제도도 병존한다.

이슬람 세계는 단일한 기치 아래 하나로 움직이는 집단이 아니다. 산유국과 비산유국, 부국과 빈국, 왕정 체제와 세속 권력, 군부 세력 간의 이견과 갈등이 계속되고 있다. 특히 세속 정부를 중심으로 샤리아와 세속법 간의 갈등 양상도 보인다. 독자는 은행 이자인 '리바'를 금하는 국가와 인정하는 국가가 공존하는 아랍권의 현재 상황을 이해해야 한다.

이 책이 묶어 내놓는 질문과 답변들은 무슬림 사회의 경제 시스템이 새로운 규범을 필요로 하며, 규범을 세우기 위한 과정이 끊임없이 이어지고 있다는 점을 확연하게 보여 준다. 독자들은 가정과 사회, 경제 문제에서 공히 파트와가 규범과 현실 사이의 갈등을 조정하는 중대한 역할을 수행한다는 사실을 분명하게 느끼게 될 것이다.

일반적으로 무슬림들은 샤리아를 알라가 인류에게 내려 주신 법으로 인식한다. 그러므로 샤리아가 보여 주는 길을 따라 살아가려고 노력한다. 무슬림들은 어떤 일을 시작할 때 결정이나 행동이 샤리아에 부합하는지 여부를 알고 싶어한다. 결정이 샤리아의 의도와 일치하거나, 아니면 최소한 어긋나지 않는다는 판단을 하고 나야 안심하는 것이다. 이런 이유로 무슬림은 무프티를 찾아가 파트와를 구하는 것을 중요한 과정으로 여긴다.

현대 무슬림 사회에서 경제에 관련한 규범은 개인, 지역, 국가, 문화, 연령, 성별에 따라 다양하다. 무슬림 사회에 진출하여 경제 활동을 하거나, 무슬림을 상대로 경제 행위를 할 경우 이들의 경제관을 이해하는 것은 사업의 성패를 가르는 중요한 요소가 될 수 있다. 샤리아가 추구하는 것은 무슬림의 공익이다. 샤리아의 원천인 코란과 하디스는 무슬림이 생계를 꾸려 나가고 이윤을 추구하며 부를 축적하는 과정에서 허락 혹은 금지하는 대상과 상황에 대해 언급하고 있다.

샤리아를 기반으로 하는 이슬람 금융은 일반 상업 은행의 업무와 다른 점이 많다. 가장 큰 차이는 이슬람 금융이 리바를 금지한다는 것이다. 코란은 리바 금지와 손익의 분담을 명확하게 규정하고 있다. "그러나 사탄에게 맞고 서 있는 이들과 같은 자를 제외하고는 리바를 취한 자들은 부활의 날에 서 있지 못할 것이다. 그들은 '거래가 리바와 같다'고 말했기 때문이다. 하지만 알라께서는 교역만 허락했고 리바를 금하셨다. 따라서 알라의 권고를 받아들이고 리바를 금한 사람에게는 과거의 유익함을 지켜 주고 그의 문제가 알라에게 속하지만, 리바를 취한 사람은 지옥에 갈 사람이고 그곳에서 영원히 살 것이다."〈바까라(2)장 275절〉 이처럼 무슬림의 상거래는 계약의 모든 조건이 샤리아에 의해 허용된 것이어야 한다. 거래 상대방 국가의 법이 샤리아와 상치하면 거래는 이루어질 수 없다.

또한 샤리아는 판매 시점에서 불확실한 것과 가정에 기초한 판매 행위를 금지한다. 예언자는 불확실하거나 교환이나 인도될 상품의 분량이 명시되어 있지 않아 분쟁을 일으킬 수 있는 모든 종류의 거래를 금지했다.〈유스프 까르다위 2011, 292〉 예를 들어 아직 익지 않은 과일을 미리 거래하는 경우가 있다. 예언자는 자연 재해로 작물에 피해가 발생할 수 있는데, 그때 판매자와 구매자 간에 책임 소재를 놓고 이견이 발생할 수 있으니 열매가 상품으로서의 가치를 인정 받을 수 있는 시점까지 거래를 하지 말라고 했다. 초기의 이슬람은 무슬림의 공평과 공익을 주장했고, 무슬림들은 정직과 신뢰를 바탕으로 상거래에 임하려 노력했다. 정직과 신뢰는 오늘날까지 상거래에서 무슬림들이 가장 중요시하는 덕목이다. 무슬림은 변경이 가능한 것, 위험한 것, 불확실한 것, 사행성이 있는 것 등은 거래 조건으로 수용하지 않았다. 그 결과 현물은 현물로, 빌려준 것은 빌려준 만큼만 돌려받는 것을 원칙으로 생각했다.

오늘날 무슬림 사회에서 무슬림의 경제관을 보여 주는 파트와가 있다. 요르단 이프타 기관*에 실제로 제기된 질문은 모바일 충전을 하기 위해 대학 강의실에 있는 전기를 사용하는 것에 대한 판단 요청이었고, 이에 대한 답은 "신실한 사람들은 이런 행동을 하지 않습니다"이었다. 이 파트와는 현대 사회에서 모바일이 대변하는 편리함의 이

---

* http://aliftaa.jo.

면에 존재하는 무슬림의 전통적 가치관과 파트와에 대한 신뢰를 보여 준다.

무슬림 사회의 상거래에서 가장 중요한 키워드 중 하나는 수쿠크이다. 수쿠크는 이슬람 법에 부합하는 금전적 권리를 표시하는 증서이고 이슬람 채권에 상응한다. 수쿠크는 유형 자산을 통해 창출되는 현금의 흐름, 특정 프로젝트 또는 투자 행위로부터 발생하는 수익에 대한 소유권이다. 그러므로 차입된 자금에 대하여 약정한 이자를 지급하고 만기에 원금을 상환하겠다는 발행자의 약속을 나타내는 일반 채권과는 개념이 다르다.(공일주2011, 237)

수쿠크와 더불어 무슬림들의 경제 의식과 문화를 이해하는 데 필수적인 요소는 자카트(종교세)일 것이다. 자카트는 무슬림의 5대 의무 중 하나로서 보통 연간 소득의 2.5%를 납부한다. 자카트는 가난한 무슬림을 위해 사용되고, 국가마다 차이가 있으나 종교성 또는 정부 산하의 관리 기관이 운영한다.

이 책은 무슬림 사회 상거래의 형태와 정의, 계약, 금융 거래, 보험 등과 관련된 파트와를 선별, 번역, 구분, 수록하였다. 또한 무슬림 상거래의 원칙을 다루고 있는 전문 서적과 파트와 위원회의 보고서에서 연구 주제와 관련된 정보를 함께 수록하였다. 해당 자료는 ʿAbd al-Jawwād Khalaf의 *al-Muʿāmalāt fī al-Fiqh al-Islāmī*와 Khālid bn ʿAbd al-Raḥmān al-Garīsīd의 *al-Fatāwī al-Sharʿiyyah fī al-Masāʾil al-ʿAṣriyyah* 등이다.

저자들은 바레인 소재 이슬람금융기관 회계감사기구AAOIFI (Accounting and Auditing Organization for Islamic Financial Institutions)에서 대외비 자료를 흔쾌히 제공해 준 Khairul Nizam 사무차장에게 감사 드린다. 또한 저자들을 만나 바레인의 종교성 및 파트와국(局)의 정책을 상세히 설명해 준 바레인 이슬람협회(The Islamic Association)의 Dr. A. Latif Mahmood Al-Mahmood 회장, 오만 종교성(Ministry of

Endowments & Religious Affairs) 산하 이프타 기관(Al-Iftaa Office)의 Ahmed Hamad Al-Khalil 대 무프티(The Grand Mufti), 동 기관의 Dr. Kahlan Nabhan Al-Kharusi 대 무프티 보좌관(Assistant Grand Mufti), 카타르 종교성(Ministry of Endowments & Religious Affairs) 산하 이슬람업무과(Islamic Affairs Department)의 Khalid Shaheen Al-Ghanim 과장과 이슬람 웹넷(Islamweb.net)의 파트와부서의 Abdullaah S. Al-'Abbad 부서장에게 깊은 감사의 말을 전한다. 이 책의 집필 과정에서 자문 역할을 해 준 ACA Inc.의 김종원 대표, 한국외국어대학교 아랍어과의 김동환 교수에게도 감사드린다. 또한 파트와 번역 작업을 맡아 준 한국외국어대학교 통번역대학원 이혜정 선생, 김현수 박사, 김보람, 최용진, 김연주, 김예리, 유연경, 이강필, 최진혁, 박나현 연구보조원들에게도 고마운 마음을 전한다.

2016년 10월
저자 일동

차 례
F a t w ā

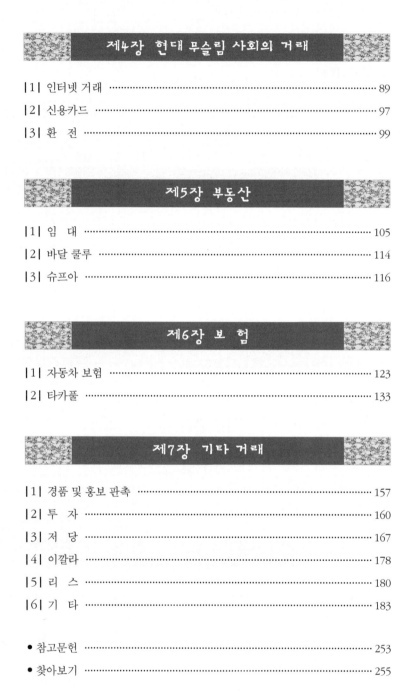

일러두기
Fatwā

❶ 파트와에 나오는 알라에 관한 경구나 형식상 반복되는 관용 표현은 번역에서 제외한다.

❷ 아랍어 발음을 위한 로마자 표기는 원음에 가깝도록 일러두기에서 제시한 로마자 표기를 따른다. 단, 이미 국내에서 널리 사용되는 명사(예를 들어 코란, 메카 등)는 알려진 표기법을 따른다. 아랍인 고유명사의 표기는 명함에 적힌 아랍어를 기준으로 하되 영어 발음을 병기한다.

아랍어	로마자 표기	아랍어	로마자 표기	아랍어	로마자 표기
ا	ʾ	س	s	ل	l
ب	b	ش	sh	م	m
ت	t	ص	ṣ	ن	n
ث	th	ض	ḍ	ه	h
ج	j	ط	ṭ	و	w
ح	ḥ	ظ	ẓ	ي	y
خ	kh	ع	ʿ	ﺎ	ā
د	d	غ	gh	ﻮ	ū
ذ	dh	ف	f	ﻲ	ī
ر	r	ق	q		
ز	z	ك	k		

❸ 코란의 출처는 다음과 같이 표기한다.
예) 파티하(1)장, 바까라(2)장 45절

❹ 하디스의 출처는 '~의 전승'과 같은 표현을 사용하여 명시한다.
예) '부카리 전승'은 부카리가 전승한 하디스를 의미한다.

❺ '샤리아'는 이슬람 법을 의미한다.

❻ 본저에 언급된 하디스의 출처는 sunnah.com이다. 출처가 sunnah.com이 아닌 경우에만 출처를 밝힌다.

❼ 인명 표기는 아랍어 전사를 원칙으로 하나 명함에 쓰인 표기를 우선으로 한다.

❽ 아랍어를 원음에 가깝게 표기하기 위하여 부득이 국립국어원의 외래어 표기법과 상이한 경우도 있다.

❾ 파트와의 출처와 인용 시기는 각 파트와 하단에 표기한다.

❿ 국가나 이슬람 법학파에 따라 동일한 질문에 대한 파트와가 일치하지 않는 경우도 있다. 이때 무슬림 사회의 실상을 여실히 전달한다는 본 연구의 의도를 살려 해당 파트와를 제외하지 않고 모두 제시한다.

Fatwā

제1장

리 바

7세기 이전 아라비아 반도는 인접해 있는 비옥한 초승달 지역의 문화적 영향권 하에 있었다. 비잔틴, 악숨, 사산 제국의 주변부에 위치했던 아라비아 반도는 인도양과 소아시아, 지중해를 잇는 대상들의 주요 교역로였다. 당시 아라비아 반도의 경제는 유대인 상단이 지배하고 있었는데 이슬람의 출현으로 이자 거래가 금지되면서 기존의 상업 판도가 크게 동요했다. 신흥 종교였던 이슬람이 이자를 금한다는 것은 당시 아라비아 반도에 고리대금을 비롯한 이자의 병폐가 심각했음을 반증한다. 리바 Ribā는 아랍어 어근 'R-B-W'에서 파생되었다. 리바가 "고리대금을 취하다"라는 의미로 쓰이는 것을 보아 자힐리야 시대의 아라비아 반도에서는 상거래 과정에서 지나치게 높은 이자율이 성행했던 것으로 짐작된다. 이슬람은 코란과 하디스를 비롯한 다양한 법원法源을 통해 무슬림이 가져야 할 올바른 상도의를 강조하였다. "알라께서는 거래는 적법하나 이자는 불법으로 만드셨노라."〈바까라(2)장 275절〉예언자 무함마드는 "알라께서는 리바를 받는 자, 리바를 주는 자, 리바에 대한 증인이 되는 자, 또 이를 기록하는 자를 저주하신다"라고 말했다. 리바의 종류를 분류하는 기준은 리바가 발생하는 거래 방식에 따른 것이 학계의 일반적인 분류이다. 이에 따르면 리바는 크게 두 가지로 구분되는데 첫 번째가 대출을 통한 채무에 의해서 발생한 '리바 알두윤Ribā al-Duyūn'이며 두 번째가 상품 거래를 통해 발생하는 '리바 알부유으Ribā al-Buyū'로 구분된다.(김동환, 2014, 195) 리바는 혼용되는 그 명칭과 상관없이 이슬람 등장과 함께 코란에서 전격적으로 금지되었다. 코란은 리바에 대해서 바까라(2)장 275절에서 3회, 276절에서 1회, 278절에서 1회, 이므란(3)장 130절에서 1회, 니싸아(4)장 161절에서 1회, 로움(30)장 39절에서 1회와 같이 모두 8차례에 걸쳐 언급했으며, 엄격히 금지했다.

(1) 정　의

대출이란 대상물을 이용하기를 원하는 사람에게 주고, 같은 것으로 돌려받는 것이다.

(2) 대출의 본질

대출의 본질은 자발적으로 주는 데 있다. 채권자는 채무자에게 자신이 대출물에 대한 용익권을 준다.

(3) 대출에 대한 판단

원칙적으로 대출은 바람직한 것이다. 양자의 필요를 충족시킬 수 있기 때문이다. 예언자는 "알라께서는 그의 종이 그의 형제를 돕는 한 그를 도우신다"라고 말했다.(무슬림 전승[1]) 채무자에겐 채권자가 가지고 있는 것이 꼭 필요하지만 채권자에게는 필요하지 않은 경우, 때때로 대출은 의무가 된다. 재산 손실을 방지하기 위한 목적이거나 재산 증식을 꾀하며 대출하는 경우도 있는데, 이러한 대출은 혐오스러운 일이다. 왜냐하면 다른 사람의 것을 취해 자기 자신의 부를 증대시키는 것은 비록 채권자의 동의가 있었다 할지라도 떳떳하지 않은 행위이기 때문이다.

1_ Ṣaḥīḥ Muslim 2699 a, http://sunnah.com/muslim/48/48.

(4) 대출의 구성요소

1) 형 식

대출을 의미하는 모든 형식을 통해 이루어진 대출은 유효하다.

- 형식에 따르는 조건

다음과 같은 여러 측면에서 조건이 따른다.

① 기한에 대한 조건: 채무자가 기한을 걸고 대출을 받았다면 채권자는 기한이 되기 전에 채무를 상환하도록 요구할 수 없다. 왜냐하면 기한이 되기 전에 갚도록 한다면 채무자가 피해를 입을 수 있기 때문이다. 예언자는 "무슬림은 조건을 준수한다"(티르미디 전승[2])라고 말했다.

② 가져간 것보다 적게 갚도록 하는 조건: 채권자의 동의가 있을 경우 채무자는 자신이 빌린 것보다 더 적게 갚도록 조건을 걸 수 있으며, 이는 호의와 관용의 일종이다. 채권자가 자신의 권리 중 일부를 자발적으로 내놓는 것을 금지할 이유는 없다.

③ 가져간 것보다 더 많이 갚도록 하는 조건으로 다른 계약을 연계하는 조건: 채권자는 채무자가 빌려 간 것보다 더 많이 또는 더 나은 것으로 갚도록 조건을 걸 수 없다. 왜냐하면 이는 리바이기 때문이다.

④ 다른 계약을 연계하는 조건: 대출 계약과 함께 특혜나 리바의 의혹이 있는 계약을 조건으로 걸 수 없다. 예를 들어, 채무자에게 특정 가격을 정해 주고 특정 물건을 사라는 조건이나 특정 가격으로 특정 물건을 팔라는 조건을 채권자가 채무자에게 강요할 수 없다. 이런 행위는 특혜의 여지가 있어 리바로 간주될 개연성이 높다.

2_ Jāmiʿ al-Tirmidhī 1352, http://sunnah.com/tirmidhi/15.

2) 채권자

대출은 자발적으로 행하는 것이기 때문에, 채권자에게 해당되는 조건은 공여자가 갖추어야 할 조건과 같다. 즉, 분별력이 있는 성인이며 지능부족이나 파산으로 인한 법적 무능력자가 아니어야 한다.

보호자는 자신이 보호하고 있는 사람(고아 등)의 자산을 빌려줄 수 없다. 단, 자산을 빌려주었더라도 온전히 보존할 수 있는 경우는 예외이다. 완전히 믿을 만한 자에게 빌려주는 것 등이 이에 해당한다. 채권자가 사망할 경우, 상속인은 채무자에게 채무의 상환을 요구할 수 있다. 왜냐하면 망자의 유산이 상속인의 자산이 되었기 때문이다. 하지만 대출된 물건을 갚는 데 있어 기한이 정해져 있다면 상환 기한이 도래할 때까지 대출이 지속되는 것이 바람직하다.

3) 채무자

채무자는 정신이 온전한 성인이고 채무를 감당할 만하고 사리분별이 가능한 사람이어야 한다. 보호자는 피보호자를 대신하여 채무를 질 수 있다. 채무자가 사망하면 상속인들은 채무를 갚을 의무가 있다. 만약 대출에 기한이 있다면 대출 기한은 채무자의 사망과 함께 만료되므로 상속인이 즉시 대출을 갚아야 한다. 왜냐하면 채권자는 자신의 소유물을 이용할 권리를 사망한 채무자에게 준 것이지 상속인들에게 준 것은 아니기 때문이다.

4) 대출물

대출의 대상, 즉 대출물은 이를 이용하는 것이 허용된 것이어야 하며, 가치로 판단이 되는 것과 다른 것과 비교하여 판단이 되는 것 공히 유형과, 양, 형태 등이 명확해야 한다. 진주나 다이아몬드 등 특징을 정할 수 없는 물건의 경우 실물이나 용익권을 불문하고 대출할 수 없다.

5) 대출의 효력

가. **대출물 소유의 이전**: 대출물을 취득함으로써 채권자에게서 채무자로 대출물의 소유가 이전된다. 왜냐하면 대출물은 자발적으로 주는 대상과 동일한 성격을 갖기 때문이다.

나. **유사한 것으로 갚을 의무**: 사용하지 않았다 해도 원래의 대출물로 갚을 의무는 없다.

6) 대출의 종료

대출은 다음 중 하나로 인해 종료될 수 있다.

가. 채무자, 채무자의 대리인 혹은 보호자가 대출물을 상환할 경우

나. 제3자가 대출물을 상환할 경우

다. 채권자가 보유한 채무자의 자산으로 대출을 상계할 경우

라. 대출물에 대해 합의가 이루어질 경우

마. 대출물이 통합되는 경우. 예를 들어 한 남자가 그의 형제에게 무언가를 빌려주었는데 채무자(그의 형제)가 사망하고 상속자가 채권자인 그 남자밖에 없을 때, 채무자의 모든 자산은 채권자에게 귀속되며 따라서 대출은 소멸된다.

바. 파산 상태인 채무자가 사망할 경우, 상속인들은 자신의 자산으로 대출을 상환하지 않아도 된다.

7) 대출물 상환

가. **유사한 것으로 상환**: 대출이 성사되어 채무자가 대출물을 수령한 후, 상환할 때까지 대출물이 원래대로 보전되어 있다 할지라도 반드시 그것으로 상환해야만 하는 것은 아니다. 상응하는 물건으로 상환해도 된다. 물론 받았던 바로 그 대출물로 갚아도 좋다.

나. **일시 상환**: 대출물을 몇 차례에 나누어 수령했을 경우, 이 모

두를 한번에 갚을 수 있다. 채권자는 일시에 모든 대출물을 갚도록 요구할 수 있다.

다. **빌린 것보다 더 나은 것으로 갚는 경우**: 대출을 더 좋은 대출물로 갚는 것은 바람직하다. 왜냐하면 이는 호의에 의한 것이기 때문이다. 예언자가 한 남자에게 낙타 한 마리를 빌렸다. 그 남자가 와서 낙타를 돌려달라고 했을 때 예언자는 "그에게 주어라"라고 말했고, 사람들이 예언자가 빌린 낙타와 동일한 것을 찾았지만 한 해 전에 태어난 낙타밖에 없었다. 다시 예언자가 "그에게 주어라"라고 말하자 그 남자는 "이것으로 되었습니다"라고 말했다. 그러자 예언자는 "너희들 중 가장 나은 자는 빚을 갚을 때 가장 좋은 것으로 돌려주는 자이다"라고 말했다.(부카리 전승)[3]

라. **상환 장소**: 채무자는 자신이 대출물을 받았던 그 장소에서 갚는다. 만약 채권자가 다른 장소에서 갚도록 조건을 걸었다면, 다른 장소에서 대출을 갚는 것이 대출물을 받은 장소에서 갚는 것보다 더 비용이 드는지를 따져 보아야 하며, 이때 더 많은 비용이 든다면 초과 비용은 채권자가 부담한다.

* 출처: Muḥammad Rawās Qalʻajī, al-Mawsūʻah al-Fiqhiyyah al-Muyassarah, Dār al-Nafāʼis, pp.1574-1577.

◈ **리바 은행에 수표를 예탁한 경우**

질문 예언자는 리바를 취한 자와 그를 도운 자 모두를 엄히 저주했습니다. 무슬림의 하디스 1598에 따르면 "예언자는 알라께서 리바를 받은 자, 제공한 자, 이를 기록한 자, 이를 증언한 증인 2명을 증오하신다 하며, 이들 모두 '똑같은 자들'이라 했다."는 것이다.

리바 은행에 수표를 예탁한 사람은 그 수표가 동일한 리바 은행에서 나온 것이건 이슬람 은행에서 나온 것이건 상관 없이 알라의 사도가 저주한

3_ Ṣaḥīḥ al-Bukhārī 2393, http://sunnah.com/bukhari/43/9.

사람과 동일하게 간주되는 것입니까? 기관과 거래하다 보면 리바 은행의 수표가 발급되는 경우도 있기 때문입니다. 이때 알라의 사도가 저주한 이들과 마찬가지가 되는 것입니까? 어떤 조언을 내려주시겠습니까?

파트와　주거나 받거나에 상관없이 리바로 거래하는 자 모두에게 상기 하디스가 적용됩니다. 저는 모든 무슬림 형제들이 리바를 멀리할 것을 기원하는 바입니다.

* 출처: http://islam.gov.kw/Pages/ar/FatwaItem.aspx?itemId=6704(2014.12.11)

◈ 금융 기관과의 거래

질문　은행에서 확정 수익을 받으며 예금하는 것에 대한 판단은 무엇입니까?

파트와　확정 수익을 받으며 은행에 예금하는 것은 허용되지 않습니다. 그러한 계약은 리바를 포함하고 있기 때문입니다. 코란에 따르면 다음과 같습니다. "알라께서 거래는 적법한 것으로 허용하셨으나 리바는 금지하셨다."〈바까라(2)장 275절〉 "오! 너희 믿는 자들아! 너희가 정녕 믿는 자라면, 알라를 경외하고 리바에 대한 미련을 버려라."〈바까라(2)장 278절〉, "그러나 너희가 그리하지 아니하면 알라와 알라의 예언자에게 전쟁을 선포한 것이다. 만약 너희가 회개한다면, 너희는 너희의 원금만을 받게 될 것이며, 그에 따라 너희가 잘못하거나 또는 잘못되어지지 아니할 것이다."〈바까라(2)장 279절〉.

예금을 통해서 이득을 취하는 자는 축복받지 못할 것입니다. 코란에 따르면 다음과 같습니다. "알라께서는 리바를 없이 하시고 자비가 크도록 하실지니."〈바까라(2)장 276절〉

이것은 리바의 종류인 리바 알파들과 리바 알나시아입니다. 왜냐하면 예금자가 확정 수익으로 정해진 기간 동안 계좌에 돈을 두고 은행에 지불하는 것이기 때문입니다.

* 출처: http://www.alifta.net/Search/ResultDetails.aspx?languagename=ar&lang=ar&view =result&fatwaNum=&FatwaNumID=&ID=4873&searchScope=3&SearchScopeLevels1=& SearchScopeLevels2=&highLight=1&SearchType=exact&SearchMoesar=false&bookID=& LeftVal=0&RightVal=0&simple=&SearchCriteria=allwords&PagePath=&siteSection=1&sea rchkeyword=2171342161792171382161662161 69#firstKeyWordFound(2014.7.14)

◈ 대출과 리바의 관계

질문 저는 사업을 시작한 청년입니다. 대출이 필요한데, 모든 대출이 리바로 간주됩니까? 그 대출이 이슬람 은행을 통해서 이루어졌건 비이슬람 은행을 통해서 이루어졌건 모든 대출은 리바로 간주되는 것입니까? 두 경우에 대한 지침을 주셨으면 합니다. 알라께서 당신에게 복을 내려 주시길 바랍니다.

파트와 무라바하 또는 타와르루끄 방식을 통하여 이슬람 은행으로부터 대출을 받는 것은 일종의 판매이기 때문에 허용됩니다. 하지만 리바 은행의 방식으로 대출을 받는 것은 허용되지 않습니다. 리바는 하람이고, 판매는 할랄입니다. 지고하신 알라께서는 다음과 같이 말씀하셨습니다.

"알라께서는 거래는 적법하나 이자는 불법으로 만드셨노라."〈바까라(2)장 275절〉

* 출처: http://islam.gov.kw/Pages/ar/FatwaItem.aspx?itemId=6829(2014.12.11)

◈ 거래 조건에 리바가 포함되어 있는가의 여부

질문 두 사람이 거래에 합의했습니다. 한 사람은 자금을 대고 나머지 한 사람은 이 자금을 늘려 수익을 얻기 위해 용역을 제공하기로 했습니다. 이 두 사람은 거래를 위한 동업자입니다. 자금을 댄 사람은 손해 발생에는 책임지지 않고, 수익에만 참여한다는 조건을 걸었습니다. 양측이 합의한 기간이 지난 후, 자금을 제공했던 자금주에게 모든 자금을 돌려주었습니다.

파트와 이것은 리바입니다. 합법적인 무다라바 계약은 고용형태의 계약으로 금전적인 손해가 났을 경우, 자금주는 아무것도 가져갈 수 없는 것입니다. 이 계약 조건에 따르면 손해는 노동자가 감당하고 있습니다. 무다라바 계약에서 금전적 손해는 모두 자금주가 감당해야 하며, 무다라바 계약으로 수익이 발생했을 경우에는 기존에 합의했던 비율대로 양측이 수익을 나눠 갖는 것입니다. 그러나 질문에 따르면 이는 무다라바와는 다른 계약 형태로 리바입니다.

* 출처: Al-Fatāwi Al-Mu'āmalāt, Qism al-Fatwā bi Maktab al-'iftā' Salṭanah 'Umān, p.236.

• 이슬람 은행과의 거래에 대한 판단

(1985년 12월 제다 회의)

우리는 은행 거래에 대하여 다양한 논의를 진행한 바 있다. 코란이 리바를 명백히 하람으로 규정한다는 것, 대출은 자본의 증가분 없이 상환해야 한다는 것, 이를 위배함은 알라에 대한 불복종이라는 것을 고려하여 다음과 같이 결정한다.

1. 채무 상환 기간 초과로 발생한 연체금은 샤리아상으로 금지된 리바이다.
2. 이슬람의 가르침에 의거하여 경제 활동을 지원하는 것은 샤리아 규정에 합당한 거래이다.

* 출처: Qarārāt wa Tauṣiyyāt Majma` al-Fiqh al-Islāmī, 제10(2/10)호(2014.8.14)

◈ 이자를 주는 은행과의 거래

> **질문** 저는 이집트 인과 동업으로 수영장을 운영하고 있습니다. 제가 동업자에게 후불 수표를 주면 동업자가 물품을 구매하고 이를 팔아 이익의 40%를 저에게 주고 60%를 본인이 갖습니다. 동업자는 수표 만기일에 돈을 갚고, 저는 아무런 책임도 지지 않고 있습니다.

> **파트와** 귀하가 수표를 제공하고, 일정한 비율의 이익을 가져가는 행동 —그리고 이에 대해 아무런 책임도 지지 않는 것— 은 샤리아가 금지하고 있는 리바와 같은 것입니다. 이는 이익을 가져다주는 대출과 같은 것이기 때문입니다. 알라께서 말씀하시길 "믿는 자들이여 알라를 공경하라 만일 너희들이 믿음이 있다면 추구하는 리바를 포기하라."〈바까라(2)장 278절〉귀하를 위한 충고는 수영장 관련 전문가와 무다라바 계약을 체결해서 현금이든 후불수표든 당신이 자금을 대고, 이 전문가는 노동과 노력을 제공하여 둘이 공개적으로 합의한 비율에 맞게 이익을 분배하라는 것입니다. 만약 적자가 발생한다면 당신은 자금주로서 책임을 지고, 일을 한 사람은 노동자로서 책임을 지는 것입니다. 이런 형태가 된다면 당신의 거래 샤리아상 유효한 거래가 될 것입니다.

* 출처: http://aliftaa.jo/Question.aspx?QuestionId=775#.U2UPC2W_mM8, 2014.5.4, No. 775.

◈ 채권 거래에 대한 판단

질문 은행에서 발행하는 채권을 거래하는 것은 가능합니까? 고지된 것에 따라 일정한 기간동안 일정한 이자를 받고 주식을 사는 것입니다.

파트와 이것은 리바입니다.

* 출처: Al-Fatāwi Al-Mu'āmalāt, Qism al-Fatwā bi Maktab al-'iftā' Salṭanah 'Umān, p. 243.

질문 한 남성이 수년 간 여러 업체에 투자하였습니다. 그러나 그는 이 업체들이 리바를 기반으로 은행과 거래한다는 사실을 알지 못했습니다. 또한 이 업체들이 생산 설비를 대상으로 보험에 가입했다는 사실을 최근에야 알게 되었습니다. 이 투자자는 어떻게 해야 할까요?

파트와 이 투자자는 원금만 회수한 후 이 업체들을 떠나야 합니다.

* 출처: Al-Fatāwi Al-Mu'āmalāt, Qism al-Fatwā bi Maktab al-'iftā' Salṭanah 'Umān, p. 243.

무슬림 사회의 은행은 이슬람 은행과 일반 은행(시중의 상업 은행)
으로 나뉜다. 리바를 금하고 있는 이슬람 은행은 리바뿐 아니라 리바
와 관련된 대인, 대물 행위를 금하고 있다. 하지만 현대 사회의 상거
래 현실을 고려해야 한다는 주장도 제기되고 있는 실정이다. 무슬림
상거래에 대한 파트와는 국가별, 학파별로 차이가 존재한다.

◆ 리바 은행과 거래하는 회사의 주식 보유

질문　리바 은행과 거래하고 있는 회사의 주식을 보유한 경우, 이 주식
을 어떻게 처분해야 합니까? 이를 다른 사람에게 판매해도 됩니까? 회사
가 주식 구매를 거절하고 있습니다.

파트와　이 문제의 본질을 알리고 구매하고자 하는 사람에게 판매하는 것
은 무방합니다. 샤리아상으로 허락되지 않는 한, 판매자는 발생한 이자를
가난한 무슬림들에게 제공함으로써 리바와의 불법적 연관성을 단절할 수
있습니다.

* 출처: Al-Fatāwi Al-Muʿāmalāt, Qism al-Fatwā bi Maktab al-ʾiftāʾ Salṭanah ʿUmān, p.243.

◆ 리바 은행에 건물 임대

질문　리바 은행에 건물을 임대하는 것에 대한 당신의 의견은 무엇입니
까?

파트와　리바 제도를 따르는 리바 은행에게 건물을 임대하는 것은 허락되
지 않습니다. 왜냐하면 이는 하람과 적대 행위들을 부추기는 것이기 때문
입니다. 알라께서 말씀하시길 "정의와 신앙을 위해 서로 협동하라, 그러

나 죄악과 증오에는 협조하지 말아라.〈마이다(5)장 2절〉라고 했습니다.

* 출처: Al-Fatāwi Al-Mu'āmalāt, Qism al-Fatwā bi Maktab al-'iftā' Salṭanah 'Umān, p.265.

◈ 리바 은행에 상점 임대

질문　현재까지 20년이 넘게 리바 은행에게 상점을 임대하고 있는 동업자들에 대한 이슬람의 판단은 무엇입니까? 동업자들 중 한 명은 이런 동업에서 벗어나고자 하고 있습니다만, 본인의 지분을 팔고 싶어하지는 않습니다. 왜냐하면 상점의 위치가 아주 좋기 때문입니다. 리바 은행은 임대 기간이 끝나기 이전에 계약을 파기할 생각이 없습니다. 다른 동업자들도 계약을 끝내길 원하지 않습니다. 그렇다면 이에 대한 판단은 무엇이며 이 동업자는 어떻게 해야 합니까?

파트와　이 동업자는 다른 동업자들이 이 일에서 벗어날 수 있도록 최선을 다해야 합니다.

* 출처: Al-Fatāwi Al-Mu'āmalāt, Qism al-Fatwā bi Maktab al-'iftā' Salṭanah 'Umān, p.265.

◈ 리바 은행에 상점 임대에 대한 다양한 해석

질문　저는 상점을 임대해 주고 있습니다. 최근 한 은행이 저에게 임차하고 싶다고 제안했습니다. 이 임대에 동의해야 하는지 아닌지 파트와를 내려 주시기를 부탁드립니다. 저는 은행에게 상점을 임대함으로써 리바를 확산시키는 데 기여하지는 않을까 두렵습니다. 이에 대해 파트와를 내려 주십시오. 이러한 종류의 거래는 할랄입니까, 아니면 하람입니까?

파트와　은행의 출현 이후 이슬람 법학자들은 이에 대한 해석에 있어 의견차를 보였습니다. 은행의 업무를 담당할 때 법학자와 경제학자의 영역이 구분됩니다. 은행이 고객과 대부 관계를 맺으면 법학자들의 소관이고 투자 관계를 맺으면 경제학자들의 소관입니다. 영역에 차이가 있는 것은 실제 적용되는 현실이 다르기 때문입니다. 대부를 관장하는 사람들은 은행 업무를 이윤을 가져다주는 대부 계약으로 간주하고, 이에 따라 금지된 리바의 한 종류라고 판단합니다. 일부 학자들은 이를 불가피한 일로 간주합니다. 불가피한 일이란 무슬림이 할 수밖에 없는 상황에 처했을 때 하도록 허락하는 것입니다. 이는 "불가피함은 금지된 것을 가능케 한다"라는 원칙에 기초한 것입니다.

알라께서는 "불가피하게 된 경우에는 그것이 죄가 되지 아니하니라"〈바까라(2)장 173절〉라고 말씀하셨습니다. 하지만 일부 학자는 이 사안이 불가피함에 속하지 않는다고 봅니다. 샤리아에서 불가피함이란 인간이 하람인 행위를 하지 않으면 죽거나 그와 유사 상황에 처한다는 것을 의미합니다. 한편 이를 투자라고 보는 학자들 일부는 이를 이자라4를 통해 시정될 수 있는 부정한 무다라바의 한 종류로 봅니다. 또한 다른 학자들은 이는 이슬람 법에 명시되어 있지 아니한 새로운 종류의 거래이자 새로운 계약이라고 보며, 따라서 이에 대한 새로운 이즈티하드5가 내려져야 한다고 생각합니다. 사마르칸드의 이슬람 법학자들이 '담보 판매'를 새로운 종류의 계약으로 간주해 이즈티하드를 내린 예를 따라야 한다고 생각합니다.

또한 셰이크 알이슬람 아부 알수우드는 거래 계약에 대해 이즈티하드를 내리면서 '할랄'이라고 판단했습니다. 이는 사람들의 이익을 보전하기 위해서이고 또한 이를 매우 필요로 하기 때문이고, 시장 상황을 바로잡고, 그로 인해 발생하는 필요를 충족시키고, 시대의 요구에 부응하기 위해서입니다. 시대는 변화하여 교통과 통신의 발달이 이루어졌고 기술의 발전과 인구 증가, 사회적 결속의 약화, 회계학과 부기의 발달, 법인의 증가, 그리고 그 밖의 많은 변화가 일어났습니다.

요점은 은행 간의 거래, 은행과 고객 간의 거래에 대한 판단과 파트와를

4_ '이자라'는 사전적으로 '임금'이라는 명사 아즈르('Ajr)에서 파생된 형태로서 여기서 임금은 제공된 노동에 대한 보상 혹은 노동의 효용에 대한 대가가 되는 셈이다. 샤리아적 의미로는 특정의 물질적 보상에 상응하는 한정된 기간 동안 허용된 효용의 소유를 말한다. 일꾼(노동자)을 임대한다는 의미이며 대가를 치르고 효용을 확보하는 것을 의미한다(Muḥammad Rawwās, 2007, 21).

5_ 무슬림 사회의 지도층 인물이 샤리아 적 판단을 하기 위해 법원을 해석하는 방법 중 '독자적 판단'을 내놓는 것이다. 초기 이슬람 시대에 발생한 대표적 이즈티하드는 다음의 예와 같다. 2대 정통 칼리파 오마르 사후 다수의 무슬림 지도자는 예언자 무함마드의 가문인 알리를 정통 칼리파로 추대하려 했으나 당시 알리의 개혁적인 이즈티하드로 인해 칼리파 위가 오스만에게 계승되었다. 알리는 앞선 두 칼리파의 순나도 존중하지만 그 이상의 개혁적 이즈티하드를 제안한 바 있다. 반면 오스만은 앞선 두 칼리파의 순나를 답습 계승하겠다는 견해를 보였다.

내는 데 있어 해석에 차이가 있다는 것입니다. 샤리아상으로 확인된 원칙
은 다음과 같습니다.

첫째, 이행하도록 합의된 것을 이행하지 않거나 금지된 것이라고 합의
된 것을 이행하는 것은 인정할 수 없지만 견해 차이가 존재하는 것은 문
제가 아닙니다.

둘째, 갈등에서 벗어나는 것은 바람직한 일입니다.

셋째, 이견을 가지고 있는 자는 권한이 있는 자의 의견을 따릅니다.

불가피하게 대출할 때 리바가 금지되었다는 것은 잘 알려져 있습니다.
리바가 금지되었다는 사실은 코란과 순나에 명시되어 있습니다. 또한 이
슬람 공동체는 리바가 하람이라는 데에 만장일치로 동의하였습니다. 알
라께서는 "이자를 탐하는 자들은 사탄이 광기로써 파멸시킴을 받는 자들
이 될 수 밖에 없도다. 그것은 이들이 "거래는 또한 이자와 같은 것이오"
라고 말하기 때문이니라. 그러나 알라께서는 거래는 적법하나 이자는 불
법으로 만드셨노라. 그러므로, 그의 주님으로부터 말씀을 받아 이를 단념
하는 자에게는 과거에 그가 받은 것은 그에게 속하며, 그의 일은 알라와
함께하니라. 그러나 이를 단념하기를 거부하는 자는 지옥의 불길의 동반
자이니, 그곳에서 살리라"〈바까라(2)장 275절〉라고 말씀하셨습니다. 또
한 예언자는 "알라께서는 리바를 받는 자, 리바를 주는 자, 리바에 대한 증
인을 되는 자, 또 이를 기록하는 자를 저주하신다"라고 말씀하셨습니다.
〈부카리, 무슬림 전승〉

하지만 의견차가 발생하였고, 결과적으로 은행 거래는 샤리아 상으로
금지된 리바의 일종이라고 할 수도 있고, 금지된 부정한 계약의 일종이라
고 할 수도 있으며, 관계 당사자들에게 이득을 가져오고 할랄로 판결이
내려진 현대적 계약의 일종이라고도 할 수 있습니다.

앞서 말씀드린 것에 기초하여 말씀드립니다. 모든 무슬림은 전지전능하
신 알라께서 리바를 금지하셨다는 사실을 인지하여야 하며, 리바가 하람
이라는 사실에 동의하여야 합니다. 또한 무슬림은 은행의 업무에 대한 해
석과 적용, 판단, 파트와를 내리는 것에 의견차가 있다는 사실을 인지해
야 하며, 의견 대립에서 벗어나는 것이 바람직하다는 사실 또한 인지해야
합니다. 따라서 무슬림은 권위가 있는 자의 결정을 따르며 취득, 상환, 근

로, 거래 등 모든 형태의 은행 거래를 하람이라 천편일률적으로 말할 수는 없습니다.

* 출처: http://www.daralifta.org/ViewFatwa.aspx?ID=6718&LangID=1&MuftiType=0

◆ 리바 은행을 통해 자동차를 구입할 때

질문 저는 할부로 자동차를 구입하고 싶습니다. 이슬람 은행과 리바 은행이 있습니다. 이슬람 은행은 제가 지니고 있지 않은 서류들을 요구하였습니다. 그래서 저는 자동차를 구입할 수가 없었습니다. 이에 반해 리바 은행은 이슬람 은행이 요구한 서류들을 요구하지 않았고, 심지어 이자도 무라바하보다 저렴했습니다. 저는 당장 오늘이라도 자동차를 구입할 수가 있습니다. 제가 리바 은행으로부터 자동차를 구입해도 되는지요? 이런 구매는 하람입니까?

파트와 어떤 경우든 리바 은행과 거래할 수 없습니다.

* 출처: http://islam.gov.kw/Pages/ar/FatwaItem.aspx?itemId=6758(2014.12.11)

◆ 리바 은행과의 거래에 관하여

질문 저에게 자금이 있습니다. 저는 이 자금을 이집트의 한 은행에 고정수익이 보장된 은행증서 형식으로 두었습니다. 은행의 손익에 상관없이 3년간 은행과 계약을 체결할 때, 연간 고정수익이 보장됩니다. 이는 하람입니까, 할랄입니까?

파트와 이는 금지된 리바입니다.

* 출처: http://islam.gov.kw/Pages/ar/FatwaItem.aspx?itemId=6265(2014.12.11)

◆ 동종동량의 법칙

질문 제가 어떤 사람에게서 금을 빌렸습니다. 제가 금을 빌릴 때 당사자와 현금으로 되갚겠다고 합의를 하지 않은 상태라면 금의 현시가로 현금으로 갚는 것이 가능합니까?

파트와 변제일에 같은 무게의 동종상품 또는 동일가치로 변제하여야 합니다.

* 출처: http://islam.gov.kw/Pages/ar/FatwaItem.aspx?itemId=6455(2014.12.11)

◈ 이슬람 은행의 대출과 타와르루끄, 무라바하

질문 저는 샤리아에 입각하여 운영되는 은행의 대출에 대해서 여쭙고 싶습니다. 저는 3,000디나르를 대출받고 싶습니다. 은행은 저에게 420디나르를 대출금에 대한 이자로 부과하여 제가 갚아야 할 금액이 합계 3,420디나르가 됩니다. 상기 이자는 리바로 간주되어 하람인 것입니까?

파트와 이슬람 은행은 리바로 대출해 주지 않습니다. 대신 타와르루끄나 무라바하 방식으로 판매합니다. 이 두 방식은 서로 다릅니다. 타와르루끄와 무라바하의 경우 건전성을 충족시켜야 하는 조건이 있습니다. 이에 관해 이슬람 법학자들에게 물어 보십시오.

* 출처: http://islam.gov.kw/Pages/ar/FatwaItem.aspx?itemId=6414(2014.12.11)

◈ 리바 없이 회사 자본금에 자발적으로 참여하는 것은 가능하다.

질문 우리는 한 회사의 동업자들입니다. 우리 회사는 쿠웨이트 내에서 식품의 수입, 판매를 하고 있습니다. 우리는 타 업체와의 거래 또는 식품 수입 결제를 위한 자금이 필요했습니다. 정부의 규정이 유동성을 확보하기 위한 목적이라 하더라도 회사의 자본확충을 금하고 있기 때문에, 일부 파트너들은 회사에 무이자로 개인 돈을 빌려주기로 합의하였습니다. 하지만 저는 투자한 동업자들에게 수익을 가져다줄 수 있을지 확신이 서지 않고, 이로 인해 리바가 발생할지도 모른다는 의구심이 들었습니다. 그래서 이에 관한 샤리아의 판단을 알기 위해 질문을 드리게 되었습니다. 일부 동업자들은 이미 돈을 빌려준 상황입니다. 이에 대한 판단은 무엇입니까?

파트와 채권자가 원금보다 많은 금액을 취하지 않고, 대출한 금액만 회수하는 것은 금지된 행위가 아닙니다. 이 대출금으로부터 회사에 대한 리바가 발생하지 아니하는 한 그러합니다.

* 출처: http://islam.gov.kw/Pages/ar/FatwaItem.aspx?itemId=6676(2014.12.11)

◈ 리바 은행과 업무를 하는 회사 소속인의 임금

질문 저는 많은 기업들과 거래하는 대형 변호사 사무실에서 월급을 받으며 근무하고 있습니다. 이 사무실은 한 은행의 원고인 소송을 대리하고 있습니다. 이는 리바 대출로 인해 발생한 문제를 다루는 소송입니다. 저는 월말에 은행과 관련된 소송이든, 다른 소송이든 변호사 사무실 대표의 소송이 끝나면 월급을 받습니다. 저의 업무가 금지된 것입니까? 그리고 이런 은행에서 일하는 것이 죄가 되는 것입니까? 우리가 맡고 있는 업무의 일부분은 채무자가 내야 할 이자를 할인해 주고, 은행이 이 할인을 수용하도록 사람들을 도와주는 일입니다. 샤리아의 근거와 함께 답변해 주시기 바랍니다.

파트와   사람들의 돈을 부정하게 취하는 것과 연관된 모든 일은 하람입니다. 변호사는 은행 대신 소송을 대리하고, 고객들로 하여금 리바를 내도록 요구하는 것을 대리한다는 것을 받아들였으므로, 해당 변호사는 금지된 행위에 가담하고 있는 것입니다. 알라께서 "정의와 신앙을 위해 서로 협동하라. 그러나 죄악과 증오에는 협조하지 말고, 알라를 두려워해라. 알라께서 엄한 벌을 내리실 것이라"〈마이다(5) 2절〉라고 말씀하셨습니다. 무슬림(1598)이 자비르의 전언을 기록한 것에 따르면 "예언자는 '알라께서 리바를 받은 자, 제공한 자, 이를 기록한 자, 이를 증언한 증인 2명을 증오하신다'고 하시며, '이들은 모두 똑같은 자들이다'라고 하셨다". 한편 무슬림(26/11)의 기록에 따르면 "이맘 알나와위가 말하길 예언자가 금지한 것은 부정한 일을 돕는 것이다"라는 구절이 있습니다. 귀하가 소송을 대리하는 일을 승낙하기 위한 조건이 모든 리바 금액을 탕감해 주는 것이 아닌 한 은행을 위한 소송 업무를 해서는 안 됩니다.

귀하의 월급의 경우, 변호사 사무실에서 진행하는 모든 소송의 결과이므로, 사람들의 권리를 방어하며 받은 합법적인 돈과 금지된 소송으로 얻은 부정한 돈이 섞여 있습니다. 그러므로 당신은 금지된 월급을 깨끗하게 정화하려는 노력이 필요합니다. 알라께서 "알라를 두려워하는 자를 위해 하나의 길을 준비하시니라 그분은 생각지 아니했던 일용할 양식을 주시니라 알라께 의탁하는 자 누구든 알라로 충분하니라 실로 알라는 그분의 목적을 온전히 달성하시나니 알라는 모든 것에 일정한 한계를 두셨노라"〈딸라끄(65)장 3절〉라고 하셨습니다.

* 출처: http://aliftaa.jo/Question.aspx?QuestionId=630#. U2hKWmW_mM8, 2014. 5. 6, No. 630.

● 리바 은행이나 이슬람 은행과의 거래

　현대 사회에서의 은행 거래에 대하여 다양한 논의를 진행한 후, 이러한 은행 거래가 세계 경제, 특히 제3세계 국가들의 경제에 막대한 악영향을 끼친다는 사실을 중점적으로 토의하고, 또한 은행이라는 제도가 확산됨으로 인해 초래할 파멸에 주목하고, 코란이 부분적이든 총체적이든 모든 리바를 명백히 하람으로 규정하면서 리바는 회개를 요하는 사안이라고 명시한 사실을 고려하고, 또한 빌려 온 자금은 원금대로 되돌려 줘야 하며 많든 적든 간에 손해를 봐서는 안 되는 것이고, 이를 어기면 알라와 알라의 사도가 내리는 큰 재앙이 있으리라는 점에 유의하며 다음과 같이 결정한다.

　첫째, 채무를 갚을 기간이 도래했는데 채무자가 갚을 능력이 없어 상환을 연체했다면 그 연체의 대가로 인해 발생한 증가분이나 수익분, 또는 계약 시작부터 대출시 발생하는 증가분이나 수익은 모두 샤리아 상으로 금지된 리바이다.

　둘째, 이슬람이 만족하는 형태로 자금의 유동성과 경제 활동을 지원하는 것을 포함하는 대안은 이슬람 샤리아에 부합하는 거래이다.

　셋째, 피끄흐 아카데미는 모든 이슬람 국가의 무슬림들의 요구를 충족하는 국가를 세움으로써 무슬림들이 현실과 신앙이 불일치한 가운데 살지 않도록 해 주기를 강력히 촉구한다.

　(1985년 12월 제다 회의)

* 출처: Qar ār āt wa Tawṣ iyyāt Majmu ' al-Figh al-Islāmī, 10(2/10).

3. 할부 이자

일반적으로 무슬림 사회에서는 리바를 금한다고 알려져 있다. 하지만 할부 거래는 가능하다. 단, 구매시 양측 간 증가된 금액에 대해 명시된 조건과 동의가 있어야 한다. 이는 대금 지불의 시간이 흐르는 것도 상품의 값이라고 간주하기 때문이다.

◆ 할부 이자에 관한 건

질문 1년 할부 이자는 할랄입니까 하람입니까?

안녕하세요. 저는 상품을 구매하려 했습니다. 그 상품의 가격은 현금으로 100디나르였고, 1년 혹은 그 이상 할부로 구매할 경우 120디나르입니다. 이때 발생한 이자 20디나르는 할랄입니까, 하람입니까? 아니면 제가 거의 매달 1년 할부 이자를 지불해야 하는 것입니까?

파트와 구매 시점에서 가격을 결정했다면 이 모든 것에 대한 유효성에는 문제가 없습니다. 만일 연체가 발생하면, 할부금 연체분에 대한 이자 지불을 조건에 포함시키지 말아야 합니다. 조건에 포함시키면 이는 금지된 리바에 속합니다.

◆ 거래 당사자 간 동의가 있다면 상품 가격에 증가분을 붙이는 거래는 무방하다.

질문 한 판매상이 있습니다. 그는 상품 가격의 삼분의 일 또는 사분의 일만큼의 이자를 받고 상품을 외상 판매합니다. 그는 다른 사람이 파는 것보다 상품을 더 저렴하게 혹은 더 비싸게 판매할 수 있습니다. 이것이 허용되나요?

파트와　코란에 의하면 다음과 같습니다. "알라께서 거래는 적법한 것으로 허용하셨으나 리바(이자)는 금지하셨다."〈바까라(2)장 275절〉

"오, 너희 믿는 자들아! 너희가 다른 사람으로부터 지정된 기간동안 하나를 빌릴 때 그것을 기록하라."〈바까라(2)장 283절〉

질문자가 판매하는 상품을 완전하게 소유한 후에 판매하는 것이고, 판매자가 사분의 일 또는 삼분의 일의 증가분을 받는 것에 대해 상대로부터 동의와 합의를 얻었다면 문제되지 않습니다. 또한 상품 판매 시 가격 차이에 대해서도 문제되지 않습니다.

판매자는 관용과 확신이 있어야 합니다. 자신을 사랑하듯 무슬림 형제를 사랑하는 것은 복되고 좋은 일입니다. 욕심과 욕망은 오래가지 않습니다. 그것은 보통 심적 고통과 비열한 기질, 비윤리적인 흉악함에서 비롯되는 것들입니다.

* 출처: http://www.alifta.net/Search/ResultDetails.aspx?languagename=ar&lang=ar&view=result&fatwaNum=&FatwaNumID=&ID=4632&searchScope=3&SearchScopeLevels1=&SearchScopeLevels2=&highLight=1&SearchType=exact&SearchMoesar=false&bookID=&LeftVal=0&RightVal=0&simple=&SearchCriteria=allwords&PagePath=&siteSection=1&searchkeyword=216186216177216177#firstKeyWordFound

◈ **구매자의 자유의사에 의한 외상거래는 무방하다.**

질문　저는 자동차가 급히 필요해서 자동차를 사기 위해 상인에게 갔습니다. 그는 저에게 두 가지를 제안했습니다. 하나는 자동차 가격 7만 디르함을 일시불로 지불하는 것이었고, 다른 하나는 외상으로 사는 대신 9만 디르함을 자동차 가격으로 지불하는 것이었습니다. 외상을 대가로 가격을 인상하는 것은 허용됩니까?

파트와　상품을 정해진 가격으로 현금으로 지불하고 구매하거나 외상을 대가로 그보다 더 비싼 가격으로 구매하는 것은 무방합니다. 하지만 조건이 있습니다. 구매 시 구매자가 선택을 할 수 있어야 합니다. 강제가 개입되어서는 안 됩니다. 계약이 체결되기 전에 구매자가 선택할 수 있어야 한다는 것입니다. 그래서 계약 체결 시에 두 가지 선택 중 하나를 결정할 수 있어야 합니다. 대학자 일리쉬는 『샤르흐 알쉐이크 알칼릴Sharh al-

Shaykh al-Khalil』에서 "하나의 거래에 두 가지 선택이 있는 것처럼 10 디나르의 상품을 현금으로 혹은 그보다 비싸게 외상으로 판매할 수 있다"고 말했습니다. 그러므로 외상을 대가로 한 가격 상승은 문제가 없습니다. 빚은 가격의 일부입니다.

결론을 말하자면 일정한 가격으로 상품을 현금 구매하거나 외상으로 더 비싸게 가격을 치르고 구매하는 것은 모두 무방합니다.

* 출처: http://www.awqaf.gov.ae/Fatwa.aspx?SectionID=9&RefID=19440(2015.1.16)

무슬림의 상거래에서 계약의 기본은 거래 양측이 동등한 권리와 대우를 받아야 한다는 믿음에서 출발한다. 따라서 일방만 이득을 보고 타방은 손해에 노출되는 경우가 예상되거나, 양측에게 거래 조건이 명시, 공지되지 않은 거래를 금한다.

(1) 계약 쌍방
1) 계약 쌍방의 조건
계약 쌍방에 대한 조건은 다음과 같다.

가. 이성적인 자, 성인, 금치산자가 아닌 자, 임대에 동의하는 자여야 한다. 다음 두 경우는 임대에 동의해야 한다는 조건의 예외이다.

첫째, 『임대/2-나』에 나와 있는 것처럼 임대가 필수적일 경우, 임대가 강제될 수 있다.

둘째, 공동 소유주 중 한 명이 공동 소유물의 임대를 반대한다 하더라도 강제로 임대가 가능하다.

샤리아에 저촉되는 것: 외간 남ㆍ여 둘이서만 한 장소에서 일하는 것, 여성이 자신의 미모를 이용하는 것 등은 하람이다. 이를 어기면 그 여성은 죄악을 저지른 것이다.

(2) 계약의 정의와 종류

1) 정   의

계약은 둘 이상 당사자들 간의 합의이며, 모든 계약 당사자는 합의된 바를 이행할 의무를 지닌다.

2) 계약의 종류

금전 계약과 비금전 계약과 소유권 이전 계약

가. 금전 계약은 살람 판매와 같이 금전을 다루는 계약이다. 용익권은 실물 자산과 유사하기 때문에 임대처럼 실물 자산을 대신할 수 있다. 이는 두 종류로 나누어진다.

① **금전 계약**: 판매나 이와 유사한 것처럼 계약 쌍방에 있어 금전적이며, 계약목적 역시 쌍방의 금전인 계약이다.

② **일부 금전 계약**: 결혼과 쿨으(khul')[6]처럼 일방에 있어서는 금전적이며 타방에게는 비금전적인 계약이다.

나. 비금전 계약은 위칼라 계약이나 휴전계약처럼 금전을 다루지 않는 것이다. 다시 말해, 해당 계약은 첫째, 특정 업무의 위임권과 둘째, 일정 기간 동안의 충돌 중지를 대신한다.

다. 물권 계약은 두 종류로 나누어진다.

① **유상 계약**: 이는 소유권 취득과 이전을 목적으로 한 교환이다. 판매처럼 금전 대 금전의 교환일 수도 있고, 임대처럼 금전과 용익권의 교환일 수도 있으며, 결혼과 쿨으처럼 금전과 비금전의 교환일 수도 있다.

② **무상 계약**: 이는 증여, 유증, 싸다까, 와끄프[7]처럼 대가를 받지 않는 소유권 취득에 관한 것이다.

6_ Khul': 아내가 남편에게 보상을 완납한 뒤 혼인 관계를 벗어 버리는 이혼.
7_ 무슬림 사회의 '기부 자산'으로 종교 기관에서 운영한다.

(3) 계약의 해지에는 순수 해지(부채탕감, 이혼 등)와 대가성 해지
(돈을 받고 하는 이혼, 돈을 받고 행하는 징벌 사면 등)가 있다.

임치 계약으로는 예탁이 있다.

채무지급 보증 계약에는 저당, 카팔라와 같은 것이 있다.

위임 계약에는 와칼라(대리인 지정), 유증, 총책임자, 법관과 같은
것이 있다.

제약을 받는 계약에는 금지, 대리인 해임, 법관 해임 등이 있다.

파트너십(조합) 계약에는 무다라바, 무자라아, 아브단, 우주흐,
이난 등이 있다.[8]

승낙이 필요하며 독자적인 의견으로 체결된 계약.

(4) 계약의 특징

유효성 여부: 유효성 여부에 따라 계약은 세 종류로 나누어진다.

① **유효한 계약**: 요건이 적법하고 효력이 있으며 계약 당사자 중
어느 한쪽이 일방적으로 파기할 수 없는 계약이다.

② **부당요건이 있는 계약**: 계약 요소에 결함이 있거나, 기본 요소
의 조건에 하자가 있거나, 리바 등 샤리아 상 금지된 조건을
포함하는 계약.

무효한 계약은 체결되어 존재하는 계약이나, 상기 언급한 결
함 때문에 계약에 효력을 부여하지(계약의 효력을 인정하지) 않
는다. 이러한 결함이 존재하는 한 계약은 파기해야 한다. 결함
이 제거될 경우 계약은 자동으로 재계약 없이도 유효한 계약
으로 바뀌게 된다. 강매는 무효한 판매 행위인데, 왜냐하면 계
약 당사자들의 만족이 계약 유효성의 조건이기 때문이다. 이
러한 계약은 파기해야 한다. 그러나 강매에서 강제성이 빠지

8_ 무다라바, 무자라아, 우주흐, 이난 파트너십에 관해서는 p.248 파트너십 참조.

고 판매자가 거래에 만족한다면 해당 판매 행위는 유효한 판매로 바뀌며, 계약을 갱신할 필요는 없다.

③ 무효인 계약: 이 계약은 한 가지 이상의 기반에 하자가 있는 계약이다. 계약의 기반이라 함은 계약 쌍방 및 돼지고기 판매 대금으로 의복을 구매하는 것과 같은 것이다. 이때 구매 비용은 무슬림에게 허용되지 않은 것이므로 대금이 되기에 적합하지 않다. 따라서 이 구매행위는 부당하다.

샤리아에 저촉되는 계약은 무효이다. 이는 효력을 지니지 못하고 올바르지도 않다. 계약을 제대로 하기 위해서는 무효의 가능성이 있는 요소를 제거한 후 반드시 재계약해야 한다.

(5) 계약의 필요성

계약은 필요성에 따라 두 종류로 나뉜다.

① **취소불가능 계약**: 계약 쌍방 중 일방이 해당 계약을 파기하는 것은 허용되지 않는다. 예를 들면 판매, 외상, 임대, 조건부 동업, 결혼 등이 있다.

② **취소가능 계약**: 계약 쌍방 모두가 파기할 수 있는 계약이다. 예를 들면 대출, 예금, 와칼라, 무조건부 동업 등이 있다.

(6) 효력의 유무

계약은 효력의 유무에 따라 두 가지로 나뉜다.

① **유효한 계약**: 타인의 권리와는 무관한 계약으로, 즉각 효력을 발휘한다. 예를 들면 분별 있는 자가 자신이 소유한 것을 분별 있는 성인에게 판매하는 것이 있다.

② **유예 계약**: 제3자와 관련 있는 계약이다. 즉시 효력을 발휘하지 못하며, 효력 발휘를 위해서는 관리자의 허가를 필요로 한

다. 예를 들면 비위임자 판매, 판매가 허용되지 않은 미성년이
행한 계약 등이 있다.

(7) 계약 지속기간 및 시기

계약은 일반계약과 임시계약의 두 종류로 나뉜다.

① 일반 계약(부정기 계약): 지속 기간이 계약 기반에 포함되지 않
는 계약이다. 이는 두 종류로 나뉜다.

- 시기와 유관한 계약: 무다라바, 파트너십, 와칼라, 유증, 카
팔라 등.
- 시기와 무관한 계약: 판매, 결혼, 와끄프, 선물 등.

② 임시 계약(정기 계약): 지속 기간이 계약 기반에 포함되는 계약
이다. 예를 들면 임대, 외상, 휴면계약이 있다.

(8) 계약의 구성요소

모든 계약에는 공통적으로 계약 형식, 계약 당사자, 계약 대상이
라는 세 가지 요소가 있다. 일부 계약은 그 성격에 따라 이보다 더 많
은 요소를 포함할 수 있다.

① **계약 형식**: 계약을 나타내는 모든 것으로, 계약의 형식은 구
두, 서면, 신호, 직접행동 계약과 같은 방법으로 나타낸다.

② **계약 당사자**: 계약 쌍방에게는 이성을 가진 자, 성인인 자, (금
융) 제재를 받지 않는 자, 선택권이 있는 자여야 한다는 조건
이 있다.

③ **계약 대상**: 계약의 대상이 되는 목적물을 의미한다.

(9) 계약의 효력

계약의 효력은 계약마다 상이하다. 예를 들면 결혼 계약의 효력

은 다음과 같다. 부부가 서로 즐거움을 주고받는 것이 허용되고, 친인 척 관계를 증명하며, 지출이 필수가 되는 것이다. 소유권 취득 계약의 효력은 소유권이 있는 가문의 소유권을 증명하는 것이다. 하왈라 계약의 효력은 부채를 한 채권자로부터 다른 채권자에게로 이전하는 것이다. 저당 계약의 효력은 실물로 부채를 통합하는 것이다.

(10) 계약 종료
계약은 다음과 같은 경우에 종료된다.
① 계약이 체결된 대상 중에 체결 당시에는 드러나지 않았던 하자가 있는 등 어떠한 이유로 계약이 파기된 경우.
② 계약 쌍방의 계약 파기 합의인 이깔라에 해당하는 경우.
③ 임대와 같이 기한부 계약의 기간이 만료된 경우.
④ 담을 쌓기 위해 사람을 고용해 고용인이 담을 완공한 경우처럼 특정 업무 수행을 명기한 계약상의 업무가 종료된 경우.
⑤ 탑승을 위해 리스한 자동차가 파손된 경우나 경작을 위해 임대한 토지가 침수된 경우처럼 계약 대상이 파괴된 경우.
⑥ 대리인이나 위임대리인 등의 사망과 같이 계약 쌍방 중 일방이 사망한 경우.

* 출처: Muḥammad Rawās Qalʿajī, al-Mawsūʿah al-Fiqhiyyah al-Muyassarah, Dār al-Nafāʾis 2000, pp.1411-1414.

◈ 수입시 발생하는 손실에 대한 규정

질문　　우리는 해외에서 상품을 수입하고 있습니다. 이 상품은 다음과 같은 이유로 수량이 부족한 채로 수입됩니다. 선박 또는 항구 플랫폼에서의 도난, 분실, 혹은 실수로 다른 사람에게 전달된 경우 등이 있습니다. 때로는 선장이 상품 전부 혹은 일부를 바다에 던집니다. 이는 선장 독자적판단으로 보아 그렇게 하는 것이 선박의 안전에 이익이 된다고 보기 때문입니다. 뿐만 아니라 우리가 상품을 수입할 때 다양한 피해를 보기도 합니다. 항만관리청, 선주, 해외 선적항만 또는 이 피해 원인 제공자 등에게 피해 배상을 요구하는 것은 우리에게 있어 몹시 어렵고 비용도 매우 많이 드는 일입니다. 또 오랜 시간이 걸립니다. 그래서 전세계에 파견직원과 전문 변호단을 보유하고 있는 회사는 주문 총액의 약 100리얄당 3분의 1 리얄에 해당하는 얼마 안 되는 비용을 받고 피해 원인 제공자에게 도난, 분실, 파손된 상품에 대한 배상을 요구하고 배상금을 받아 줍니다. 이러한 계약은 선적 전 적송품을 주문할 때 이루어집니다. 상품이 도착한 후 분실 상품 유무에 관계 없이 회사는 위에서 언급한 비용을 가져갑니다. 그렇다면 이런 계약은 가능한 것입니까? 참고로 이 회사와 계약을 맺는다면 타인으로부터 부당함을 당하거나 국내외에서 우리의 권리를 박탈당하지 않습니다.

파트와　해당 회사와 맺은 계약이 위에서 언급한 대로라면 이는 옳지 못한 계약입니다. 왜냐하면 이 계약은 불확실하고 도박의 성격을 띠기 때문입니다. 분실되거나 훼손된 상품에 대한 배상을 요구하는 데 계약된 해당 회사는 상품이 안전하게 도착한 경우, 대가 없이 상품 배상 임무를 맡은 회사에게 합의된 비용을 지불합니다. 그리고 상품이 훼손되었을 경우, 상품 주인들은 회사의 상품 배상 요구 수락 여부를 보장 받을 수 없습니다. 따라서 이는 불분명함이고 도박과 같은 것입니다.

* 출처: http://www.alifta.com/Fatawa/FatawaChapters.aspx?languagename=ar&View=Page&PageID=5665&PageNo=1&BookID=3, 2013.12.24, No.4997.

◈ **임금지체 보상에 대한 판결 요청**

　질문　파트와 기관에 아래와 같은 질문이 올라왔습니다. 저는 건설업체의 대리인으로, 2003년 공기업 두 곳을 상대로 시공에 대한 임금 및 임금 지체에 따른 피해에 대한 보상을 요구하는 소송을 하였습니다. 법원은 리비아 법 제229조에 의거하여 임금 지체에 대한 보상으로 매년 5%를 지불하라는 판결을 내렸습니다. 그렇다면 이 법이 이슬람 샤리아에 적용되는 범위는 어디까지입니까?

　파트와　돈을 돌려주는 것이 지체된 것에 대한 보상이라면 샤리아 상으로 허용되지 않습니다. 이는 확정되고 고정된 빚에 대한 증가분으로 리바입니다. 리바는 금지된 것으로 가장 큰 대죄 중 하나입니다. 알라께서 말씀하시길 "믿는 자들이여 이자를 거듭하여 삼키지 말라 그리고 알라를 두려워하라 그러면 너희가 번성하리라. 불지옥을 두려워하라. 이는 불신자들을 위해 준비된 것이라. 알라께 복종하고 예언자를 따르라 그리하면 너희가 은혜를 받으라."〈알 이므란(3)장 130-132절〉또한 자비르의 전언에 따르면 "예언자는 알라께서 리바를 받은 자, 제공한 자, 이를 기록한 자, 이를 증언한 증인 2명을 증오하신다 하며, 이들 모두는 '똑같은 자들'이라 했다"〈무슬림 1598〉는 말씀이 있습니다.

* 출처: http://ifta.ly/web/index.php/, 2014.9.24, No.1844.

◈ 할부 무이자 대출에 관한 건

질문 "아랍 이슬람 은행 비자 신용카드"를 할부로 거래하는 것, 다시 말해 1,000디나르에 달하는 무이자 대출에 대한 판단은 무엇입니까?

파트와 신용카드 발급에 대한 지시사항과 신용카드 거래 조건을 살펴본 결과, 샤리아 상으로 이에 대한 어떠한 경고도 없으며 이는 샤리아에 저촉되지도 않습니다. 신용카드 거래 또한 아무 문제 없습니다.

우리는 무이자 대출을 취급하는 모든 금융기관에 대출에 비용을 부과할 시에는 반드시 주의하라고 충고합니다. 왜냐하면 부가 비용은 모두 리바이기 때문입니다. 알라께서는 다음과 같이 말씀하셨습니다. "알라는 너희들의 마음을 알고 계시니 알라를 공경하라."〈바까라(2)장 235절〉

* 출처: http://www.aliftaa.jo/Question.aspx?QuestionId=2916#.VB_B26h_tIE

◈ 신탁자로부터 신탁 자카트 출자

질문 저는 이슬람 은행에 예금을 두었습니다. 이슬람 은행의 조건은 예금자의 자산에 수익과 손실이 따른다는 것이었습니다. 또 은행 규정상 예금 자산에 변동이 생기는 경우, 이 자산에 대한 의무 자카트를 납부해야 합니다. 은행이 이처럼 자카트를 납부하므로, 제 자카트 납입의무는 면제되는 것인가요? 아니면 은행이 납부한 자카트와 상관없이 제 개인의 자카트를 납부해야 하는 것인가요?

파트와   신뢰에 기반한 신탁 또는 무다라바의 방식으로 자산을 맡긴 경우, 자신의 이름으로 의무 자카트를 납부해야 하며, 이로써 자산가의 자카트 납부 의무는 면제됩니다. 만일 이 자카트가 납부되지 않았거나 자산가의 자카트 회사가 불분명한 경우라면 자카트를 납부하여야 합니다. 자산이 채무로 사용되었을 때, 확실하지 아니하다면 자카트 납부 의무가 면제된 것이 아니기 때문입니다.

* 출처: http://www.alifta.net/Search/ResultDetails.aspx?languagename=ar&lang=ar&view=result&fatwaNum=&FatwaNumID=&ID=3362&searchScope=3&SearchScopeLevels1=&SearchScopeLevels2=&highLight=1&SearchType=exact&SearchMoesar=false&bookID=&LeftVal=0&RightVal=0&simple=&SearchCriteria=allwords&PagePath=&siteSection=1&searchkeyword=217133216182216167216177216168216169#firstKeyWordFound(2014.7.29)

◈ 조합원의 대출에 관한 건

질문   간호사 조합이 조합원에게 투자 대출과 무이자 대출을 해 주고 있습니다. 이때 투자 대출에는 4%의 수익률이 붙고, 위 두 가지의 경우에 운영비 대신 3%의 금액을 붙입니다. 이에 대한 판단을 내려 주십시오.

파트와   대부자에게 사무 비용이나 직원의 임금 등 실질적인 대출 서비스에 드는 비용을 부담시키는 것은 무방합니다. 단, 이때 대부자가 부담하게 될 금액은 실제 서비스 비용과 동일해야 하며, 대출 기관이 한푼의 이윤도 남겨서는 안 된다는 조건이 붙습니다. 왜냐하면 추가분은 리바이기 때문입니다. 하나피 학자들의 의견에 따르면 대출자는 대출 과정에 든 비용을 지불해야 합니다.

실 비용 한도 내에서라면 대출 서비스에 대한 대금을 받는 것은 무방합니다. 하지만 실제 서비스 대금 이상의 추가분은 허용되지 않습니다. 이는 샤리아 상으로 하람인 리바이기 때문입니다.

투자 대출의 경우에는 "구매 요청에 대한 무라바하 판매"라 불리며, 이는 샤리아에 명시된 조건을 준수할 경우에 허용되는 판매의 일종입니다. 그러나 추가적으로 3%를 대금으로 지불하는 것은 허용되지 않습니다. 이러한 판매에는 인건비가 추가되는데, 조합은 4% 이상의 수익률을 취하기 때문입니다. 이를 대출이라 명명한 것은 사람들에게 불분명하므로, "구매 요청에 대한 무라바하 판매"라 칭하는 것이 더 적합하다고 말씀드립니다.

* 출처: http://www.aliftaa.jo/Question.aspx?QuestionId=2905#.VB_Nbqh_tIE

◆ **요르단 이슬람 은행과 교사노조 간의 협정**

질문 요르단 이슬람 은행과 교사노조 간의 협정에 대한 판결은 무엇입니까? 협정에 따르면 요르단 이슬람 은행은 교사들에게 무이자 대출을 해주고 그 대가로 노조는 예금을 해당 은행에 예치합니다.

파트와 협정의 조항, 특히 질문에 언급된 조항을 검토해 본 결과 이 협정은 샤리아에 어긋나지 않습니다. 또 질문에 언급된, 조합의 계좌를 해당 은행에서 개설하도록 한 조항 역시 아무 문제가 없습니다. 왜냐하면 이 조항은 노조가 일정 금액 이상이 예치된 계좌를 개설해야 한다는 조건을 두고 있는 것으로 간주되지 않기 때문입니다.

마찬가지로 예치자는 대출 예정인 자와 상이한데, 여기서 대출자는 교사들이고, 예치자는 노조입니다. 또 노조의 자금은 기부 형태로 내는 회비입니다.

* 출처: http://www.aliftaa.jo/Question.aspx?QuestionId=2854#.VB_sJah_tIE

◆ **이슬람 개발 은행에 대한 문의사항들**

이슬람 개발은행이 이슬람 아카데미로 질의한 모든 사항들에 대해 자세한 토의와 폭넓은 논의를 거쳐 다음과 같이 결정한다.

1) 이슬람 개발은행의 대출 서비스 요금

가. 실제 비용 한도 내에서 이루어진다면 대출 서비스 요금을 받는 것은 무방하다.

나. 실제 서비스 요금을 초과하는 모든 비용은 하람이다. 이는 샤리아 상으로 금지된 리바이기 때문이다.

2) 이자르 행위

가. 이슬람 개발은행이 장비를 우선 소유한 다음 사업자에게 임대하기

로 약속하는 것은 샤리아상으로 무방하다.

나. 이슬람 개발은행이 은행 고객 중 한 명에게 기계나 장비 등 본인이 필요한 것을 구매하도록 위임하는 것은 구입하고자 하는 물건의 사양이 결정된 것이어야 한다. 그리고 이 금액은 은행 자본으로 구입하는 것이다.

이 물건들에 대해 위임권을 가진 사람이 이를 획득한 이후 은행이 고객에게 임대하기 위한 목적으로 하는 것이라면, 이는 샤리아 상으로 가능한 위임계약이다. 그러나 더 좋은 것은, 가능하다면 고객이 아닌 사람이 대리인이 되어 물건을 구매하는 것이다.

다. 임대 계약은 반드시 장비를 실제로 소유한 다음에 이루어져야 한다. 또한 임대 계약은 위임 계약이나 약속과는 별도의 계약으로 체결되어야 한다.

라. 임대 계약이 종료될 경우, 장비를 증여한다는 약속은 별도의 계약 체결이 있다면 가능하다.

마. 임차인이 장비를 부주의하게 다루어 망가뜨리지 않았음에도 장비에 결함이 생기면 그 책임은 장비 소유주인 은행에 있다. 그렇지 않다면 책임은 당시 해당 장비를 소유한 자가 진다.

바. 가능하다면, 이슬람 회사에 대한 보험료는 은행이 부담한다.

3) 할부 외상판매

가. 이슬람 개발은행이 장비를 소유한 이후에 고객에게 장비를 판매하기로 약속하는 것은 샤리아 상으로 무방하다.

나. 이슬람 개발은행이 고객에게 기계나 장비 등 본인이 필요한 것을 구매하도록 위임하는 경우 구입하고자 하는 물건의 사양이 결정되고 은행의 자본으로 구매하는 것이어야 한다. 이는 은행이 대리인에게 물건을 도착하게 한 후, 물건을 판매하기 위한 것이다. 위임은 샤리아 상으로 괜찮다. 가장 좋은 것은 가능하면 위에서 언급한 고객이 아닌 대리인이 물건을 구매하는 것이다.

다. 판매 계약은 반드시 장비를 실제로 소유하고 수령한 이후에 이루어져야 하고 별도의 계약이 체결되어야 한다

4) 대외 무역 자금조달 업무

이 업무의 원칙은 할부로 외상 판매할 때와 동일한 원칙이 적용된다.

5) 이슬람 개발은행이 외국은행에 예치해야 하는 예치금에서 발생한 이자를 처분하는 경우

은행이 통화에 불안정한 영향을 주는 요소로부터 은행 자금의 실질적인 가치를 보호하기 위해 은행이 예치해서 얻은 이익의 사용을 금지한다. 이 이익은 공익을 위해 사용되어야 한다. 공익이란 교육, 연구, 구조수단 제공, 회원국에게 재정 및 기술 지원 또는 학술, 기관 및 연구소, 학교, 이슬람 학문의 전파와 관련된 활동을 의미한다.

* 출처: Qarārāt wa Tauṣiyyāt Majma' al-Fiqh al-Islāmī, 제13(3/1)호(2014.8.14)

● 은행예금(은행계정)에 관한 결정

1. 1995년 4월 1일부터 6일까지 아랍에미리트 아부다비에서 소집된 제9차 이슬람 피끄흐 위원회는 은행예금에 관하여 논의와 심의를 거쳐 다음과 같이 결정한다.

2. 피끄흐에 따르면 요구불 예금은 이슬람 은행에 예치되어 있건 리바 은행에 예치되어 있건 상관없이 대출금이다. 즉 예치금을 받고 있는 은행은 예금을 보증하며, 이는 샤리아상 예금주의 요구가 있을 때 언제든지 지급할 것을 의무로 규정하고 있다. 은행(채무자)의 자금 유동성이 양호하다고 하여, 대출 결정에 지장을 주지 않는다.

3. 은행예금은 은행거래 상황에 따라 두 종류로 분류된다.

리바 은행과 마찬가지로 예치된 예금에는 이자가 붙는다. 이는 리바가 붙는 대출로서, 요구불 예금이건 정기예금이건 통지예금이건 저축계정이건 상관없이 하람이다.

이슬람 샤리아 규정에 따라, 배당금에 관한 투자 계약을 준수하고 있는 은행들에 예치된 예금은 무다라바 자본이다. 따라서 이슬람 피끄흐의 무다라바 규정이 여기에 적용된다. 무다라바 규정에서는 무다립(은행)이 무다라바의 자본을 보증하는 것을 허용하지 않고 있다.

4. 은행과 고객 간에 합의가 되었다면 계정을 차단할 수 있다.

5. 예금 담보는 허용된다. 요구불예금이건 투자예금이건 상관 없다. 상기 예금액에 대한 저당은 예금주가 저당기간 동안 저당의 처분을 금지하도록 할 때에 한하여 성립된다. 은행에 당좌계정이 있어서 저당권자가 투자계정으로 예금액을 송금해야만 하는 경우, 담보는 소멸하고 대부는 무다라바로 된다. 이때 예금주가 예금이자에 대한 권리를 가지며, 이는 저당권자(채권자)가 담보로부터 발생한 부산물을 이용하는 데 제약을 두기 위한 것이다.

6. 합법적 거래의 원칙은 신용에 기반하여 혼돈과 억측을 막고 샤리아 견해에 부합하는 방식으로 정보를 공개하는 것이다. 이로써 은행들은 각자 보유하고 있는 계좌들에 대하여 신뢰와 진정성을 확인 받는다. 이는 은행의 업무가 신용과 직결되어 있기 때문이다.

　* 출처: Qarārāt wa Tauṣiyyāt Majmaʿ al-Fiqh al-Islāmī, 결정 제86호(9/3)(2014.8.14)

◈ 주식에 대한 자카트 납부 방법

질문　저는 금융시장에서 거래를 하는 문제와 관련해서 샤리아의 판단을 알고 싶습니다. 저는 외관상의 업무가 할랄인 회사의 주식을 보유하고 있고, 이 회사에서 이익금이 분배될 때까지, 혹은 보유한 주식가격이 오를 때까지 기다렸다가 주식을 매도할 것입니다. 이에 대한 판단을 알고 싶습니다. 저는 모든 주식을 제값을 주고 구매하고 있고, 제 이름으로 증권위원회에 등록하였습니다.

저는 이 주식에 대한 사카트 납부 방법도 알고 싶습니다. 자카트는 보유한 주식의 총액에 대해 납부하는 것인가요? 아니면 이익금에 대해서만 납부하나요?

일년 전부터 보유해 온 주식의 가격이 하락하여 주가 총액이 25% 이상 하락하였습니다.

파트와　현대 법학자들은 회사를 3종류로 분류합니다.

1. 재무제표상 금지된 것이 없는 회사

이 회사에 주식투자 및 무다라바 투자를 하는 것은 무방합니다.

2. 업무자체가 금지된 회사, 예를 들어 보험, 은행, 담배 회사 등의 회사에는 자금 출자를 하는 것도, 주식으로 무다라바 투자를 하는 것도

금지됩니다.

3. 업무 자체는 할랄이지만 재무제표상 금지된 것이 포함된 경우인데, 예를 들어 대출시 리바 거래 혹은 리바 채권 등을 거래하기도 하는 회사를 말합니다. 만약 샤리아 규정을 고려하지 않는 기업들과의 거래를 위해 어쩔 수 없이 일정 부분 금지된 것이 포함되었다면, 주식 투자든 무다라바 투자든 이 회사에 투자하는 것이 가능합니다. 그러나 재무제표상 금지된 조항들이 포함되어 있다면 주식이든 무다라바 투자든 투자가 불가합니다. 이는 이슬람회의기구에 속한 이슬람 피끄흐 위원회의 결의에 따른 것입니다.

그러므로 주식투자자 혹은 무다라바 투자자들은 주식이나 무다라바 투자를 하기 전에 회사의 재무제표를 꼼꼼히 살펴보아야 합니다. 그래서 허락된 것이라면 거래를 하시고, 그렇지 않으면 거래를 피해서 금지된 것을 범하거나 죄를 짓는 일이 없도록 주의해야 합니다. 그리고 이와 같은 일을 상담하는 기관의 도움을 받을 수도 있습니다.

주식에 대한 자카트 납부는 다음과 같습니다.

1. 만약 주식이 무다라바 투자를 목적으로 했다면 자카트는 교역시 부과되는 자카트와 같습니다. 주가가 변동했다면 자카트를 내는 시점의 시장가격으로 계산하여 총 금액의 2.5%를 자카트로 납부하면 됩니다.

2. 투자의 목적이 이익금이었다면 회사 업무의 성격에 따라 자카트를 냅니다. 금융 회사의 경우 시장가격에 맞게 주식을 자카트로 내고, 상공업 회사의 경우 현금이든 판매나 생산이 가능한 현물이든 간에 회사 보유물에 따라 주식으로 자카트를 납부하며 주식의 이익금으로 자카트를 납부할 수도 있습니다. 예를 들어 만약 현금이든, 생산이나 판매가 가능한 현물이든 간에 회사 자본의 30% 정도 있었다면, 이 경우 이익금 외에도 주식가의 30%에 해당하는 부분에 대한 자카트를 납부합니다. 이는 자카트 납부의 원리에 따른 것입니다. 그렇게 되면 당신은 확실히 책임을 다한 것이고, 자카트 납부액 초과분은 자발적 자선이 될 것입니다.

* 출처: http://aliftaa.jo/Question.aspx?QuestionId=663#.U0EQhLmKA3E

◆ 리바가 있는 외상 거래의 건

질문　　저는 한 남성으로부터 4천 리얄을 빌렸습니다. 그리고 현금으로 6천 리얄의 차용증을 썼습니다. 할부로 매달 5백 리얄씩 갚기로 하고 말입니다. 이것이 허용되나요?

파트와　　현금인 디르함을 더 비싸게 특정 기간까지 디르함으로 파는 것은 리바 알파들, 리바 알나시아입니다 코란과 하디스는 이 두 가지 리바를 금지하고 있습니다. 따라서 4천 리얄을 납부 기한을 정해 6천 리얄로 파는 것은 허용되지 않습니다. 돈을 빌려준 자는 원금인 4천 리얄 외에는 가질 수 없습니다. 두 사람 간에 분쟁이 발생할 경우 결정은 법원으로 넘기세요. 이러한 잘못된 행위 대해 두 사람 모두 알라께 회개해야 합니다. 코란에 따르면 다음과 같습니다.

　"오, 믿는 자들이여! 너희는 모두 함께 알라께로 향하여 번영하도록 하라."〈누르(24)장 31절〉

* 출처: http://www.alifta.net/Search/ResultDetails.aspx?languagename=ar&lang=ar&view=result&fatwaNum=&FatwaNumID=&ID=4863&searchScope=3&SearchScopeLevels1=&SearchScopeLevels2=&highLight=1&SearchType=exact&SearchMoesar=false&bookID=&LeftVal=0&RightVal=0&simple=&SearchCriteria=allwords&PagePath=&siteSection=1&searchkeyword=217134216179217138216166216169#firstKeyWordFound(2014.7.14)

▌제2장▐

상품 거래

무슬림 상거래를 거래 대상에 따라 나누면 두 종류이다. 우선, 상품의 거래를 통해 이윤 추구를 목표로 하는 상품 거래가 있다. 둘째는 자본과 자본 또는 자본과 노동의 결합을 통해 상호 간의 이윤 추구를 목표로 하는 협업 거래가 있다. 이 장에서는 상품 거래부터 살펴보기로 한다.

　상품 거래란 상품을 구매해서 재판매하거나 구매된 상품을 이용해서 그 차익을 실현하는 것으로 무라바하, 이스티스나, 살람, 타와르루끄 등이 전자에 해당한다. 상품 자체를 거래하는 것은 아니지만 상품의 용익이나 효용을 거래하는 이자라Ijārah를 상품 거래의 범주에 포함시킬 수 있겠다(김동환, 2013, 167).

무라바하는 상품을 구매한 가격에 이윤을 붙여 판매하는 것이다. 아랍어 Rabihah는 어근 'R-B-H'에서 파생된 것으로 '이윤을 얻다'는 의미이다. 무슬림 사회에서 리바라 불리는 이자는 금지이지만 이윤은 적법한 것으로 간주된다. 무라바하 거래의 특징은 이윤의 공개에 있다.

"무라바하 거래에서 판매자는 구매자에게 자신이 판매하려는 제품의 원가를 알려 주고 이에 자신의 이윤이 얼마가 추가되는지를 정확히 알려 주어야 한다. 따라서 제품의 원가가 알려지지 않을 경우 무라바하 거래는 성립되지 않는다. 그래서 율법학자들은 무라바하 거래가 신용 판매의 범주에 포함된다고 주장하기도 한다."(Muhammad Rawwās, 2007, 89) 따라서 일반적인 흥정 거래와 무라바하 거래의 가장 큰 차이는 상품 원가의 노출이며, 또 다른 점은 흥정의 대상이 상품의 가격이 아니라 판매자가 얻게 될 이윤이나 마진이라는 것이다. (김동환, 2013, 57)

이윤에 대한 정의와 기능, 다양한 해석을 파트와를 통해 보면 다음과 같다.

◈ 무라바하 거래로 금을 구매할 때

질문 구매 요청에 대한 합법적인 무라바하 계약으로 금을 구매하는 것에 대한 판단은 무엇입니까?

파트와　이슬람에서는 금과 은에 대해서 기타 상품이나 서비스와는 다른 판결을 내리고 있습니다. 왜냐하면 금과 은은 모든 재물의 근본이기 때문입니다.[1] 이 판결 중에는 타까부드Taqabud[2]와 타마쑬Tamathul[3]이 있습니다. 예언자 무함마드는 다음과 같이 말했습니다. "동일 무게가 아니면 금을 사지도 팔지도 말라. 또 양이 적은 것을 팔고 많은 것을 받거나 그 반대의 경우도 행하지 말라. 동일 무게가 아니면 은을 사지도 팔지도 말라. 또 양이 적은 것을 팔고 많은 것을 받거나 그 반대의 경우도 행하지 말라. (수중에) 없는 금이나 은을 실물의 금이나 은을 받고 판매하지 말라." 이는 무슬림의 전승입니다.

이와 관련해, 구매 요청에 대한 무라바하 계약을 통해 금을 판매하는 것은 하람입니다. 왜냐하면 이때의 가격은 외상이지, 온전하게 지급된 것이 아니기 때문입니다. 이는 하람인 리바의 일종입니다. 그러므로 현금과 금을 외상으로 받고 거래하는 것은 안 됩니다. 예언자께서는 같은 맥락에서 다음과 같이 말했습니다. "금을 금으로 거래하는 것은 직거래가 아닌 이상 리바이다." '직거래가 아닌 이상'이라는 구절은 손에서 손으로라는 뜻이며, 이 중 하나라도 외상으로 지불하면 그것은 허용되지 않습니다.

* 출처: http://www.aliftaa.jo/Question.aspx?QuestionId=2852#.VB7jsKh_tIE

◈ 이집트인이 쿠웨이트 파이낸스로부터 무라바하 거래하는 깃이 가능한가?

질문　저는 이집트인으로 쿠웨이트 파이낸스 하우스로부터 무라바하 대출을 받고 싶습니다. 대출 용도는 채무 전액 변제, 자동차 구입, 소순례 경비 마련 등입니다. 이 경우 대출을 받는 것은 허용됩니까?

파트와　이는 대출이 아닙니다. 무라바하 혹은 타와르루끄입니다. 이는 허용됩니다.

* 출처: http://islam.gov.kw/Pages/ar/FatwaItem.aspx?itemId=6328(2015.1.4)

1_ 이슬람에서 금과 은을 다른 상품과 달리 대하는 이유는 초기 무슬림 사회에서 거래의 기준품으로 금, 은, 소금, 밀, 보리, 대추야자를 정했기 때문이다. 화폐가 마땅히 없던 시절부터 거래 시 이 여섯가지 대상물이 거래의 기준품이었다.

2_ 판매자와 구매자 각각 상품 혹은 그와 동등한 금전적 가치를 지닌 것을 상호 소유함.

3_ 정확한 등가 혹은 같은 것으로 교환.

◈ **무라바하로 구입한 아파트를 담보로 제공하는 것에 대한 문의**

질문　아랍 이슬람 은행의 무라바하를 통해 아파트를 구매하는데, 이 아파트를 은행에 저당 잡히는 것은 허용됩니까?

파트와　아랍 이슬람 은행에서 거래하는 구매 지침에 따른 무라바하 계약에 대해 조사한 결과, 우리는 이 은행에 샤리아상 금지된 것이 없다는 것을 알았습니다. 따라서 우리의 파트와 역시 은행 직원이 샤리아 조건을 준수했다면 이를 통한 은행 거래가 가능하다고 내린 바 있습니다. 매매 물품을 담보로 저당 잡는 조건에 대해서는 샤피이 학파4 법학자들은 대학자 이븐 하자르 알하이타미의 전언을 다음과 같이 전합니다. "매매 물품을 저당으로 잡은 매매는 유효하지 않다. 이는 이 물품을 수령 전이나 수령 후 모두에 해당된다. 그러나 물품을 수령한 후 조건 없이 저당을 잡은 경우라면 매매와 저당은 유효하다."〈al-Fatāwi al-Fiqhiyyah al-Kubrā 2권 287장〉

반면 한발리5 학파 법학자들은 그들의 학파 의견에 따라 이를 허락하는데, 이는 아흐마드 이븐 한발의 다음 전언에 기인합니다. "물품 가격에 대해 그 물품을 저당잡는 조건은 유효하다. 만약 "나는 너에게 이 물품을 물품 가격만큼 저당 잡는 조건으로 너에게 판매한다"라고 말했고, "나는 너에게 이것을 저당잡는 조건으로 구매했다"라고 이야기했다면, 구매와 저당은 유효하다."〈Kashaf al-Qina'ah 3권 189장〉

이슬람 피끄흐 위원회의 결정은 한발리 학파의 의견에 따라 내려졌습니다. 이는 결의안 제(133)호, (7/14)에 명시되어 있습니다. 그 내용은 "판매자에게 판매한 이후 물품 소유권에 대한 권리가 없다. 그러나 판매자는 구매자에게 후불 할부 금액을 납입할 때까지 물품을 저당 잡아 판매자의 권리를 보증할 수 있다"입니다.

* 출처: http://aliftaa.jo/Question.aspx?QuestionId=588#.U0aIPmC_mM8(2014.4.10)

4_ 이븐 이드리스 알샤피이가 창설한 이슬람 법학파이다. 4대 법학파 중 이즈티하드와 전통관습의 절충을 통해 합리적인 법학 이론의 토대를 이루는 데 크게 공헌하였다.

5_ 한발리 학파: 아흐마드 이븐 한발을 따르는 순니 4대 법학파 중 일원(하나)이다. 4대 법학파 중에서도 비교적 보수적이고, 와하비즘의 토대이다. 전체 무슬림 중 한발리 학파가 차지하는 비율은 크지 않으나(약15%), 사우디아라비아의 이념적 토대를 구축하고 있다는 점에서 중요하게 간주된다.

• 이 윤

1. 정 의
이윤은 상업 활동으로 발생하는 자본금의 증가분이다.

2. 이윤의 양 결정
샤리아에는 이윤의 양을 결정하는 방법이 구체적으로 언급되지 않는다. 상인이 값을 지불하고 상품을 구매한 후 상품의 가격이 증가하면 이윤을 붙여 상품을 판매할 수도 있는데, 어떤 경우 상인은 손해를 보기도 한다. 상인이 상품을 구매한 후 상품의 가격이 하락한다면, 상인은 미미한 이윤 또는 이윤 없이 이 상품을 판매해야 하는 상황에 처한다. 상인은 시가보다 더 높은 가격으로는 판매할 수 없는데, 이는 곧 과도한 이윤은 불가하다는 것을 의미한다. 상인들이 탐욕을 부릴 경우 그들은 적정수준의 이윤에 만족하지 못할 것이고, 따라서 이 경우에는 국가가 상품의 가격을 정한다. 국가가 정한 상품의 가격보다 높은 가격으로 상품을 판매하는 사람은 제재를 받는다.

3. 소유하지 않은 것에 대한 이윤
타인의 소유물을 갈취하여 이를 판매한 경우나 보관을 부탁 받은 물건을 판매한 경우, 판매하고 받은 대가에 대한 권리는 물건의 소유주에게 있다. 타인에게서 갈취한 물품이 가공이 가능한 물질이고 이를 가공한 후 판매하였다면 가공으로 인해 발생한 이윤은 무다라바 회사의 이윤 거래와 같다. 즉 노동자가 이윤의 반을 갖고, 물품의 원소유자가 반을 갖는다.

4. 책임이 없는 것에 대한 이윤
소멸될 경우 이에 대한 책임을 지지 않거나 손해가 발생할 경우 그 손해에 대한 책임이 없는 재물에 대해 이윤을 취할 수 없다. 아이샤는 이에 대해 다음과 같은 전승을 남겼다. "예언자께서 '이윤에는 책임이 따른다'고 말했다." 책임지지 않는 것에 대한 이윤을 금한 것이다.[6]
• 회사에서의 이윤 분배: 상업회사, 농업회사 또는 산업회사에 참여한 사람들

6_ Sunan Abī Dāwud, Kitāb al-'Ijārah, 3508.

의 경우 그들은 원하는 대로 이윤의 배분 비율을 합의할 수 있으며, 자본금을 고려해 이윤이 산정돼야 한다는 조건은 없다. 회사에 여러 사람이 참여하고 있지만 각자의 이윤 배당률을 정하지 못한 경우 이윤은 자본금 비율에 근거하여 배분된다.

- 이윤에 대한 동업자들의 의견 대립: 동업자 사이에 이윤 배분을 놓고 이견이 발생할 경우, 증가분이 있다고 주장하는 사람은 주장을 뒷받침할 근거를 제시해야 한다. 증거가 없을 경우 가장 적은 액수를 주장하는 자의 의견을 받아들이고 서명을 해야 한다.

  * 출처: Muḥammad Rawās Qalʻajī, al-Mawsūʻah al-Fiqhiyyah al-Muyassarah, Dār al-Nafāʼis, 2000, pp.932-933.

◈ 이윤의 한도에 관한 판단

질문　판매와 염가 판매에 있어 허락된 이윤은 무엇입니까?

파트와　지고하신 알라께서 "거래는 적법하나 이자는 불법으로 만드셨노라"〈바까라(2)장 275절〉라고 말씀하셨습니다. 하지만 샤리아에 이윤의 최대·최소 한도가 정해져 있지 않습니다.

이에 기초하여, 염가 판매나 할부에 있어 이윤에 대한 특정한 한도가 없다는 사실을 말씀드립니다. 하지만 저는 질문자께서 매매 거래자들에게 인정을 베푸시고 이윤을 과도하게 책정하지 말 것을 당부드립니다. 예언자도 이렇게 말했습니다. "알라께서는 매매와 채무를 상환 받을 때 너그러움을 베푸는 자에게 자비를 베푸신다."〈부카리 전승〉 또한 예언자는 한도를 정했다가 분쟁이 생기는 것을 피하려 했습니다.

* 출처: http://www.dar-alifta.org/ViewFatwa.aspx?ID=283&LangID=1&MuftiType=1

◈ 무라바하 거래로 자동차를 구입하는 것이 허용되는가?

질문　쿠웨이트 파이낸스 하우스에서 무라바하 판매방식을 통해 자동차를 구입하는 것은 샤리아상 허용된 일입니까?

파트와　샤리아상 이는 허용되는 일입니다.

* 출처: http://islam.gov.kw/Pages/ar/FatwaItem.aspx?itemId=6614(2015.1.4)

◈ 보유하고 있지 않은 것을 파는 것에 대한 판단

질문   저희는 2006년 제620호 요청에 대해 검토하였고 그 내용은 다음과 같습니다. 자신이 상인이라 밝힌 여성에 대한 판단은 무엇인가요? 그녀에게 상품 구매를 희망하는 사람들이 와서 그녀가 가지고 있는 상품을 보거나 또는 그녀가 갖고 있지 않은 상품에 대해서 설명을 들었습니다. 그녀는 그들을 위해 상품을 구매하여 이윤을 받고 그들에게 상품을 할부로 팔았습니다. 혹자는 흔히 이렇게 말합니다. "이것은 금지된 것이다. 실로 그녀는 모든 품목의 상거래를 할 수 없다. 그녀는 소유한 상품만을 판매해야 하고, 구매자의 기호에 따라 상품을 그때그때 구매해서는 안 된다. 왜냐하면 이러한 방식으로는 그녀가 손실에 노출되지 않기 때문이다. 판매자의 조건 중 하나는 손실에 노출되어 있어야 한다는 것이다."

파트와   샤리아의 규정에 따르면 현재 가격으로 판매하는 것은 유효하며, 또한 알려진 기간까지 후불 가격으로 판매하는 것 또한 유효합니다. 정해진 기간만큼 가격이 상승하는 것은 샤리아상으로 허용됩니다. 그리고 이에 이슬람 법학자 대부분이 동의하였습니다. 왜냐하면 이는 무라바하의 일종으로 샤리아상으로 허락된 판매의 한 종류이기 때문입니다. 이러한 판매에서 기간에 대한 대가로 가격을 상승시키는 것을 조건으로 하는 것 또한 허용됩니다. 왜냐하면 기간이 실 자산이 아니고 오히려 무라바하의 일종이라면 후불 가격에 반영되기 때문입니다. 가격 상승에 대한 기한이 명시되었을 경우 그러합니다. 목적은 양자 간의 합의를 얻는 것에 있으며, 꼭 금지해야만 하는 것은 아니고, 판매자든 구매자든 사람들이 그것을 필요로 하기 때문에 발생하는 경우입니다. 상인이 모든 품목을 판매할 수 없다는 주장은 상인이 한 품목에 집중해야 한다는 것을 의미합니다. 상인의 조건 중 하나는 피해를 감수해야 한다는 것이고 이는 알라의 말씀에도 나와 있습니다. 소유하고 있지 않은 물건을 판매하는 행위는 판매의 일종인 살람 계약이라면 가능하고, 이때 이는 채무 상태인 것입니다. 그리고 이는 채무를 통해 명시된 품목을 판매하는 것이고 이에 대한 근거는 코란과 순나와 합의에 나와 있습니다. 알라께서는 "오, 너희 믿는 자들아! 너희가 다른 사람으로부터 지정된 기간 동안 하나를 빌릴 때 그것을 기록

하라 〈바까라(2)장 282절〉"라고 말씀하셨습니다. 그리고 이븐 알압바스
는 "나는 살람에 **빠졌네**"라고 말했습니다. 순나는 예언자의 말씀입니다.
예언자는, "누구든지 대추야자를 선물, 구매하는 사람은 정해진 양, 정해
진 무게로 지불할 수 있으며, 이 대추야자는 정해진 시간에 배달되어야
한다"라고 말했고 이를 두 명의 셰이크(부카리와 무슬림)가 전승했습니
다. 이는 규격화된 제품에 대한 합의에서 명백하게 드러나 있습니다. 예
를 들면 냉장고는 ○○사 제품으로 하고 ○○ 크기에 색상은 ○○으로 그
리고 옵션은 ○○로 하는 것입니다. 그리고 이러한 거래 방식은 상인이 구
매자가 구매를 원하는 제품에 대해 합의를 함으로써 수정이 가능합니다.
그래서 1차로 상인은 그 상품을 구매하고 그 이후에 구매자에게 그 상품
을 판매합니다. 이때 소유하고 있는 상품을 판매하는 행위는 허용되지만,
소유하고 있지 않은 상품을 판매하는 행위는 금지됩니다. 따라서 상인과
구매자는 함께 판매자가 희망하는 상품을 파는 곳으로 가서 그 상품을 판
매자가 스스로 구매하고 그 이후 구매자에게 그 상품을 할부로 판매합니
다. 또 판매자는 구매자를 위하여 현재 가격으로 구매 대행을 할 수 있으
며, 그 후 구매자는 판매자로부터 후불 할부 가격으로 구매할 수 있는데
이는 할랄입니다. 또한 이 거래는 양측 모두에게 이익이 되며 샤리아에
반하지 않는 것입니다.

이에 의거해서, 그리고 질문의 상황에 비추어 답변드립니다. 이 여성의
활동은 저희가 설명했던 대로 허용되는 것입니다.

* 출처: http://www.dar-alifta.org/ViewFatwa.aspx?ID=3728&LangID=1&MuftiType=,
2006.3.16, No.3728.

이스티스나는 사전적으로는 "생산한다"는 동사 사나아 'Ṣ-N-'A'에서 파생되어, "생산해 달라고 요청하다"라는 의미이다(Ibn Manẓur, 2008, vol.8, 291). 생산을 주문하는 자, 즉 구매자는 생산자(판매자)에게 상품의 상세한 사양, 가격, 상품 인도 일시 등을 거래 조건으로 둔다. 계약이 성사되면 판매자는 구매자와 합의된 특정 사양과 가격에 맞춰 생산품을 제공한다. 따라서 이스티스나 거래가 성사되기 위해서는 생산에 필요한 원자재를 판매자가 조달해야 한다. 만약 구매자가 원자재를 조달하게 되면, 이는 이스티스나 거래가 아니고 이자라(고용) 거래가 되는 것이다. 다시 말해, 구매자가 단순히 생산자의 노동만을 임대하는 경우가 되는 것이다.(Maḥmūd Husein & Husein Muḥammad, 2008, 192) 이스티스나 거래 역시 살람 거래처럼 계약 당시 상품은 존재하지 않지만 양자 간에 차이가 있다. 수목의 열매, 곡식과 같이 제조가 가미되지 않은 것, 다시 말해 상업이나 농업에는 이스티스나 거래가 적용되지 않고, 주로 산업분야에만 적용된다.(Maḥmūd Abdulkarīm, 2001, 117) 이스티스나 거래의 가장 좋은 예로는 건물이나 공장의 건설 등이 있다.

◈ 초기 이슬람 교우 시대의 이스티스나 거래의 형태에 관한 문의

질문 교우 시대에 이스티스나 계약의 형태는 무엇이었습니까? 이에 대한 샤리아적 근거가 있습니까?

파트와 교우 시대의 이스티스나 계약 형태는 다른 시대와 다르지 않았습니다. 갑이 을에게 잘 알려진 상품 내역과 가격으로 상품을 제조하기로 합의하는 것입니다. 또한 자재도 세부적으로 명시되어야 하고, 기간 역시 명시되어야 합니다. 이스티스나를 허락하는 증거들은 많이 있습니다만, 그중에 이자라에 대한 증거들이 있습니다. 상품 제조 요청자(상품 구입자)는 상품 제조자(상품 공급자)에게 계약 전에 임금을 명시하고, 상품 자재에 대한 세부사항 역시 명시합니다. 이것은 살람 거래 안에 포함되는 거래입니다.

* 출처: Al-Fatāwi Al-Mu'āmalāt, Qism al-Fatwā bi Maktab al-'iftā' Salṭanah 'Umān, p.252.

◈ **이스티스나는 계약이다.**

> 질문 이스티스나는 약속입니까? 거래입니까? 우리의 교우들은 이스티스나를 어떻게 생각하셨습니까?

> 파트와 앞서 설명한 것에 따라, 양측이 합의했다면 이는 계약입니다.

* 출처: Al-Fatāwi Al-Mu'āmalāt, Qism al-Fatwā bi Maktab al-'iftā' Salṭanah 'Umān, p.252.

◈ **이스티스나 거래는 살람 거래에 포함된다.**

> 질문 이스티스나 계약은 이 자체로 독립된 계약입니까? 아니면 살람 계약 안에 포함된 것입니까?

> 파트와 이에 대한 것은 이미 앞서 말씀드렸습니다. 살람 거래 안에 포함되는 것입니다.

* 출처: Al-Fatāwi Al-Mu'āmalāt, Qism al-Fatwā bi Maktab al-'iftā' Salṭanah 'Umān, p.252.

◈ **도급 업무에 리바가 있는가에 대한 대한 판단**

> 질문 우리는 건축 도급 업무를 하고 있습니다. 많은 사람들이 우리에게 자신의 주택이나 상가를 은행 대출을 받아 대신 지어 줄 것을 요청하고 있습니다. 이 대출은 위에서 말한 사람들이 은행에서 받은 리바 대출입니다. 우리가 이런 건설 업무를 하는 것이 가능합니까?

> 파트와 당신들과 집주인들 간에 합의가 있었고 집주인들이 리바 거래를 하지 않는다면 이 일을 하는 것은 가능합니다.

* 출처: Al-Fatāwi Al-Mu'āmalāt, Qism al-Fatwāa bi Maktab al-'ftā' Salṭanah 'Umān, p. 244.

질문　현대 사회에서 도급 거래는 문제에 대한 사람들의 무지 때문에 몇 가지 문제가 있습니다. 도급 업자들이 저지르는 몇몇 문제의 형태들은 아래와 같은 것들입니다.

1. 예를 들어 주택 도급업자가 2만 리얄을 가져갑니다. 그리고 자신의 휘하에 있는 건설 노동자들에게 이보다 더 적은 금액을 줍니다. 그러면 계약당 건설업자의 수익은 2천 리얄이나 3천 리얄이 됩니다.

2. 주택 도급 업자가 2만 리얄을 받고 건설 노동자들에게 수고비를 줍니다. 우리는 이 돈을 수공비 혹은 수작업비라고 합니다.

3. 주택 도급 업자는 앞서 말한 같은 금액을 취하고 노동자들에게 합의에 따라 5% 혹은 6%를 가져가는 조건으로 실제 금액을 알려 줍니다.

4. 주택 건설 노동자들은 일정 금액을 가져갑니다. 건설 계약은 도급 업자에 의해 이루어집니다. 도급업자가 서명을 해야만 계약이 완성되며, 도급 업자는 일정 비율이 있어야만 계약에 동의를 해줍니다. 우리는 이를 도장 찍은 서명이라 부릅니다.

　이런 형태의 계약에 대해 어떻게 생각하십니까? 만약 건축 노동자들과 도급 업자가 동일 인물이거나 건축 노동자들이 고용된 사람들이라면 사정이 달라질까요? 앞서 말한 모든 상황들이 잘못된 것이라면, 이 문제에 대한 올바른 행동은 무엇입니까?

파트와　첫 번째 경우, 도급 업자가 근로를 하지 않고 자재 공급을 하는 것도 아니라면 이는 허락되지 않은 일입니다. 도급 업자는 수익을 가져갈 명분이 없습니다.

　두 번째 경우, 건설 노동자들이 도급 업자로부터 수고비를 가져가고 건물 주인이 건축 자재를 스스로 가져왔다면 이는 앞서 말씀드린 것과 같은 상황입니다. 만약 도급 업자가 직접 건축 자재를 가져왔고, 또한 도급 업자가 건설 노동자를 고용한 것이라면 문제되지 않습니다.

　세 번째 경우에 대한 판단 역시 앞선 두 상황과 같습니다. 도급 업자가 책임지고 자재를 가져왔다면 괜찮습니다. 그러나 그렇지 않은 경우, 불로소득을 취하는 것은 안 됩니다.

네 번째 경우, 서명했다는 이유만으로 돈을 가져가는 것에는 아무런 정당성도 없습니다.

* 출처: Al-Fatāwi Al-Mu'āmalāt, Qism al-Fatwāa bi Maktab al-'ftā' Salṭanah 'Umān, p.245.

◈ 도급 업자들의 근로자 임대에 관한 판단

질문 일부 도급 업자들은 노동자들을 고용한 다음 타인에게 이들을 임대합니다. 이런 거래에 대한 판단은 무엇입니까?

파트와 허락되지 않습니다. 불로소득이기 때문입니다.

* 출처: Al-Fatāwi Al-Mu'āmalāt, Qism al-Fatwāa bi Maktab al-'ftā' Salṭanah 'Umān, p.246.

◈ 도급 업자의 양도 지연으로 인한 피해에 관한 판단

질문 사람들이 집을 지을 때 도급 업자와 계약서를 작성합니다. 계약서에는 공사 지연 대금 납부가 포함되어 있는데, 이는 일정 기간 동안 집주인에게 양도 시기가 늦어지면 매달 일정한 금액을 지불하는 것입니다. 사람들은 이것이 공사 지연으로 인해 발생하는 피해에 대해 대금을 지불하는 것이라고 주장합니다. 예를 들어 집의 임대료가 매달 300리얄인데 도급업자가 일년 간 양도를 지연한다면, 집주인의 입장에선 막대한 손해를 입게 됩니다. 제 질문은 만약 집주인이 피해를 보았고 양측이 동의했다면 이 계약서가 법적으로 유효한가 하는 것입니다. 만약 유효하지 않다면 집주인은 피해를 어떻게 보상 받을 수 있습니까?

파트와 양 계약자는 계약 조건이나 상황을 잘 고려해 봐야 합니다. 우선 도급업자의 경우, 계약 기간 내에 임무를 완수하지 못한 것이 고의에 의한 것인지, 아니면 불가항력적인 상황이었는지를 알아봐야 합니다. 만약 공사 지연이 불가피한 상황 때문이었다면 도급 업자는 아무런 비용도 부담하지 않습니다. 집주인의 경우, 공사 지연으로 인해 손해를 입었는지 그 여부를 살펴야 합니다. 만약 금전적인 손해를 입었는데 도급업자의 업무 태만으로 인한 것이었다면 도급 업자는 피해액만큼 보상을 해 주어야 합니다.

* 출처: Al-Fatāwi Al-Mu'āmalāt, Qism al-Fatwāa bi Maktab al-'ftā' Salṭanah 'Umān, p.247.

질문 도급 업자와 집주인 간에 계약 시 "위약 조건"을 명백히 해야합니다. 이는 도급업자가 건축기간을 지연했을 경우, 일별 혹은 월별로 금액을 차감해 주는 것입니다. 대부분의 경우 이 차감액은 기간 동안 건물 임대 시 발생할 수 있는 금액보다 적은 금액입니다. 만약 도급업자가 건물 양도 시기 지연에 대한 합당한 이유를 제시하지 못할 경우 위약 조건을 집행할 수 있을까요?

파트와 이 합의에는 속임수가 있습니다. 이슬람에서는 거래에 속임수가 들어 있으면 받아들이지 않습니다. 거래 양 당사자는 이러한 경우 발생할 수 있는 것들에 대해서 샤리아의 판단에 맡기는 조건으로 합의해야 합니다. 만약 공사 지연이 도급 업자의 업무 태만에 의한 것이라면 판사는 도급업자에게 본인의 태만으로 인해 발생한 집주인의 피해를 보상하도록 명합니다.

* 출처: Al-Fatāwi Al-Mu'āmalāt, Qism al-Fatwāa bi Maktab al-'ftā' Salṭanah 'Umān, p.248.

◆ 건설 도급 업자의 타 기관 소속 노동자 이용에 대한 판단

질문 건설 노동자들을 거느리고 건설 도급업을 하고 있는 한 사람에 대한 의견을 원합니다. 이 남성은 5만 리얄에 도급 계약을 하여 4만5천 리얄에 노동자들에게 하청을 주었습니다. 이 일의 책임은 이 남성에게 있으며 일 역시 그의 이름으로 하고 있습니다. 이 사람이 자신의 휘하에 있는 노동자가 아닌 다른 노동자와 계약을 했다면, 이 경우 발생하는 이익에 대한 판단은 무엇입니까?

파트와 노동자들이 그의 권한과 책임 아래 있고, 건축주와 이 남성 간에 합의가 있었다면, 그리고 하청 계약의 금액이 건축주와 합의한 금액을 초과한다면 이 사람에게는 손해가 발생합니다. 반대의 경우에는 그에게 수익이 발생합니다. 만약 이 남성이 건축 자재를 구입했다면 수익이 발생하더라도 문제가 되지 않습니다. 그러나 만약 이 사람이 건축 계약을 하고 다른 사람에게 더 낮은 가격으로 넘겼다면 이 사람은 아무런 손해도 보지 않게 됩니다. 그러므로 이 경우는 보장되지 않은 수익에 포함되는 것입니다.

* 출처: Al-Fatāwi Al-Mu'āmalāt, Qism al-Fatwā bi Maktab al-'iftā' Salṭanah 'Umān, p.248.

3. 살 람

무슬림의 상거래에서 중요한 요소는 거래 대상물이 거래 시점에 현존해야 한다는 것이다. 즉, 무슬림은 자신이 소유하고 있지 않은 물건을 판매할 수 없다. 하지만 불가피한 경우 예외를 두었는데, 이때 몇 가지 조건이 수반된다. 현대의 선물 거래는 "표준화된 상품을 정형화된 계약조건에 따라 공인된 선물거래소에서 거래한다"는 것이다. 이슬람 초기부터 현대적 개념에 상응하는 몇 가지 조건이 수반되었다. 즉, 현존하지 않는 대상물에 대해 무게, 부피, 인도 시기, 가격 등을 상세하고 명확히 정해 두는 것이다.

역사적으로 전통적인 살람 거래는 대부분 농작물 거래에 국한되었으나 이슬람 은행이 출현한 이후 그 적용 범위가 농업뿐만 아니라 상업과 산업 분야에도 확대 적용되고 있다. 관공서, 병원, 호텔과 같이 매달 혹은 매주 주기적으로 특정 상품의 수요가 발생하는 경우 살람 거래가 적용될 수 있다. 아울러 특정 제품 생산을 위한 생산용 원부자재가 주기적으로 필요한 생산 공장도 살람 거래가 적용될 수 있다(김동환, 2013, 61).

◆ **살람 거래의 허용 여부**

질문　살람이 허락되는 거래는 무엇입니까? 살람 거래는 식품에만 국한되는 것입니까? 아니면 다른 거래도 가능한가요? 살람이 허락되는 조건에 대한 규칙은 무엇입니까?

파트와　살람은 메디나 지역에서 사람들간에 거래하는 것에서 시작되었습니다. 예언자가 메디나로 이주했을 때, 그곳 사람들이 살람으로 곡식을 거래하고 있었습니다. 그래서 예언자가 이 거래를 인정했습니다. 단 살람 거래 시에는, 기한과 무게, 부피가 알려진 것이어야 한다는 조건이 있습니다. 그렇기 때문에 법학자들 간에는 식품 외에도 사람들에게 필요한 다른 대상물에 살람 거래를 허락한다는 입장과, 살람 거래는 식품의 거래에 한해 허용된다는 입장으로 나뉩니다.

왜냐하면 음식을 먹는 것은 삶의 필수적인 것으로 이는 할랄입니다. 이러한 할랄에 대해서는 순나를 벗어난 것이기 때문에 끼야스(유추)할 수 없습니다. 유추 대상에서 벗어난 것을 대상으로 유추할 수 없습니다.

이는 소유하고 있지 않은 것의 판매를 금지하는 원칙에서 벗어납니다. 아시다시피 살람 거래는 현재 존재하지 않는, 부재중인 것을 거래하는 것입니다. 그래서 이를 허락하는 이들은 사람들에게 꼭 필요한 것이 있다면 규칙을 정해두고 살람 거래를 허락한다는 견해를 보입니다. 즉, 의복 등과 같이 사람들에게 꼭 필요한 것에 대해 곡식의 경우와 같이 무게와 부피를 정확히 정해 놓는 조건으로 살람 거래에 포함시켜야 한다는 것입니다. 종류들을 규정한 규칙들은 다양합니다. 무게로 규정할 수 있는 것도 있고, 무게로 규정할 수 없는 것도 있습니다. 이러한 경우에는 그 가치를 고려하여 길이나 폭, 혹은 전체 물건 사양 등을 자세하게 정할 수 있습니다.

분명한 것은 살람 거래가 허가된 거래이지만 무작정 모든 것을 대상으로 하지는 않습니다. 왜냐하면 살람은 사람들의 필요를 고려하여 허가된 것이기 때문입니다. 그러므로 꼭 필요할 때, 혹은 사람들에게 이롭거나 사람들의 이익에 꼭 필요하다는 판단이 있을 경우 살람 거래를 하는 것입니다.

특히 오늘날은 많은 필수품들을 수입할 수밖에 없습니다. 예를 들어, 전쟁 물품, 작업 도구 등과 같은 것은 수입하지 않고선 얻을 수 없는 것들입니다. 단 이런 필요한 물품들의 모든 사양을 정확하게 규정하여 눈으로 직접 보는 것과 같이 꼼꼼하게 그려 낼 수 있어야 합니다. 많은 경우 사람들이 이미 알고 있는 것이거나 전에 비슷한 것들이 있었던 것일 수 있습니다. 주문을 받았다면 사양에 맞게 제조되어야 하고, 만약 판매 시점에 물건이 없다면 양측이 합의한 시간에 맞춰 물건을 양도해야 합니다. 저는 현재 우리 시대는 이런 거래가 꼭 필요하다는 생각입니다. 그러지 않으면 생활이 몹시 불편해지고, 사람들은 원칙적으로 허락되지 않은 일들을 하게 될 것입니다.

* 출처: Al-Fatāwi Al-Muʿāmalāt, Qism al-Fatwā bi Maktab al-ʾiftāʾ Salṭanah ʿUmān, p. 249.

◈ 살람 거래시 거래 현장을 떠난 후 대금 후불 가능 여부에 대한 판단 요청

질문　살람 거래 현장에서 벗어나 살람 거래의 대금을 나중에 수령하는 것이 가능한가요?

파트와　이는 안 됩니다. 살람 거래는 예외적으로 허용된 것이기 때문입니다. 예언자 시대에 정해진 범위를 넘어선 거래를 해서는 안 됩니다. 돈이 없는 상태로 거래를 하는 것은 없는 것으로 없는 것을 거래하는 것이 되기 때문입니다. 이는 대금도 없고 물건도 없는 것이므로, 없는 것으로 없는 것을 구매하는 것이 됩니다. 살람은 기본적으로 현재 없는 것을 판매하는 것입니다. 허가를 하는 사람이 3일 정도의 기간을 허락하는 괜찮겠지만, 제 생각에는 이런 허락에는 아무런 합당한 근거가 없어 보입니다.

* 출처: Al-Fatāwi Al-Muʿāmalāt, Qism al-Fatwā bi Maktab al-ʾiftāʾ Salṭanah ʿUmān, p. 250.

◈ 살람 거래는 현금으로만 가능하다.

질문　살람 자본을 집이나 여타 물품으로 해도 되나요? 아니면 현금으로만 해야 하나요? 그렇다면 현재 지폐로 거래하는 것에 대한 판단은 무엇입니까?

파트와　살람 거래는 반드시 현금으로 해야 합니다. 이전에는 디르함이나 디나르가 현금이었고, 오늘날에는 화폐가 현금이 되었습니다. 거래에 사용되는 화폐는 사람들 사이에서 통용되고 있는 재화로 해야 하며, 대체 가능한 다른 종류의 재화로 정할 수 있습니다.

* 출처: Al-Fatāwi Al-Muʿāmalāt, Qism al-Fatwā bi Maktab al-ʾiftāʾ Salṭanah ʿUmān, p. 251.

◈ 특정한 경우의 살람 거래

질문 특정 계절에만 존재하는 곡물과 같이 계약 당시에 존재하지 않는 살람 대상품이나 정해진 기한에 임박하여 존재하는 물품들을 거래하는 것은 가능한가요?

파트와 하디스에는 살람 대상물이 반드시 있어야 한다는 조항이 없습니다. 그러므로 이런 거래는 무방합니다. 단, 살람 대상물은 물건이 충분히 존재할 수 있는 시간을 조건으로 두어 기한을 정해야 합니다. 그러면 문제가 해결됩니다. 계약 당시에 물건이 있어야 한다는 조건은 없습니다.

* 출처: Al-Fatāwi Al-Mu'āmalāt, Qism al-Fatwā bi Maktab al-'iftā' Salṭanah 'Umān, p.251.

◈ 잡지의 정기 구독이 살람 거래에 포함되는가의 여부

질문 정기적으로 간행되는 잡지 등에 연간 정기 구독을 신청하는 것에 대한 질문입니다. 이는 구독자가 일년 치 구독료를 지불하면 잡지가 간행될 때마다 구독자에게 잡지를 주는 것입니다. 이런 거래는 가능한가요? 이 거래는 살람 거래 범주에 포함된 것인가요?

파트와 이 잡지가 정해진 규정을 준수하고 있고 잡지 페이지 등과 같은 양이 정해져 있다면 무방합니다.

* 출처: Al-Fatāwi Al-Mu'āmalāt, Qism al-Fatwā bi Maktab al-'iftā' Salṭanah 'Umān, p.251.

◈ 상품 제조자에게 선불 지급은 허용된다.

질문 목수와 대장장이와 같은 상품 제조자와 함께 상품을 제조한다면, 목수와 대장장이에게 선불금을 주는 것이 괜찮은가요?

파트와 이것은 무방합니다.

* 출처: Al-Fatāwi Al-Mu'āmalāt, Qism al-Fatwā bi Maktab al-'iftā' Salṭanah 'Umān, p.252.

4. 경 매

무슬림 사회에서 경매는 적합한 거래형태로 간주된다. 경매는 최상의 제안을 위해 다양한 가격이 제시되도록 하는 것이며, 제시된 가격 중 하나를 선택하여 계약을 맺는다.

(1) 샤리아상 적법성

경매는 샤리아상으로 적법하다. 왜냐하면 피끄흐에 이를 금하는 원칙이 없기 때문이다. 또한 예언자도 경매를 했다. 안사르7 중 한 사람이 예언자께 와서 싸다까를 청했다. 그러자 예언자는 그에게 "네 집에 가진 것이 없느냐?"라고 물었다 그는"네. 저희가 입거나 펼쳐 놓는 천과 저희가 물을 담아 마시는 사발이 있습니다"라고 답했다. 예언자는 "그 두 가지를 나에게 가지고 오라"라고 말했고, 그는 그것들을 가지고 왔다. 예언자는 그 물건들을 집어 들고 말했다. "이것들을 살 사람이 있는가?" 한 남자가 말했다. "제가 그것들을 1디르함에 가져가겠습니다." 예언자는 다시 두세 번 반복하여 말했다. "1디르함보다 더 낼 사람이 있는가?" 다른 한 남자가 말했다. "제가 2디르함에 사겠습니다." 그러자 예언자는 손에 가진 것을 그에게 넘겨주고 2디르함을 받은 후 이를 그 안사르에게 주었다. 〈아부 다우드 전승〉8

7_ 메디나에서 예언자를 도운 사람들을 말한다.
8_ Sunan Abī Dāwud 1641, http://sunnah.com/abudawud/9/86.

(2) 피보호자의 자산을 경매로 판매하는 것

보호자가 피보호자의 자산 중 일부를 판매하고자 하는 경우, 혹은 무슬림 사회의 지도자가 공공 자산 중 일부를 판매하고자 하는 경우 경매로 판매하는 것이 바람직하다. 왜냐하면 경매는 비난의 소지가 적기 때문이다. 따라서 최고가로 판매하기 위해 구매 의사가 있는 사람들을 불러 모으는 것은 바람직한 일이다.

(3) 경매를 통한 판매시 의무

경매에 참여해 가격을 제시한 사람들은 경매를 통한 판매를 받아들일 의무가 있다. 하지만 판매자는 제시 가격을 수락하였다 할지라도 이를 반드시 이행할 의무가 있는 것은 아니다. 또한 판매자는 상품을 경매에서 제시된 최고가에 반드시 팔아야만 하는 것은 아니며, 제시된 가격 중 어느 가격에서도 판매가 가능하다.

(4) 경매 시 부정

구매를 원하지 않는데도 경매에 참여하여 가격을 올리는 것은 혐오스러운 일이다. 이는 사람들의 주의를 끌어 그들이 제시가를 올리게끔 만든다. 이는 허위 입찰이다. 예언자는 허위 입찰을 금했다. 〈부카리 전승〉[9]

* 출처: Muḥammad Rawās Qal'ajī, al-Mawsūʻah al-Fiqhiyyah al-Muyassarah, Dār al-Nafāʾis, pp. 1166-1781.

9_ Ṣaḥīḥ al-Bukhārī 6963, http://sunnah.com/bukhari/90/10.

5. 타와르루끄

런던국제시장에서 금속구매와 타와르루끄에 관한 건

질문 저는 개인 사업을 지원받기 위해 (금융)회사에 파이낸싱을 요청하였고, 그 회사는 무라바하 방식의 파이낸싱에 동의하였습니다. 이는 런던 국제시장에서 금속을 구매하는 방식입니다. 또한 일부 몇몇 이슬람 은행에서 사용되는 잘 알려진 방식입니다. 이러한 거래는 할랄인가요 아니면 하람인가요?

파트와 이 거래는 제도화된 타와르루끄라고 불리는 것이지, 질문에서 말씀하신 무라바하는 아닙니다. 또한 이는 피끄흐를 기준으로 보았을 때 진정한 타와르루끄라고도 할 수 없습니다. 이는 한발리 학파의 학자들에게 타와르루끄라고 알려졌으나, 한발리 학파가 허용한 그 타와르루끄가 아닙니다. 참고로, 이븐 타이미야와 그의 제자인 이븐 알카임은 타와르루끄를 꺼렸는데, 이는 우마르 븐 압둘 아지즈가 타와르루끄에 대해 리바의 일종이라고 하였기 때문입니다.

한발리 학파 외의 다른 학파는 이에 대해 특별히 언급하지 않았습니다. 왜냐하면 타와르루끄는 허용된 판매 종류 중 하나이기 때문입니다. 샤피이 학파는 이를 "자르나카"라고 불렀고 이를 허용했습니다. 이러한 내용은 『al-Z āhir fī gharīb 'al-Shafi'ī』 143쪽에서 찾아볼 수 있습니다. 질문에서 언급된 형태는 타와르루끄라는 이름을 가졌지만 타와르루끄의 본질과 핵심에서 벗어나 있습니다. 이는 여러 서류에 서명함으로써 형식적인 틀을 갖추게 된 것이고, 타와르루끄라고 거명하지만 실제로는 이자가 있는 대출에 불과하며, 진실성이 없는 상품명입니다. 따라서 현대 이슬람 학자들은 이를 하람이라 규정하였고, 국제이슬람 피끄흐아카데미(International Islamic Fiqh Academy)의 제19차 179호 결정에 규정되어 있습니다. 왜냐하면 이는 자금공급자와 타와르루끄 요청자 간의 명백하고 암시적이며 관습적 결탁이며, 자기가 가진 권리보다 더 많은 현금을 취득하고자 편법을 사용하는 것으로 리바이기 때문입니다.

세계무슬림연맹 산하 제17차 피끄흐위원회의 회의에서 내려진 결정에도 이를 금지한다고 규정하고 있으며, 제19차 회의에서 이를 재차 확인하였습니다. 결정문에는 다음과 같이 규정되어 있습니다.

"이전의 위원회는 제17차 회의 2호 결정을 통해 제도화된 타와르루끄가 하람이라고 규정하였다. 은행의 타와르루끄를 금지하는 이유는 이 거래에 결격사유가 있기 때문이다. 이 거래는 파이낸싱과 실질적 활동 간의 연계성을 기반으로 하는, 경제 성장과 번영을 가져오는 이슬람 금융의 목표를 부정한다."

이에 근거하여 저희는 이 거래가 허용되지 않는다고 봅니다. 금융학자들 또는 AAOIFI 같은 이슬람 기관 중 이 거래가 허용된다고 보는 이들이 있기도 합니다. AAOIFI는 이를 엄격한 규칙하에 허가한다고 규정에 명시하지만, 이러한 거래를 이행하는 금융기관은 실제로 규칙을 지키지 않습니다. 금융학자들이 이에 대해 많이 연구하고 장시간 토론해서 규명했던 것처럼 저희는 이 거래를 이행하는 것이 허용되지 않는다고 생각합니다. 또한 허락이 필요하지 않은 기존의 다른 상품에 대해서는, 형태가 없지만 널리 알려진 피끄흐 개념에 의거한다면 이를 인정하고 존중하여 주십시오.

---

* 출처: Muḥammad Rawās Qalʿajī, al-Mawsūʿah al-Fiqhiyyah al-Muyassarah, Dār al-Nafāʾis, pp.127-128.

Fatwā

_무샤라카

_무다라바

_무자라아

▌제3장▐

협업 거래

본 장은 거래의 하위 범주에서 상품 거래가 아닌 협업 거래를 다룬다. 협업 거래는 무슬림 상거래의 특징이라 할 수 있는데, 자본과 노동이 어떤 형태를 갖느냐에 따라 다양하게 구분된다. 협업 거래에서는 우리에게 낯선 이윤과 손실의 공유라는 이슬람 금융의 특징이 매우 잘 나타난다. 사업 개시 당시에는 그 결과물이 상품의 가치로서 존재하지 않는 무형의 자산 실현을 통한 이윤을 창출하기 위해 사람들이 서로 협동하는 협업 거래는 무샤라카, 무다라바, 무자라아 또는 무가라사와 같은 농업 관련 거래 방식들이 이에 해당한다.(김동환, 2013, 167)

무샤라카는 아랍어 어근 'Sh-R-K'에서 파생된 단어로 '함께 참여하기', '몫을 나누기'라는 의미이다. 즉, 투자자와 동업자가 공동으로 출자하여 함께 사업을 한다는 뜻이다. 무샤라카 거래는 이윤을 목표로 사업을 쌍방 간 혹은 다자간 운영하는 것이다.

무샤라카 거래 방식은 코란의 여러 구절들을 근거로 그 합법성이 증명되고 있다.

"한 남자 혹은 한 여자에게 상속받을 자손과 부모가 없어 먼 친척이 상속자이거나 또는 여자가 상속자일 때 한 형제와 한 자매 각자에게 육분의 일이, 그 이상일 때는 유산은 유언과 부채를 지불한 후 삼분의 일이라 이것은 하나님이 제정하신 율법이거늘"〈니사아(4)장, 12절〉

"다윗이 말하길 그가 너에게 단 한 마리뿐인 너의 양을 그의 양떼로 두라 요구한 것은 분명한 잘못이라 실로 많은 동업자들이 서로에게 잘못하나니 이것은 믿음을 갖고 선을 행하는 이들과 같지 않노라"〈사드(38)장, 24절〉

아울러 예언자의 언행록을 통해서도 무샤라카의 적법함이 증명되고 있다. 알라께서는 "둘 중에 하나가 동료를 배신하지 않는다면 내가 그들의 세 번째 동업자일 것이며 만약 그들 중 누군가가 동료를 배신한다면 내가 그 둘 사이를 떠날 것이다"라고 (말씀하셨다고) 예언자는 말했다〈Sunan Abī Dāwud, 3383〉.

◈ 시멘트 공장과 전문 외국회사 간 경영 계약이 무샤라카에 포함되는가에 대한 판단

질문 파트와기관에 아래와 같은 질문이 올라왔습니다. 아랍건설연합 회사는 줄라이딴 지역에 시멘트 공장을 소유하고 있으며, 전문 외국회사와 계약하여 운영 및 보수, 시멘트 재료 생산 등의 업무에 필요한 각종 기술을 제공하고, 이 외에도 계약 기간 중 보수작업에 필요한 부품도 공급하기로 계약하였습니다. 이는 생산과 매출에 대해 합의된 일정 금액을 제공하는 대가가 포함되어 있습니다. 이 계약은 샤리아상으로 가능합니까?

파트와 위에서 언급한 형태의 계약은 샤리아에서 허락되지 않습니다. 외국 회사가 운영과 보수에 필요한 노동력을 제공하고 부품에 관련된 필요한 업무를 수행하는 것은 임대 계약에 해당되지 않습니다. 임대 계약의 경우 위의 업무는 임대인이 할 일이지 임차인이 할 일이 아닙니다.

또한 이 계약은 운영계약이나, 운영에 참여하는 계약이 아닙니다. 왜냐하면 외국 회사가 생산한 시멘트의 양에 대해 원회사가 수익을 내든 손해를 보든 관계없이 일정한 금액이 할당되어 있기 때문입니다. 무샤라카 계약에는 한쪽에게 일정한 수익을 보장해 주는 것이 허락되지 않습니다. 그렇기 때문에 계약자 각각은 수익이 발생했을 시에는 일정한 수익을 가져가고 그렇지 않을 경우에는 수익을 가져가면 안 됩니다. 그러므로 이 계약을 수정해야 합니다. 이 계약을 임대 계약으로 만들려면 원회사가 노동과 보수 부품을 감당해야 합니다. 그리고 외국 회사가 운영과 부품을 제외한 보수를 맡아야 합니다. 단 보수 부분에 있어서는 알려지고 규정된 것이어야 합니다. 적절하다고 여겨지는 보수나 프로젝트를 수행할 때 각각의 기여도에 따라 적절하게 수정되야 합니다. 이 계약을 운영 계약으로 만들려면무샤라카 계약에 적용되어야 합니다. 그렇다면 보수는 양측이 모두 부담해야 하고, 노동의 경우 외국 회사가 맡는다는 조건을 달 수 있습니다. 왜냐하면 노동의 경우 운영에 필수적이기 때문입니다. 보수는 시멘트 양에 대한 고정금액에서 경비를 제한 후, 수익이 발생했을 경우 수익에 대한 비율로 바꿔야 합니다.

* 출처: http://ifta.ly/web/index.php/2012-09-04-09-55-16/2012-10-10-08-30-03/2078-2014-03-24-12-51-53, 2014.9.24, No.1850.

◈ 2인의 무샤라카 프로젝트

질문   갑과 을이 향후 20년간 임차 부지에 상업 프로젝트를 설립하기 위해 회사를 차리기로 하였습니다. 현재 집행중인 프로젝트의 소유권은 프로젝트 기간이 만료된 후 토지 소유주에게 돌아가게 됩니다. 또한 동업자 갑과 을은 프로젝트 이윤을 절반씩 나누기로 하고, 이를 위하여 토지 임대료를 반씩 부담하기로 하였습니다.

그런데 갑이 해당 프로젝트를 설립하기에 적절한 토지를 소유하고 있었습니다. 갑은 자신의 토지를 임대해 주는 조건으로, 프로젝트의 이윤에 관계없이 토지 임대료의 반을 을에게 지불하라고 요구하였습니다. 한편 을은 프로젝트 집행 감독 및 고문 업무를 맡으며 프로젝트에서 발생한 이윤에서 월급을 수령하기로 하였습니다.

상기 명시한 조건에 따라, 위와 같은 방식으로 회사를 설립하는 것이 허용되는 것인지에 관해 부디 현명한 파트와를 내려 주시기 바랍니다.

파트와   상기 질문은 두 가지로 구성되어 있습니다.

귀하께서 말씀하신 상기 부분은 임대차 건이며, 허용됩니다.

귀하께서 말씀하신 두 사안에 대한 문제입니다. 첫째, 프로젝트 경영에 따른 급여는 회사 수익에서 분할금 방식으로 충당한다는 것입니다. 이는 허용되는 일입니다. 둘째, 회사 수익으로부터 발생한 분할금을 무다라바 계약의 조건으로 두는 것은 허용되지 않습니다.

하지만, 실제로 계약 양 당사자가 합의한 바에 따라 수익에서 특정 비율로 분할금을 배분하는 것은 허용됩니다.

* 출처: http://www.alifta.net/Search/ResultDetails.aspx?languagename=ar&lang=ar&view
=result&fatwaNum=&FatwaNumID=&ID=15196&searchScope=3&SearchScopeLevels1=
&SearchScopeLevels2=&highLight=1&SearchType=exact&SearchMoesar=false&bookID=
&LeftVal=0&RightVal=0&simple=&SearchCriteria=allwords&PagePath=&siteSection=1&s
earchkeyword=21713321618221616721617721616821 6169#firstKeyWordFound(2014.8.22)

2. 무다라바

　　무다라바는 자본주와 노동자가 함께하는 형태의 협업거래이다. 현대적 상거래에서는 은행이 자본금을 투자하고, 고객은 자본 참여 없이 경영을 맡아서 사업을 수행하는 것이다.(최근 이슬람 금융 및 동향 시사점, p.14) 예언자 무함마드는 카디자와 결혼하기 전에 카디자의 무다립(노동자)으로서 무다라바 거래를 몸소 실천했다. 아울러 초기 이슬람 시대에 사도 무함마드의 여러 교우들도 이와 같은 거래를 수행했다. 이와 같이 무다라바는 초기 이슬람 시기부터 그 합법성을 인정받았으며 현재까지도 동일한 방식으로 거래가 진행된다. 무다라바 거래는 거래 당사자, 계약 대상 그리고 계약 진행의 절차와 같이 세 가지 요소로 구성된다. 거래 당사자들은 자본주이며 위임자인 랍브 알말1과 대리인이며 노동의 제공자인 무다립을 의미한다. 계약의 대상은 자본, 노동 그리고 이윤 모두가 포함된다. 절차는 쌍방 각자의 의견과 이에 대한 상호간의 수요 그리고 이윤의 분배를 포함한다. 무다라바 거래의 종료 시점에 이윤이 발생하면 그 이윤은 쌍방 간의 합의된 비율로 분배된다. 이윤이 발생하지 않거나 손실이 발생하는 경우에는 제공되었던 금전적 손실은 자본주 랍브 알말이 전적으로 부담하게 된다. 노동을 제공했던 무다립은 거래 기간 동안 투입한 자신의 노동과 시간의 손실을 감당하게 된다.(김동환 2013, 169)

　　무다라바가 언급된 하디스를 소개하면 다음과 같다.

1_ Rabb al-Māl은 아랍어로 '자본 주인'이라는 의미이다.

무함마드는 이렇게 말하곤 했다. "내 생각에 토지는 무다라바 자본과 같다. 따라서 무다라바 자본으로 적합한 것이면 토지에 대해서도 적합하고, 무다라바 자본으로 적합하지 않은 것이면 토지에 대해서도 적합하지 않다." 예언자가 또 말하길, "그는 땅을 소작농에게 주고 소작농이 혼자 또는 자식, 조력자들, 소 등과 함께 경작하도록 하였고 소작농은 경작 중 한 푼도 지출하지 않았다. 지출은 모두 토지 소유주가 했다."

예언자는 이렇게 말했다. "슈라이흐는 무다라바에 대해 두 가지 방식으로만 판결을 내렸다. 그는 무다립에게는, "정당한 사유로 인정받기 위해 자신이 입은 피해에 대해 증명해야만 한다"라고 말했을 것이고, 자본주에게는 "너의 일을 위탁받은 자가 너의 신의를 배반하였다는 것을 증명해야 하고, 그렇지 못한다면 자기가 배신하지 않았다고 알라에게 맹세하는 것으로 충분하다"라고 말하였을 것이다."
(Sunnah.com, Sunan an-Nasa'i, 46)

◈ 무다라바 회사에 관한 건

질문 자본주와 노동력 계약을 맺어 사업을 하는 경우가 있습니다. 이때 양 당사자 간 설립된 회사를 무다라바(신탁금융)라고 합니다. 두 사람 중 한 사람만 일을 하고 나머지 한 사람이 일을 하지 않는 경우, 그 동업자에게 월급을 지급하는 것은 허용되는 것입니까? 저는 이에 대한 근거 있는 답변을 바랍니다.

파트와 무다라바 회사는 개인의 공시액을 중개인에게 지불하는 회사를 일컫습니다. 이 공시액, 즉 공시된 공금으로 난 수익은 예를 들어 1/4의 비율로 나누는 것입니다. 한 사람이 자본을 내고, 다른 사람이 노동을 하는 것이 두 번째입니다. 노동의 대가로 그에게 배당된 수익만큼 공시액을 지불하여야 합니다. 만약 노동자에게 공시된 수익이 정해져 있지 않다면 노동의 대가로 표준임금을 받습니다. 수익금 전액은 자본을 낸 사람의 몫입니다.

* 출처: http://www.alifta.net/Search/ResultDetails.aspx?languagename=ar&lang=ar&
view=result&fatwaNum=&FatwaNumID=&ID=5298&searchScope=3&SearchScopeLevels
1=&SearchScopeLevels2=&highLight=1&SearchType=exact&SearchMoesar=false&bookI
D=&LeftVal=0&RightVal=0&simple=&SearchCriteria=allwords&PagePath=&siteSection=1
&searchkeyword=21713321618221616721617721618216169#firstKeyWordFound
(2014.7.29)

◆ **무다라바 거래 조건 부합 여부**

> 질문 어떤 사람이 사업을 하려고 저에게 10만 리얄을 빌려 갔습니다.
> 저는 그에게 말했습니다. "이 돈을 빌려주는 데 조건이 있습니다. 이윤이
> 발생하면 나에게 그 이윤의 반과 원금 전액(10만 리얄)을 주십시오. 그리
> 고 손해가 나면 원금 전액(10만 리얄)만 주십시오."

> 파트와 귀하께서 언급하신 위 계약은 무다라바(신탁금융)계약입니다.
> 갑·을 당사자가 조건으로 두었던 바에 입각하여 발생한 이윤은 갑·을
> 양 당사자 모두의 공동소유로 절반 또는 4분의 1과 같이 배분됩니다.

* 출처: http://www.alifta.net/Search/ResultDetails.aspx?languagename=ar&lang=ar&
view=result&fatwaNum=&FatwaNumID=&ID=5324&searchScope=3&SearchScopeLev
els1=&SearchScopeLevels2=&highLight=1&SearchType=exact&SearchMoesar=false&boo
kID=&LeftVal=0&RightVal=0&simple=&SearchCriteria=allwords&PagePath=&siteSection
=1&searchkeyword=21713321618221616721617721618216169#firstKeyWordFound(2014.
7.29)

◆ **도매로 구입한 물건을 제3자를 통해 판매하는 경우 이윤 분배 방식에 관
한 건**

> 질문 샤리아에 입각한 무다라바와 관련하여 질문드립니다. 저는 950
> 디르함에 해당하는 물건을 도매로 구매하였습니다. 저는 이 물건을 제3자
> 로 하여금 저를 대신해 되팔게 하였습니다. 이 물건은 1000디르함에 판매
> 되어 50디르함의 이윤이 발생했습니다. 여기서 질문드립니다. 물건을 현
> 금 대신에 무다라바 방식으로 거래하는 것은 허용되고 유효한 것입니까?
> 말씀드렸듯이 이윤은 50디르함으로, 저와 제3자가 반씩 갖기로 합의가 있
> 었습니다. 그래서 제3자가 25디르함을 취했고, 제가 975디르함을 취했습

니다. 이 방식은 허용되는 것입니까?

파트와　우리 형제님께서[2] 하기 무다라바의 조건에 대해 알아 두시기 바랍니다. 자본금은 자할라[3]가 있는 곳에 쓰여서는 안 됩니다. 왜냐하면 무다라바의 자본금은 거래에서 통용되는 공인된 화폐여야 하기 때문입니다. 거래자는 피끄흐에서 결정된 바와 같이, 상기 화폐로 구매하고 판매하여야 합니다. 그렇기 때문에 상기 무다라바는 유효하지 않습니다. 거래자는 임의 또는 쌍방이 합의한 바에 따라 수수료를 취할 수 있습니다. 이븐 아부 자이드는 "입찰 임대는 허용되지 않는다"고 말했고, 그의 말을 인용한 나프라위는 "판매에 대한 수수료는 정당하다"고 말했습니다.

　　결론적으로 상기 무다라바는 유효하지 않습니다. 거래자는 임의의 또는 거래 쌍방이 합의한 바에 따른 수수료를 받을 권리가 있습니다.

* 출처: http://www.awqaf.gov.ae/Fatwa.aspx?SectionID=9&RefID=21875(2015.1.15)

◈ **자카트 기준에 관한 문의**

질문　저는 알바라카 투자개발은행[4](Al-Baraka Investment and Development)(달라 알바라카그룹 계열사Dallah Al-Baraka Group)에 계정이 있습니다. 알바라카 회사는 이슬람식 투자 이를테면 무다라바, 임대, 무라바하 등의 업무를 합니다. 즉, 자본을 축적해서 사우디 국내는 물론 이슬람 국가들의 농업, 산업, 부동산, 상업을 망라하여 이슬람과 무슬림들을 위한 프로젝트에 투자를 하고, 이러한 투자로 얻은 연간 수익을 우리들, 즉 고객에게 돌려줍니다. 제가 연례 자카트를 은행에 예치한 자본에 대해 내야 하는 것인가요? 아니면 제가 연간 취득한 수익에 대해 내야 하는 것인가

2_ 파트와에는 '우리 형제님'이란 문구가 자주 등장한다. 무슬림은 친형제가 아니라도 모든 무슬림을 형제라고 칭한다.

3_ 자할라는 '알지 못하는 것'이란 의미이다. 무슬림은 상거래에서 거래 물건(대상), 거래 조건이 명확하지 않은 것은 거래 성립의 조건에 위배된다고 간주한다.

4_ 바레인에 본사를 두고 있는 이슬람 은행인 알바라카(Al Baraka) 은행 그룹 산하의 4개 자회사는 잡지 글로벌 파이낸스(Global Finance)가 매년 선정하고 있는 '2012년 최우수 이슬람 은행(Best Islamic Bank Award of 2012)' 상을 수상함(뉴스발췌: http://www.menar.co.kr/index.php?mid=news&category=68&page=9&document_srl=14705&sort_index=readed_count).

요? 만약 내야 한다면, 제가 내야 할 자카트 비율은 어느 정도인가요?

파트와 무다라바와 무라바하 지분에 관해 언급하자면, 1년이 종료되면 자본과 자본에 대한 수익이 증가합니다. 농업, 부동산, 산업회사들의 지분의 경우 일정하게 또는 초과 비율로 지분의 변동이 생기면 수익이 증가합니다. 이때 자카트 비율은 10분의 1의 4분의 1, 즉 2.5%입니다. 자산의 경우 이 자산이 매각될 상태에 있는 것이 아니라면 자카트가 있어서는 안 됩니다. 자산이 매각될 상태의 경우, 1년이 종료되면 이 자산에는 자카트가 따릅니다. 동시에 전 무역 부문을 망라하여 자산의 수익이 발생합니다. 만일 농업회사가 곡물, 대추야자 또는 포도를 생산한다고 하면 샤리아상 합법적 자카트를 납부해야 합니다. 전 품목의 생산물이 5포대 이상인 경우 자카트의 의무가 있습니다.

* 출처: http://www.alifta.net/Search/ResultDetails.aspx?languagename=ar&lang=ar&view=result&fatwaNum=&FatwaNumID=&ID=13267&searchScope=3&SearchScopeLevels1=&SearchScopeLevels2=&highLight=1&SearchType=exact&SearchMoesar=false&bookID=&LeftVal=0&RightVal=0&simple=&SearchCriteria=allwords&PagePath=&siteSection=1&searchkeyword=21713321618221616721617721616821 6169#firstKeyWordFound(2014.8.8)

◈ **무다라바의 기본 조건에 관한 건**

질문 무다라바 계약의 기본 조건이 무엇입니까?

파트와 무다라바 계약의 조건은 현재 일을 하는 사업가, 자금 제공자, 자금, 정확히 명시된 거래입니다. 그래서 아무 물건이나 거래하는 것은 '이난 파트너십'이라 부르고, 자금 제공자가 사업가에게 거래물품을 지정해 주기도 합니다.

* 출처: Al-Fatāwi Al-Mu'āmalāt, Qism al-Fatwā bi Maktab al-'iftā' Salṭanah 'Umān, p.234.

◈ **현금이 아닌 무다라바 계약에 대한 판단**

질문 회사가 합의에 따라 사람들로부터 판매할 물건을 받고 사람들에게 일정한 비용을 줍니다. 이 비용은 가격의 몇 퍼센트가 되든가, 아니면 수익의 몇 퍼센트가 됩니다. 이와 같이 현금이 아닌 무다라바 계약에 대한 판단은 무엇입니까?

파트와 회사가 물건을 판매하는 것은 괜찮습니다. 회사가 동업자가 되어 수익 부분을 나누거나 물건 가격의 일부분을 가져가게 되는 것으로 보입니다. 무다라바 계약은 현금 거래나 확실히 통용되는 화폐로 이루어져야만 합니다.

* 출처: Al-Fatāwi Al-Mu'āmalāt, Qism al-Fatwā bi Maktab al-'iftā' Salṭanah 'Umān, p. 233.

◈ 자동차 구매를 목적으로 한 개인과 은행의 거래가 무다라바 조건에 충족하는가에 대한 판단

질문 한 남성이 자동차를 사기 위해 은행에 자금을 요청했습니다. 이 남성이 자동차를 팔고, 판매 수익에 대해 은행과 분배하는 조건이었습니다. 이 남성은 은행에서 외상으로 빌린 금액을 돌려줄 때 수익의 절반을 포함하여 돌려주는 것입니다. 이를 무다라바 거래라고 합니다. 이에 대한 샤리아적 판단은 무엇입니까?

파트와 양측이 자동차를 구매하는 조건에 합의하여 이와 같이 자동차를 판매하는 것은 리바의 형태가 포함된 것입니다. 은행은 이 고객에게 자동차를 거래하는 조건으로 돈을 제공하고, 이 고객은 자동차를 사고 판매하여 얻은 수익을 양분하고 있습니다. 그러나 은행은 손해를 스스로 감당해야 합니다. 왜냐하면 은행은 자금 제공자이기 때문입니다. 고객은 이 돈으로 거래만 해야 합니다. 이런 형식으로 거래가 진행되면 괜찮습니다. 이것이 샤리아의 무다라바 계약이기 때문입니다.

* 출처: Al-Fatāwi Al-Mu'āmalāt, Qism al-Fatwā bi Maktab al-'iftā' Salṭanah 'Umān, p. 236.

◈ 무다라바 투자에 대한 건

질문 한 여성이 남자 형제에게 2만 리얄에 해당하는 돈을 주었습니다. 이 돈의 원 주인은 이 여성의 딸이었습니다. 이 돈은 무다라바 형식으로 남자 형제의 사업에 투자되었습니다. 그러나 이 두 사람은 서면 계약을 하지 않아, 기간이나 수익 비율 혹은 어떤 조건 등에 대한 것을 작성하지 않았습니다. 이 후에 돈 주인은 이 돈이 필요하게 되어서 아래와 같은 문제를 알고자 합니다.

- 돈 주인은 무다라바 투자를 한 자본금을 요구할 수 있습니까?
- 딸의 외삼촌은 가능 여부와 상관없이 자본금을 마련해 줘야 합니까?
- 외삼촌이 만약 이 돈으로 사업을 했다고 주장하며 자본금을 돌려주는 것을 거절한다면 샤리아적 판단은 무엇입니까? 그리고 만약 외삼촌이 2년이 지나야만 이 돈을 마련할 수 있다면 판단은 어떻습니까? 이들 간에는 어떠한 서면 계약도, 조건도 없었습니다. 단지 양측 간에 자금에 대한 신용만 있었을 뿐입니다.

파트와 이 여성은 자신이 소유하지 않은 돈을 가지고, 또는 자금 주인인 딸의 동의 없이 돈을 사업에 투자한 것이 잘못입니다. 이 여성은 남자 형제에게 손해에 대한 담보를 잡았어야 했습니다. 남자 형제의 경우 사업가로 만약 여자 형제가 자신의 돈이 아닌 돈을 제공했다는 사실을 몰랐다면, 사업을 처분하여 수익에 대한 여자 형제의 권리와 몫을 지불할 수 있을 때까지 자금을 돌려줄 의무가 없습니다. 그러나 이 남자 형제가 여자 형제의 돈이 아니라는 것을 알고 둘이서 이 사실에 대해 묵인했다면 조카의 돈을 빨리 마련해서 돌려줘야 합니다.

* 출처: Al-Fatāwi Al-Muʿāmalāt, Qism al-Fatwā bi Maktab al-ʾiftāʾ Salṭanah ʿUmān, p. 237.

◆ **주식거래에 관한 건**

질문 무다라바 투자든 일반 투자든 간에 금융시장에서 주식 거래를 하는 것에 대한 판단은 무엇입니까? 주식 거래가 금지된 회사들의 목록은 무엇입니까?

파트와 현대 법학자들은 주식으로 투자하는 무다라바 투자와 일반 투자에 대한 판단을 세 가지로 구분하고 있습니다.

 허락된 회사: 허락된 회사란 산업, 농업, 교역 등과 같은 허락된 투자만하고 금지된 거래는 하지 않는 회사를 의미합니다. 또한 리바가 포함된 대출이나 대부를 하지 않고 리바 수익을 얻기 위해 리바 은행에 회사 자금을 예치하지 않아야 합니다. 이런 종류의 회사에는 주식 투자나 무다라바 투자를 할 수 있습니다.

 금지된 회사: 금지된 회사란 리바 은행, 상업 보험회사, 술, 돼지고기,

담배 등과 같이 금지된 물품을 판매하는 회사처럼 금지된 활동을 하는 회사입니다. 이런 종류의 회사에 주식 투자를 하는 것은 금지입니다. 또한 이런 회사에 주식 거래를 통한 무다라바 투자를 하는 것도 금지됩니다. 여기에는 법학자들 간의 이견이 없습니다.

혼합 회사: 혼합 회사란 허락된 산업이나 교역과 같은 업무를 하지만, 일부 활동에 있어서 금지된 거래를 하는 곳입니다. 예를 들어, 리바 은행에서 리바를 내고 대출을 한다든지, 리바 이자를 받기 위해 회사 자금을 리바 은행에 예치하는 등과 같은 행위를 하는 것입니다. 이런 종류의 회사들에 대해서는 현대 법학자들 간의 의견이 다양하게 나타나는데, 우리는 아래 상세한 내용으로 파트와를 내립니다.

첫째, 회사가 회사의 정관에 따라 리바 거래를 하는 경우, 이 회사에 주식 투자하는 것은 금지입니다. 왜냐하면 주식이란 회사 자본에 일정 부분 기여했다는 것을 명시한 유통이(거래가) 가능한 유가증권이기 때문입니다. 만약 회사 자본에 금지된 것이 포함되어 있다면 이 회사에 주식 투자를 하는 것 역시 금지입니다. 이것은 세계무슬림연맹(Muslim World League)에 속한 이슬람회의기구 소속의 법학자 위원회의 결정에 따른 판단입니다.

둘째, 리바를 거래하는 것이 경영자 혹은 직원 중 한 명의 개인적인 결정이거나, 회사에게 리바 은행에 회사 자금을 예치하라고 법규나 법칙이 부과되어 있다면, 이 회사 주식을 유통하는 것은 금지되지 않았습니다. 그리고 이 주식의 이익이 리바 이익에 비교해서 더 많은 금액이라면 이를 기부하면 됩니다.

* 출처: http://aliftaa.jo/Question.aspx?QuestionId=263#.U0EQJrmKA3E(2014.4.6)

◆ **무다라바 형식에 부합 여부**

질문 한 남성이 상업등기(사업자 등록증)를 가지고 있고, 사업하기를 원합니다. 예를 들어 이 남성이 서예 상점을 개업하고 이 상점에 두 명의 직원이 일을 하고 둘 중 한 명은 다른 사람에 비해 글씨와 조각에 경험이 더 많다고 가정합니다. 이들은 사업의 초반부터 일정한 봉급을 가져가거나, 이 사업자(자금주)가 일정 비율의 돈을 가져가지 않는다는 원칙에 동의했습니다. 대신 이들은 이들 모두가 각자의 비율로 수익을 나눠 갖기로 결정했습니다. 사업자(상업 등기 주인)는 수익의 50%를 가져갑니다. 이는 상업 등기의 주인이자 이 사업의 자금주이기 때문이며, 이 사람이 사업에 필요한 비용과 벌금 등을 부담하기 때문입니다. 반면 두 번째 사람은 글씨와 조각에 더 오랜 경력이 있는 관계로 수익의 30%를 가져갑니다. 세 번째 사람의 경우, 동료보다 짧은 경력으로 인해 수익의 20%를 가져갑니다. 모두가 이 합의에 동의했다면 이 합의에 대한 샤리아상의 적법성은 어느 정도입니까?

파트와 이는 무방합니다. 이것이야 말로 샤리아상의 무다라바 투자입니다.

* 출처: Al-Fatāwi Al-Muʿāmalāt, Qism al-Fatwā bi Maktab al-ʾiftāʾ Salṭanah ʿUmān, p.238.

◈ 증권시장에서 주식 거래에 관한 판단

질문 증권시장에서 주식을 거래하는 것에 대한 의견은 무엇입니까? 저는 이 주제에 대한 질문을 귀하께 하였고, 답변을 받았으나 제대로 이해하지 못했습니다. 좀 더 명확히 해 주시길 바랍니다. '리바' 라는 단점이 있는 증권 시장에 대한 대안이 있습니까? 증권시장은 금융 무다라바의 한 종류로 간주되고 있습니다. 즉 구매자는 수익과 손해에 대해 알지 못합니다.

파트와 첫째: 이 구매자는 구매를 하는데, 즉 사람이 시장에서 사고파는 거래를 하는데, 본인이 사는 것과 본인이 파는 것을 모르는 것입니다. 제 말은 시장에 가서 어떤 방법으로 50만 리얄어치를 손쉽게 얻을 수 있겠습니까? 판매하는 것은 무엇일까요? 구매하는 것은 무엇일까요? 그래서 예언자는 속임수 판매를 금지했습니다. 마이시르(요행)도 속임수가 있기 때문에 금지되었습니다. 또한 사람들 간에 열매가 익기 전에 판매하는 것도 속임수란 이유로 금지되었습니다. 또한 공개되지 않은 물건 판매도 물건의 종류와 크기, 수량을 알지 못한다는 이유로 금지되었습니다. 주식 구입도 마찬가지입니다. 구매하는 물건이 무엇입니까? 반드시 구매 물건은 잘 아는 것이어야 합니다. 그러므로 판매하는 것이나 구매하는 것 모두 잘 알고 있는 것이어야 합니다. 가상의 것으로 판매하거나 구매하거나 수익을 내서는 안 됩니다.

만약 회사가 판매를 위한 주식을 내놓았다면 당신은 회사 자금이 어떤 것인지를 알아야만 합니다. 만약 거래를 하는 회사라면 어떤 물건을 거래하는지, 건축 자재를 거래하는지 혹은 철을 거래하는지, 또는 회사가 보유한 철의 양은 얼마나 되는지를 알아야 합니다. 만약 식품을 거래하는 회사라면 거래량을 알기 위해 얼마나 어떤 종류의 식품을 거래하는 지부터 얼만큼의 주식을 분배하는지까지 알아야 합니다. 또한 현재 식품 자재의 양에서 나의 주식량이 얼마가 되는지도 알아야 합니다. 이는 회사가 모든 것을 공개해야 한다는 것을 의미하는 것입니다. 이 외에도 반드시 판매는 회사가 보유한 자금 즉 현금 자금으로 이루어져야 하고 동종으로 직거래를 해야만 합니다. 또한 이 회사는 이슬람 샤리야 원칙을 준수하는 회사여야 하며, 리바 거래나 리바를 취급하는 사람들과의 거래는 하면 안 됩니다.

* 출처: Al-Fatāwi Al-Mu'āmalāt, Qism al-Fatwā bi Maktab al-'iftā' Salṭanah 'Umān, p.240.

◈ 증권 시장에서 주식 매매에 대한 판단

질문 증권 시장에서 주식을 매매하는 것이 가능합니까? 즉, 어떤 사람이 이 증권 시장에서 한 주당 1리얄에 주식을 구입한 후, 시간이 지난 다음 2리얄에 판매하는 것이 가능합니까?

파트와 만약 이것이 실제 가격이었고, 주식 판매를 현금 직거래 방식으로 했다면 이는 무방합니다.

* 출처: Al-Fatāwi Al-Mu'āmalāt, Qism al-Fatwā bi Maktab al-'iftā' Salṭanah 'Umān, p.240.

질문 증권 시장에 상장되어 있는 회사의 주식을 사고파는 것에 대한 이슬람적 판단은 무엇입니까?

파트와 첫째: 이 회사가 거래 시 샤리아 규정을 잘 지키고 있는지, 이 회사 상태에 대해 자세한 조사를 확실히 해야 합니다. 만약 이 회사가 샤리아 규칙에서 벗어났다면 투자하는 것은 허락되지 않습니다. 그러나 이 회사가 샤리아 거래 규칙을 잘 지키고 있다면 투자하는 것은 무방합니다. 단, 거래 시 거래에 포함된 것이 현금 형태인지, 경매 형태인지를 잘 살펴봐야 합니다. 판매는 실제 시장가격으로 이루어져야 하고 직거래로 이루어져야 합니다. 그래서 물건 판매 시 나시아(외상) 거래가 발생하지 않도

록 해야 하며 리바 알파들(리바의 성질을 가진 재화를 다른 양을 가진 동일한 품목의 리바의 성질을 가진 재화로 거래하는 것)로 간주되지 않게 현금은 그 가격으로 거래해야 합니다. 이는 경제분과 조사관들의 말에 따른 것입니다.

* 출처: Al-Fatāwi Al-Mu'āmalāt, Qism al-Fatwā bi Maktab al-'iftā' Salṭanah 'Umān, p.241.

질문 저는 무다라바 투자 형식으로, 약 1만 리얄을 지불하고 수산 회사 주식 1천 주를 구매하고 싶습니다. 그래서 매년 수익을 가져가거나, 주가가 오를 경우 판매를 하거나 할 것입니다. 이에 대한 이슬람 샤리아적인 판단은 무엇입니까?

파트와 이 주식은 리바가 포함된 거래와 관련되어 있습니다. 왜냐하면 주식 거래에 은행과 관련이 있기 때문입니다. 제 생각에는 이를 피하는 것이 좋습니다.

* 출처: Al-Fatāwi Al-Mu'āmalāt, Qism al-Fatwā bi Maktab al-'iftā' Salṭanah 'Umān, p.241.

◈ **다양한 주식 거래**

질문 다음과 같은 경우, 주식 거래에 대한 판단은 무엇입니까?
가) 용역회사와 주식 거래
나) 투자와 은행 업무를 하는 주식회사와 주식 거래
다) 공장 주식을 거래

파트와 회사들이나 기업들이 이슬람 샤리아를 준수하여 주식 거래를 하고 있다면, 이곳에 투자하는 것은 무방합니다. 만약 이슬람 샤리야 규칙을 준수하고 있지 않다면 이곳의 주식을 거래하는 것은 금지입니다.

* 출처: Al-Fatāwi Al-Mu'āmalāt, Qism al-Fatwā bi Maktab al-'iftā' Salṭanah 'Umān, p.241.

질문 그렇다면 위에서 언급한 주식을 연 수익을 기대하지 않고 주식을 사고파는 거래에 대한 판단은 무엇입니까? 주식의 가치는 오르기도 내리기도 합니다. 자금을 보유하고 있는 회사에 계약들이 있습니다. 그래서 어떤 사람이 5천 리얄에 해당하는 돈을 투자할 수 있습니다. 그러면 이 회사는 일년 동안 이 사람을 대신하여 주식을 사거나 팝니다. 그리고 일 년 후, 회사는 자금 주인에게 정해지지 않는 수익을 제공합니다.

파트와 우선 이 회사들은 샤리아 규칙을 잘 준수하고 있는 회사여야 합니다. 그리고 거래 시 자금은 명목상 자금이 아니라 실질 자금이어야 합니다. 또한 직거래를 통한 거래여야 합니다.

* 출처: Al-Fatāwi Al-Muʿāmalāt, Qism al-Fatwā bi Maktab al-ʾiftāʾ Salṭanah ʿUmān, p. 242.

◈ 무다라바 자금 제공자의 조건

질문 자금 제공자는 이성이 있는 성인이어야 합니까? 고아의 돈이나 광인의 돈으로 무다라바 계약이 가능합니까?

파트와 고아나 광인의 경우, 이들과 무다라바 계약을 하는 것은 허락되지 않습니다. 왜냐하면 이들에게는 처분권이 없기 때문입니다. 그래서 이들의 돈을 처분할 때는 이들의 명령에 따라 이들에게 이익이 되는 것으로 해야 합니다. 이익은 이들을 위한 이익이어야 합니다. 만약 돈에 대한 손해가 발생할 위험이 없는 경우, 계약을 해도 됩니다. 이 경우에 대한 것은 알라의 말씀에 포함되어 있습니다. "고아에 대해 그대들에게 물으니, 고아를 위한 복지는 자선이다."〈바까라(2)장 220절〉 즉, 고아들의 이익을 돌봐야 하고 광인 역시 같은 방식으로 돌봐야 합니다.

* 출처: Al-Fatāwi Al-Muʿāmalāt, Qism al-Fatwā bi Maktab al-ʾiftāʾ Salṭanah ʿUmān, p. 234.

◈ 입찰로 무다라바 계약 가능성에 대한 판단

질문 무다라바 계약을 입찰 형식으로 하는 것이 가능합니까? 현금을 주는 대신 거래할 수 있는 입찰권을 주는 것입니다.

파트와 무조건 현금으로 줘야 합니다. 왜냐하면 입찰은 가격이 올라갈 수도, 내려갈 수도 있기 때문입니다.

* 출처: Al-Fatāwi Al-Muʿāmalāt, Qism al-Fatwāa bi Maktab al-ʾftāʾ Salṭanah ʿUmān, p. 235.

◈ 무다라바 계약에서 기간 경과 이후 책임에 대한 판단

질문 갑이 을에게 돈을 지불하여 무다라바 계약을 하였습니다. 그리고 갑은 을에게 무다라바 계약 만료 시기를 정해 주었습니다. 예를 들어 "이 돈을 1년 혹은 2년간 가져가라"라고 말했습니다. 이러한 규제가 있는 경우 갑의 입장은 무엇입니까? 만기 시기가 지났는데 아직 물건을 팔지 못했다면, 이에 대한 의견은 무엇입니까?

파트와   을이 물건을 팔지 못해서 돈을 갚지 못한다면, 이전에 수익에 대해 합의한 비율대로 각자의 권리를 가지고 이 문제는 끝나는 것입니다. 만약 을이 그가 판매하여 발생시킨 수익에서 본인이 가져갈 수익을 그 이상으로 생각한다면, 이러한 생각은 유사 임금에 대한 자신의 임금을 계산한 것입니다. 물건은 자금주에게 귀속됩니다.

* 출처: Al-Fatāwi Al-Mu'āmalāt, Qism al-Fatwā bi Maktab al-'iftā' Salṭanah 'Umān, p.235.

◈ 무다라바 계약에 계약자들을 위해 정해진 이익금을 조건화하는 것의 가능 여부

질문   무다라바 계약에 계약자들을 위해 정해진 이익금을 조건으로 명문화하는 것이 가능합니까?

파트와   일정 금액을 조건으로 내세우는 것은 무다라바가 요구하는 것과는 다른 것입니다. 무다라바는 거래의 수익에 대한 투자입니다. 계약자들을 위해 일정 이익금을 계산하는 것이 아닙니다.

* 출처: Al-Fatāwi Al-Mu'āmalāt, Qism al-Fatwā bi Maktab al-'iftā' Salṭanah 'Umān, p.235.

◈ 현금 대신에 물품을 무다라바 방식으로 거래하는 것에 대한 판단

질문   안녕하세요. 샤리아에 입각한 무다라바와 관련하여, 저는 950디르함 상당의 물품을 도매로 구매하였습니다. 저는 이 물품을 제3자에게 주어, 저를 대신해 그 물품을 되팔게 하였습니다. 즉, 제 3자는 이 물품을 되팔아 1000디르함의 가치가 발생했습니다. 곧 이윤은 50디르함이었습니다.

현금 대신에 물품을 무다라바 방식으로 거래하는 것은 유효한 것입니까?

이윤은 50디르함이었습니다. 저와 제 3자간에 합의된 것은 이윤의 이분의 일이었습니다. 그래서 제3자가 25디르함을 가졌고 제가 975디르함을 가졌습니다. 이 방식은 허용되는 것입니까?

파트와   이슬람 법학자 모두는 입찰을 통한 무다라바를 허용하지 않고 있습니다. 하지만 현금, 금화, 은화를 통한 무다라바의 경우라면, 현재 수익을 나누고, 향후 동종 상품으로 돌려주지 않는다는 것에는 상호 합의가 이루어져 있습니다.

* 출처: http://islam.gov.kw/Pages/ar/FatwaItem.aspx?itemId=5369(2015.1.4)

◈ 인맥 이용과 뇌물에 대한 판단

질문 저는 건설회사를 운영하고 있습니다. 제게 도서출판회사 사장인 친구가 있습니다. 이 친구가 교육부에 인맥이 있어서, 교육부에서 소관하는 건설 프로젝트를 수주할 수 있었습니다. 친구는 저에게 이 일을 무다라바 계약 방식 또는 대부방식으로 하자고 제안했습니다. 친구가 프로젝트를 맡고, 제가 실질적인 일을 맡기로 한 것입니다. 하지만 난관에 봉착하게 되었습니다. 제 친구가 일정 자금을 지불하지 않으면 프로젝트를 맡지 못한다는 것이 있었습니다. 그 친구는 프로젝트 수주 시 타인과 경쟁하지 않았습니다. 제 입장에서 본다면, 제가 이런 방식(인맥)으로 제 친구나 이런 류의 사람들과 거래하지 않았다면, 일거리는 없었을 것입니다. 이 문제에 관하여 고견을 청합니다.

파트와 귀하께서 언급하신 사람이 하고 있는 행위는 일종의 금지된 뇌물입니다. 이 뇌물을 제공한 자 또는 이 뇌물 거래를 도운 자에게는 저주가 내릴 것입니다. 그러니 귀하께서는 알라의 말씀에 따라 그 일을 그만두십시오. 뇌물을 대가로 일을 따내는 계약을 받아들이는 것은 죄악에 타협하고, 부당하게 금전을 취득하는 것과 마찬가지이기 때문에 이를 받아들여서는 안 됩니다.

* 출처: http://www.alifta.net/Search/ResultDetails.aspx?languagename=ar&lang=ar&view=result&fatwaNum=&FatwaNumID=&ID=9296&searchScope=3&SearchScopeLevels1=&SearchScopeLevels2=&highLight=1&SearchType=exact&SearchMoesar=false&bookID=&LeftVal=0&RightVal=0&simple=&SearchCriteria=allwords&PagePath=&siteSection=1&searchkeyword=2171332161822161672161772161682161 69#firstKeyWordFound (2014.8.8)

◈ 무다라바 거래 판단 요청

질문 외화 환율과 미국 주식 거래, 금, 은, 석유와 같은 상품에 대한 투자(무다라바)를 행하는 통화거래소에 대한 판단은 무엇입니까?

좀 더 구체적으로 말씀드리자면 한 고객이 5천 달러의 예금을 예치하고 통화거래소가 5만 달러까지 대출을 제공했다가 5천 달러의 손해가 발생하여 고객이 돈을 잃고 거래소가 그 고객의 계정을 폐쇄하거나 또는 반대로 고객의 이익이 발생하였을 경우에 대한 판단은 무엇입니까?

파트와 위원회는 질문과 같은 거래가 샤리아상으로 금지된다고 봅니다. 고객이 거래소에서 대출받은 금액으로 오직 거래소와만 통화거래를 한다는 조건이 있습니다. 이것은 조건대출입니다. 거래소에서 고객의 대출계약 시 제시되는 계약 조건 중 하나입니다. 고객의 이익은 보장되지 않는 반면 거래소의 이익은 보장됩니다. 이는 도박과 같은 행위로 간주됩니다. 또한 이러한 거래는 물물교환이 일어나지 않고, 소유하지 않은 것을 판매하고 구매하는 행위로서 샤리아 상 경계되는 일입니다. 하디스에 다음과 같은 구절이 있습니다. "예언자께서는 가지고 있지 않은 것을 파는 행위를 금하셨다."

* 출처: Qarārāt Majlis al-Iftā' al-ʿurdunnī, Dāʾirah al-Iftā' al-ʿām, 2009, p.215.

3. 무자라아

무자라아는 소작한다, 경작한다는 의미를 담고 있으며 율법적으로 땅 주인과 소작인 사이에 체결되는 소작 계약을 뜻한다. 수확은 쌍방 간의 계약 시점에 합의된 비율에 따라 분배된다. 한쪽에서는 땅을 제공하고 다른 한쪽에서는 노동을 제공하는 형식이며, 땅에 작물을 심어야만 계약이 성사된다.(Nazīh Ḥammād, 2008, 411) 형식적인 면에서는 자본주가 자본을 제공하고 사업가가 자신의 노동을 투여하는 무다라바와 매우 흡사하다. 무자라아 거래가 성사된 땅에서 아무것도 나오지 않는다면 소작농은 그간 자신이 투여했던 노동과 시간을 잃게 된다. 땅 주인은 다른 효용 창출로 사용할 수 있었던 땅의 효용을 잃게 된다. 손실이 발생했을 때 자본주와 노동자(무자라아의 경우는 소작농)가 각자의 손실을 감당하는 원칙에서 무자라아와 무다라바는 같은 종류의 거래 방식임에 틀림없다.

무자라아 계약 체결에 있어 다른 여타 이슬람 금융 계약과 달리 특별히 고려되어야 할 내용들은 무자리운(소작농, Muzāri'un)의 자격, 작물, 경작지, 노동 자본, 기간, 소출을 들 수 있다.(Muḥammad Maḥmūd, 2008, 215) 특히 소작농 무자리운은 경험과 지식을 겸비해야 하기 때문에 무자라아 계약에서 가장 중요한 요소가 된다. 소작농 무자리운은 계약 대상 토지의 토질을 잘 이해해서 지력 증대를 위해 무엇을 준비해야 하는지, 언제 파종을 하는지, 언제 비료를 사용해야 하는지 등 그의 자질에 따라 무자라아 계약의 결과가 달라지기 때문이다.(김동환, 2013, 177)

무자라아 거래에 관한 주장을 살펴 보면 다음과 같다.

무자라아는 농사 지을 사람에게 소출의 일부를 준다는 조건으로 토지를 제공하는 것이다.

1) 샤리아상 적법성: 무자라아는 샤리아상으로 적법하다. 왜냐하면 예언자는 "생산되는 과실과 농산물을 반으로 나눌 것을 조건으로 일하는 카이바르 사람"(부카리 전승)[5]이라고 말했기 때문이다. 그리고 초기 이슬람시대 다수의 교우들이 무자라아로 거래했다.

2) 무자라아 계약의 특성: 무자라아는 사실상 파트너십이다. 양자 중 한쪽이 자본, 즉 토지와 작물을 제공하고 다른 쪽은 노동을 제공한다. 이는 무다라바와 유사하나 임대는 아니다.

3) 무자라아가 유효하기 위한 조건: 무자라아가 유효하려면 계약 쌍방 즉 노동자와 토지주는 생산량과 상관 없이 그들이 취하게 될 특정 양이 정해져 있을 수 없다. 계약 쌍방은 토지의 특정 부분에서 나는 작물이 자신의 소유라고 정할 수 없는데, 이는 가라르(gharar)[6]의 일종이기 때문이다. 하지만 통용되는 비율, 즉 4분의 1이나 8분의 1 등 그 비율은 정할 수 있다.

4) 소출 배분: 지고하신 알라께서 작물을 성장하게 하시고 영글게 하셨다면, 노동자와 토지주는 합의한 대로 이를 나눈다. 만약 작물이 성장하지 않았다면 노동자는 아무것도 가져갈 수 없고 노동에 대한 대가는 없어진다.

* 출처: Muḥammad Rawās Qalʻajī, al-Mawsūʻah al-Fiqhiyyah al-Muyassarah, Dār al-Nafāʼis, p.1780.

5_ Ṣaḥīḥ al-Bukhārī 2328, http://sunnah.com/bukhari/41/9.
6_ 가라르는 정직함과 거리가 멀고 사기성을 지닌 것을 말한다.

Fatwā

▌제4장▐

현대 무슬림
사회의 거래

◈ 홍보업자와 판매업자 간의 계약 조건

질문   제 질문은 홈페이지를 통해서 온라인 쇼핑몰을 운영하는 것에 대한 것입니다.

한 회사의 인터넷 홈페이지가 있습니다. 이 회사는 유명한 공급업자, 생산자와 관계를 맺고 계약을 체결하고 있다고 말합니다. 홈페이지의 아이디어는 이렇습니다. 우선 제가 이윤을 얻기 위해 이 회사에 일정한 금액을 지불합니다. 그러면 회사는 인터넷 홈페이지를 디자인해 주고 저에게 이 홈페이지를 통해서 판매할 상품의 선택에 모든 권한을 줍니다. 저는 제 홈페이지를 통해 판매하고 싶은 상품을 선택할 수 있습니다. 상품은 중개업체를 통해 공급업자로부터 공급받습니다.

저는 공급업자에게 상품을 구매하지 않고 단지 제가 판매하고 싶은 상품을 제 홈페이지에 올리고 가격을 정합니다. 그리고 제 홈페이지에 고객이 방문해서 상품을 구매하면 그때 제가 공급업자에게 주문합니다. 그리고 공급업자는 구매자에게 상품 배송을 책임집니다. 그리고 저는 상품 원가와 제 홈페이지에 게재된 판매가의 차액으로 이윤을 남깁니다. 이 상황에서 두 명의 중개업자가 존재합니다. 한쪽은 저와 공급업자를 연결해 주는 회사이고 다른 한쪽은 공급업자의 상품 마케팅을 담당하는 저 자신입니다. 이러한 방법을 통해 얻는 이윤에 대한 판단은 무엇입니까?

파트와   당신(홍보업자)과 공급업자(소유자) 간에 홍보업자가 소유자를 대신해 판매를 하고 소유자가 상품을 구매자에게 배송한다는 합의가 이루어졌을 경우, 비용이 정해져 있다면 이것은 허용됩니다. 만약 가격이 공급업자가 정하는 상품 가격보다 비싸다면 학자들 사이에 논쟁의 여지가 있습니다. 한발리 학파의 학자들은 원가와 판매가의 차액을 홍보업자가 가져가는 조건으로 상품을 판매하는 것을 허용합니다. 대학자 이븐 다우드는 "이것을 10에 팔아라 남은 것은 너의 것이다, 판매는 정당한 것이며 차액은 판매자의 것이다"라고 말했습니다.

이에 근거해 소유자에 의해 정해진 가격 이상의 금액이 당신의 이윤이 되는 것은 아무런 문제가 없습니다. 당신과 소유자를 연결해 줄 회사는 당신이 소유자를 대신하여 홍보와 판매를 하는 한 손해를 보지 않습니다.

만약 홍보업자가 공급업자를 대신해 판매한다는 합의가 이루어지지 않았을 경우에는 홍보업자가 이 상품을 판매하는 것은 허용되지 않습니다. 왜냐하면 홍보업자는 그 당시 자신이 가지고 있지 않은 것 즉 그의 소유가 아닌 것을 판매하는 것이 되기 때문입니다. 그것은 금지입니다.

아부 다우드가 전했습니다. 예언자시여, 한 남자가 저에게 찾아와 제 것이 아닌 것을 제가 팔기를 원했습니다. 저는 시장에서 그것을 그에게 팔수 있습니까?" 이에 예언자가 말했습니다. "네 것이 아닌 것은 팔지 마라."

만약 홍보업자와 공급업자 사이에 홍보업자가 제품 홍보와 판매를 한다는 합의가 이루어졌다면 그 금액이 소유자가 정한 원가보다 높다고 하더라도 금지되는 일이 아닙니다.

또한 판매에 대한 합의가 이루어지지 않았을 경우에 홍보업자는 판매를 할 수 없습니다. 왜냐하면 그것은 그 당시 가지고 있지 않은 물건을 파는 행위가 되기 때문입니다.

* 출처: http://www.awqaf.gov.ae/Fatwa.aspx?SectionID=9&RefID=28192(2013.4.8)

◈ 인터넷을 이용한 상품 매매 및 중개에 관한 건

질문   인터넷을 이용한 상품 매매 및 중개에 대한 샤리아상(의) 판단을 요청합니다.

파트와   인터넷은 세계적인 통신 수단 중 하나로, 다른 통신 수단, 이를테면 전화, 텔렉스, 팩스 등 다른 통신 수단과 마찬가지입니다.

따라서 인터넷을 상업 거래에 이용하는 것에 대한 판단은 다음과 같습니다. 인터넷을 가라르, 자할라, 사기성 없이 올바르게 사용한다면 인터넷을 상품을 게재하고 거래를 완수하기 위한 소통의 방법으로 사용할 수 있습니다. 또한 앞서 언급한 규정들을 준수한다면 상품을 더 편리하게 소개하기 위해 인터넷을 이용할 수 있습니다. 또한 인터넷 상에서 제공되는 실질적인 서비스도 가능합니다.

앞서 말씀드린 것에 근거하여 종합해 말씀드리겠습니다. 가라르와 자할라, 사기 및 착취 등의 요소를 배제하고, 인터넷을 상품 소개 및 원활한 계약 체결을 위한 수단으로 사용하는 것은 샤리아상으로 허용됩니다. 그리고 실질적인 서비스에 대한 판단도 이와 같습니다.

* 출처: http://www.dar-alifta.org/ViewFatwa.aspx?ID=2635&LangID=1&MuftiType=

질문 우리에게 인터넷 거래 아이디어를 제시한 사람이 있습니다. 거래 아이디어는 다음과 같습니다.

1. 전자회사 한곳과 상거래를 맺습니다.

2. 그 회사의 제품(사양과 사진)을 인터넷 광고 홈페이지에 전시합니다. 회사는 비디오 카메라 가격으로 대당 220달러(도매가)를 책정합니다. 거기에 이윤(시장가와 경쟁력을 고려해 책정합니다)을 추가합니다. 이것은 30% 즉 66달러 정도입니다. 그리고 미국 내 운송료 10달러를 책정하여, 카메라의 최종가격은 296달러(220+66+10=296)가 됩니다.

3. 미국에 거주하는 고객이 구매를 신청하면 캐나다에 사는 저는 인터넷을 통해서 296달러를 지불 받습니다. 그중 66달러를 제가 갖습니다. 그리고 나머지 카메라 가격 220달러+운송비 10달러는 인터넷을 통해 고객정보와 함께 회사에 전달합니다. 그러면 여기서 저는 회사에서 구매를 하기 전에 카메라 가격과 이익을 갖게 됩니다. 그래서 거래 초기의 자본이 없습니다.

4. 회사는 고객에게 직접 상품을 배송하며 상품 배송 시 회사의 어떠한 정보도 고객에게 알려서는 안 됩니다. 고객이 회사의 정보를 알게 된다면 고객이 물건을 다시 구매할 때 회사로 직접 구매를 신청할 수 있고 이는 곧 그 고객들을 것이기 때문입니다. 하지만 회사는 회사를 드러내지 않는 특별한 방법으로 배송합니다. 회사는 제 고객들에게 인터넷상의 제 상호명인 "나피스"라는 이름으로 운송합니다.

파트와 언급한 회사가 당신에게 회사의 상품 전시와 상품 판매를 위임했다면 당신은 판매 대리인입니다. 당신은 회사가 당신에게 위임한 바에 따라 제품을 판매할 수 있습니다.

하지만 다음의 사항들을 고려해야 합니다.

1. 위임한 회사는 당신이 일정한 이익을 챙기며 회사가 책정한 가격보다 높은 가격으로 판매한다는 것을 알고 있어야 합니다. 회사가 이를 알지 못하거나 이에 동의하지 않는다면 당신은 회사의 상품에 이윤을 붙여 판매할 수 없습니다.

왜냐하면 이 행위가 회사에 피해를 줄지도 모르기 때문입니다. 이 행위가 높은 상품 가격으로 인해 혹은 시장에 나와 있는 비슷한 상품의 가격보다 비교적 높은 가격으로 소비자들이 구매를 포기하게 할 수도 있기 때문입니다. 그리고 당신은 회사가 허용한다면 회사에서 정한 가격에서 남는 금액을 가져갈 수 있습니다.

2. 술과 같이 알라께서 판매를 금하시는 것의 판매 중개인이 될 수는 없습니다. 또한 리바와 같은 금지된 거래는 할 수 없습니다.

3. 제품은 그 사양을 알려야 합니다. 또한 제품의 장단점을 구매자에게 사진으로 보여 주어야 합니다.

4. 아무도 피해를 입지 않게 하기 위해 당신이 판매를 위임받은 제품의 전문가가 되어야 합니다.

5. 사기, 속임수 그리고 부정행위를 해서는 안 됩니다.

언급된 내용들에 의거해 이 사안에 대해 다음과 같은 결론이 도출됩니다.

위 거래는 정해진 가격의 상품 판매를 회사가 당신에게 위임한 것입니다. 판매를 통해 남은 이익은 당신 것입니다.

회사가 당신에게 정해진 가격으로 회사의 상품 판매를 위임했다면 남은 금액은 당신 것이며 이것은 허용됩니다. 단, 상품의 정보를 명시해야 하며 소비자를 더 비싸게 사게 하거나 속이거나 부정행위를 해서는 안 됩니다.

* 출처: http://www.awqaf.gov.ae/Fatwa.aspx?SectionID=9&RefID=4611(2013.4.8)

◆ **인터넷 기업의 이익에 관한 건**

질문 인터넷상의 회사를 통한 이익에 대한 판단은 무엇입니까? 저의 한 친구가 저에게 한 인터넷 홈페이지(http://www.clubshop.com)에 대해 말해 주었습니다.

먼저 인터넷을 통한 마케팅 방법을 전수 받기 위해 약 300디르함을 지불합니다. 연수기간이 끝나면 제 업무가 시작됩니다. 그 업무는 바로 제 방식으로 홈페이지에 가입된 모든 사람들과 회원들을 모집하는 것입니다. 회사 회원 한 명당 300디르함을 지불합니다. 저는 그중 일정 몫을 얻습니다. 그 몫은 제가 받는 일종의 임금입니다. 회원의 수가 늘어날수록 제 임금도 늘어납니다.

그 사이트는 20개 이상의 국가에 20개 이상의 거래 센터를 가집니다. 센터의 상품은 의류나 향수, 게임기 등입니다. 주류는 판매하지 않습니다. 300디르함에 관해서는, 그 사이트는 제가 일을 한다면 가입한 지 1달 후에 300디르함을 다시 돌려줄 것을 보장합니다. 하지만 제가 일을 하지 않는다면 돌려받지 못합니다. 이상이 이 사이트의 회원인 제 친구로부터 얻은 정보입니다. 친구는 회원을 끌어들이는 즉시 임금을 수령합니다.

이 회사 가입과 연수비용 300디르함 지불에 대한 판단은 무엇이며, 이것은 할랄입니까?

파트와   네트워크식 마케팅 혹은 피라미드식 마케팅 프로그램이 알려진 이후에 이것에 가담하는 것은 금지돼 있습니다. 이에 상반되는 다른 근거는 없습니다.

이것은 이익을 보는 사람들의 이익을 위해 손해를 보는 사람이 존재함으로써 성장하는 프로그램이기 때문입니다.

최하위 등급의 회원들은 피해를 보는 것이 확실합니다. 최하위 등급 없이는 최상위 등급의 비현실적인 수수료를 실현시킬 수 없습니다. 그리고 이러한 거래를 금지하는 이유는 다음과 같습니다.

상품이 매매 목적으로 존재하지 않으며, 도박성과 사기성을 포함하고 있습니다. 또한 거짓으로 사람들의 재산을 잠식합니다.

이것에 대한 상세 설명은 다음과 같습니다.

1. 이것은 제품을 마케팅하는 것이 아니고, 그 근본적인 의도는 수수료를 얻는 것입니다.

이 거래의 의도는 엄청난 금액이 될 수도 있는 수수료에 있을 뿐, 몇백 디르함 정도에 지나지 않는 상품판매를 중요시하지 않습니다. 그래서 회사가 고객에게 판매하는 상품은 교환을 위한 연막에 지나지 않습니다. 또한 그것은 가입자의 의도가 아니며 판단에 영향을 주지 않습니다. 왜냐하면 그 목적은 단지 돈을 얻는 것이기 때문입니다. 제품은 단지 중개물일 뿐입니다.

대부분의 거래자들이 그 목적을 상품에 두지 않습니다. 그들의 목표는 일정한 수의 사람들을 이 프로그램에 끌어들이는 대가로 수수료를 얻는 것입니다. 그들이 이 일정한 수의 사람들을 모으는 데 성공한다면 커다란 수수료를 챙깁니다. 하지만 필요한 수를 모으지 못한다면 아무런 이익도 얻지 못합니다. 그들은 원하지도 않는 상품만을 얻어 이를 위해 기울인 노력을 후회할 수도 있습니다. 이것이 바로 이 방식의 특징입니다. 그래서 이 거래는 이익과 손실의 굴레입니다. 거기에서 제품은 단지 별 영향력 없는 중개물일 뿐입니다. 왜냐하면 거래자들은 수수료를 배가시키고 더 많이 얻기 위해 선동과 홍보로 손님의 수를 많게 함으로써 도박을 원하기 때문입니다.

이를 위해 회사는 상품 마케팅과 선전에서 가입자가 얻을 수 있는 커다란 수수료의 규모를 부각시켰습니다. 또한 상품가격 대비 터무니없이 큰 이익으로 유혹했습니다. 대부분 제품 가격은 마케터의 수수료를 반영합니다. 그래서 제품은 적정 시장가보다 더 높은 가격에 판매됩니다.

이것은 회사가 가입자에게 지불된 금액을 포기하더라도 이 제품을 회사가 정하는 가격보다 저렴한 가격으로 구매할 수 있다는 것을 뜻합니다. 소수의 사람들을 제외하고 이 가격에 제품을 구매하지 않기 때문입니다.

회사는 상품 목록을 만들어서 다음과 같은 몇 가지 목표를 이룹니다.

① 특정 국가에서 작업을 수행하기 위한 법적 자격을 획득할 수 있도록 허용된 상품 인터페이스 제공.

② 가입자들에게 그들이 생산적이고 유익하며 건설적인 일을 하고 있다는 생각을 주입시킴.

③ 필요한 사람수를 채우는 데 실패할 경우 그들이 유익한 상품을 얻었다며 가입자들을 안심시키고 보장을 줌.

이것으로 그 목적과 의도가 피라미드형 인센티브 시스템 구축이라는 것이 입증됩니다. 그 목적은 제품 마케팅이 아닙니다. 가입자들은 가입과 선전으로 만들어집니다. 마케터는 판매로 이득을 보지 못합니다. 하지만 네트워크 마케팅의 기회를 얻기 위해 어쩔 수 없이 구매해야 합니다.

2. 위험한 속임수

금지된 속임수의 기본은 그것이 없을 것이라고 생각하는 대용품 혹은 기대할 정도로 성장할 것을 돈으로 바꾸는 것입니다.

따라서 이 프로그램에 가담하는 것은 샤리아상으로 금지된 사기행위 중 하나입니다. 왜냐하면 가입자는 필요한 가입자 수를 모을 수 있을지 없을지 모르기 때문입니다.

네트워크 식 또는 피라미드 식 마케팅은 계속하게 되면 결국 파국에 도달합니다. 가입자들은 피라미드에 가입할 당시에는 상위층이 이익을 내고 하위층이 손해를 보게 되는지 모릅니다. 극소수의 상위층을 제외하고 대부분의 피라미드 회원들이 손해를 봅니다. 이슬람 법학자들이 결정한 것처럼 이것은 속임수입니다.

네트워크 식 마케팅은 화려함과 부로 가입자들을 기만합니다. 또 꿈과 거짓된 환상으로 그들을 속입니다. 하지만 진실은 이 프로그램에서 손해를 볼 가능성이 이익을 낼 가능성보다 훨씬 높다는 것입니다. 속임수에 당한 가입자들의 돈으로 막대한 부를 축적하는 활발한 중개인들은 소수이고, 기만 당한 가입자들은 다수입니다

3. 불법으로 사람들의 재산 잠식

이 거래 방식에서 회사는 불법으로 사람들의 재산을 잠식합니다. 계약에서 이익을 보는 것은 회사와 수많은 가입자들 중 몇몇의 마케터들뿐입니다. 왜냐하면 끝 없이 지속할 수 없는 회사의 업무가 중단되면 이익을 본 사람들을 위해 손해를 본 사람들이 생기기 때문입니다. 그리고 손해를 본 사람들은 절대 다수입니다. 하위층의 수가 상위층 수의 몇 배에 달합니다. 모두가 한번에 이익을 볼 수는 없습니다. 다수의 위험으로 소수가 이익을 봅니다. 마케팅에서 상품에는 판매의 정해진 단계가 있습니다. 시장에 도달하고 포화 단계에 이르러 추가적인 매출을 올릴 수 없게 됩니다.

혹자는 이러한 거래 형태가 중개에서 비롯됐다고 말할지도 모릅니다. 하지만 이것은 잘못된 말입니다. 중개는 중개인이 계약에 따라 상품 판매

에 대해 요금을 받는 계약입니다. 하지만 네트워크 마케팅에서 가입자는 상품 마케팅을 위해 요금을 지불하는 사람입니다. 또한 중개는 그 목적이 실제로 상품에 있습니다. 하지만 네트워크 마케팅은 이와 달리 그 실질적인 목적이 상품이 아니라 통화 마케팅에 있습니다. 그래서 가입자는 마케팅하는 사람에게 마케팅합니다. 하지만 이와 달리 중개는 중개인이 실제로 상품을 원하는 사람에게 마케팅을 합니다. 이 두 개념의 차이는 명확합니다.

마지막으로 모든 이성적인 무슬림들에게 이러한 형태의 거래를 피할 것을 조언합니다. 그리고 정당한 이윤 창출 방안을 찾을 것을 조언합니다.

무지해서 또는 부주의해서 어떤 형태건 금지된 거래에 발을 들인 사람은 회개하고 용서를 구하고 앞으로 다시는 그런 거래를 하지 않아야 합니다.

네트워크 마케팅 또는 피라미드 마케팅 회사와의 거래는 허용되지 않습니다. 이 거래에서 상품은 매매에 그 목적이 있지 아니하고 속임수와 기만 그리고 불법적인 재산 잠식에 그 목적이 있기 때문입니다.

* 출처: http://www.awqaf.gov.ae/Fatwa.aspx?SectionID=9&RefID=4171(2013.4.8)

2. 신용카드

◈ **신용카드에 대한 판단**

> **질문**   2009년 제540호 요청에 대해 검토하였고 내용은 다음과 같습니다: 신용카드인 '비자카드'를 이용해 거래하는 것에 대한 샤리아적 판단은 무엇입니까?

> **파트와**   신용카드란 신용카드를 발행하는 발행인(발행 은행)이 자연인 또는 법인에게(카드 보유자) 양자 간의 계약에 기초하여 교부하는 증서입니다. 발행인이 지불 이행을 보증하고 있기 때문에 즉시 대금을 지불하지 않고 증서를 승인해 주는 사람(상인)으로부터 물품이나 용역을 구매할 수 있습니다. 대금 지불은 발행인의 계정에서 이루어지며, 그 후 정해진 시일에 카드 보유자는 대금 지불의 책임을 다시 갖게 됩니다. 이러한 카드 중 일부는 정산일로부터 일정기간이 지난 후 비지불분에 대한 연체 이자를 부과하기도 하지만, 이자를 부과하지 않는 카드들도 있습니다. 은행이 카드의 발행 또는 갱신 시 고객으로부터 수령하는 것은 바로 서비스 요금입니다. 은행이 수령하는 요율은 사전에 합의된 중계료의 일종이라 할 수 있습니다. 그리고 이 모두는 샤리아상으로 허용된 것입니다. 왜냐하면 이는 지출의 일종이지 대출이나 리바가 아니기 때문입니다. 하지만 일정한 기간에 대금 지불을 연체했을 시 연체 이자를 부과할 것을 조건으로 하는 것은 하람입니다. 왜냐하면 이는 채무를 받고 채무를 판매하는 것의 일종으로 샤리아 상에서 금지된 것이기 때문입니다. 즉, 미뤄진 것을 받고 물품을 판매하는 것입니다.

* 출처: http://www.dar-alifta.org/ViewFatwa.aspx?ID=3593&LangID=1&MuftiType=0, 2013.5.28, No.3593.

질문　일정 금액에 대한 할인을 해 주는 신용카드 사용에 대한 샤리아 적인 판단을 원합니다.

파트와　신용카드에 대한 연구와 심사숙고 끝에 우리는 이것이 카드 소지 자와 카드를 발행한 회사 간의 계약이라는 것을 알았습니다. 이 계약에 따라 카드 발행 회사는 카드 소지자들에게 병원이나 건강 센터나 미용 센 터로 안내하여 일정한 비율의 할인 혜택을 제공하고 있습니다. 대신 카드 소지자들은 카드회사에 일정한 금액을 지불합니다. 이를 카드 값이라 하 고, 이슬람 피끄흐에서는 이를 '수수료(커미션) 계약'이라 부릅니다. 여기 서 수수료 수혜자는 카드 구매자와 운영회사입니다. 몇몇 고서적들에 이 를 중계 수수료라고 명명한 것이 기록되어 있습니다. 부카리는 "이븐 씨 린과 이따와 이브라힘과 하산은 중계 수수료는 괜찮다"고 하였습니다. 〈부카리 전승, 3권 92쪽〉

그리하여 이 카드로 거래하는 것은 아래와 같은 조건을 준수한다면 무 방합니다.

첫째, 병원과 건강 센터, 미용 센터에서 제공하는 할인은 이 분야에 흔 히 일어나는 속임수와 거짓이거나 허구가 아닌 사실이어야 한다는 것입 니다.

둘째, 카드 발행사와 다양한 센터들 간의 합의는 의무적으로 지켜져야 합니다.

이 조건들이나 이 조건의 일부분이라도 지켜지지 않는다면 이 거래는 금지입니다. 이는 사람들의 돈을 부정하게 취득하려는 것이기 때문입니 다. 알라께서 "너희는 너희의 재산을 무익하게 삼키지 말라"라고 하셨습 니다. 〈바까라(2)장 188절〉

* 출처: http://aliftaa.jo/Question.aspx?QuestionId=2850#.U0ESR7mKA3E, 2014.4.6, No. 2850.

3. 환 전

◆ **해외 송금 시 환전에 관한 건**

질문　저를 비롯해 많은 노동자들이 사우디에 있습니다. 우리 중 한 명이 가족에게 송금할 일이 생겼습니다. 이곳 사우디에서는 리얄 화가 수단의 디나르 화보다 더 강세이고, 또 각국 화폐의 가치는 천차만별입니다. 현재로서는 본국에 송금할 어떤 방법도 없는 상황입니다. 편법으로 실제 사용되고 있는 방법은 여행자와의 합의를 통해서, 예를 들어 여행자에게 1,000 사우디 리얄을 현금으로 주어, 이 돈으로 여행자가 현지에서 판매되는 상품을 구입하도록 하는 것입니다.

또한, 손실 위험이 전혀 없이 커다란 수익이 보장되는 사업이 있습니다. 그리고 실제 이 일을 하는 상인들이 있습니다. 이들은 이 1,000 사우디 리얄에 대한 대가로 막대한 수익을 벌어들이고 있습니다. 5디나르건, 10디나르건 합의 하에 우리는 그 금액을 선지불하고, 이 선지불된 돈을 수단 디나르로 현지 가족에게 송금하는 일을 하는 것이 이들의 역할입니다. 현재로서는 이 외에 별다른 방법이 없습니다. 단 1리얄이라도 현지 은행에서 수단 디나르 화로 사우디 리얄 화를 벌고자 하거나 사우디 리얄 화를 환전하고자 하는 경우 처벌을 받게 됩니다. 또 그 금액이 큰 경우 사형에 처해질 수도 있습니다. 이는 자명한 사실입니다. 실제 이러한 이유로 현지 법에 근거하여 많은 사람들이 사형을 받았습니다.

이런 방식이 리바로 간주되는 것입니까? 이곳에 수단 화폐가 없기 때문에 제가 직접 가족에게 돈을 전해 줄 수는 없습니다.

파트와　위 거래는 허용되지 아니합니다. 왜냐하면 상품을 팔고 돈을 받지 않는 것이 아니라, 다른 화폐로 환전하는 것이기 때문입니다. 부카리가 전승한 예언자의 하디스에서도 다음과 같이 말하고 있습니다. "금을 현장 현물 교환하지 않는 경우 금을 금으로 교환하는 것은 리바이다. 현장 현물 교환이 아닌 경우라면 밀을 밀로 교환하는 것은 리바이다. 현장 현물 교환이 아닌 경우 보리를 보리로 교환하는 것은 리바이다. 현장 현물 교환이 아닌 경우 말린 대추야자를 말린 대추야자로 교환하는 것도 리바이다."

* 출처: http://www.alifta.net/Fatawa/FatawaSubjects.aspx?languagename=ar&View=Page&HajjEntryID=0&HajjEntryName=&RamadanEntryID=0&RamadanEntryName=&NodeID=2604&PageID=4986&SectionID=3&SubjectPageTitlesID=26416&MarkIndex=19&0(2014.7.29)

◆ 환전의 조건

질문   3천 알제리 디나르(DZD)를 3천 프랑스 프랑으로 암시장에서 환전하는 것에 대한 샤리아의 판단은 무엇입니까? 합법적으로 환전을 하면 300알제리 디나르를 340 프랑스 프랑으로 교환합니다.

파트와   한 종류의 두 화폐 간 교환일 경우 두 화폐가 동급, 동량이어야 하고 타까부드[1] 되어야 합니다. 두 화폐 간에 타파둘[2]은 금지되며, 두 화폐 중 하나 또는 두 화폐 모두 수령 지연되는 것은 샤리아상으로 금지됩니다. 만일 두 화폐가 서로 다른 종류라면 암시장이든 아니든 타파둘은 허용되며 두 화폐 중 하나 또는 두 화폐 모두 수령 지연되는 것은 샤리아상으로 금지됩니다.

* 출처: http://www.alifta.net/Search/ResultDetails.aspx?languagename=ar&lang=ar&view=result&fatwaNum=&FatwaNumID=&ID=4965&searchScope=3&SearchScopeLevels1=&SearchScopeLevels2=&highLight=1&SearchType=exact&SearchMoesar=false&bookID=&LeftVal=0&RightVal=0&simple=&SearchCriteria=allwords&PagePath=&siteSection=1&searchkeyword=21617021616821616721617521 7132#firstKeyWordFound(2014.7.14)

1_ 타까부드: 동시 맞교환.
2_ 타파둘: 리바의 한 종류, 동급이나 동량을 교환한다. 따라서 동종동량의 규칙에 위배된다. 종류나 품종이 다른 것을 교환하는데, 금 1kg과 은 2kg을 교환하는 것이다.

Tatwã

제5장

부동산

1. 임 대

◈ **임대차 계약서에 관하여**

임대 증서 문제가 본 아카데미에 접수된 후, 우리는 이 사안에 관해 토론을 거쳐 다음과 같이 결정한다.

1. 임대 증서는 유통 가능한 유가증권을 발행하는 목적이 있는 증서로, 서면 작성을 원칙으로 한다. 그리고 임대 사업은 투자 사업이다. 임대 증서의 목적은 현물이나 임대 계약과 관련해서 얻는 사용권을 증권시장에서 유통시킬 수 있는 증권(수쿠크)으로 전환하는 것이다. 그래서 이것은 '같은 금액을 가진 채권 또는 현물이나 사용권을 소유할 경우 이에 대한 자신의 지분을 나타내는 것이다"라고 알려져 있다.

2. 임대 증서는 자연인이든 법인이든 간에 관련 기관에 대한 채무가 아니다. 이는 단지 사용 가능한 현물 즉 부동산, 비행기, 배 등을 임대한다면 임대 계약으로 일정한 이익을 낼 수 있는 것, 소유에 일정한 지분이 있다는 것을 의미하는 유가 증권이다.

3. 임대 증서는 소유자의 이름이 포함되어야 한다. 소유권이 변경될 때마다 소유권 이전은 특정 기록부에 등록된 신상이 포함되거나 소유자의 이름을 기록하는 것으로 완성된다. 채권도 소유자의 이름을 기입할 수 있다. 소유권은 이를 양도하는 것으로 이전된다.

4. 임대 증서 발행은 임대하거나 유통되는 현물의 소유권을 나타낸다. 임대 계약이 가능하도록 현물에 대한 조건이 있어야 한다. 부동산, 비행기, 배 등과 같을 경우 임대 증서는 실질적 임대물에 대한 소유와 그 임대물이 수익을 내고 있다는 것을 의미한다.

5. 증서를 소유한 사람은 증권 시장에서 아무에게나 양측이 합의한 가격으로 판매할 수 있다. 단 가격은 기존에 구매한 가격과 같거나 많게 또

는 적게 판매할 수 있다. 이는 현물가격의 수요와 공급에 따르는 시장 법칙에 따르는 것이다.

6. 증서 주인은 증서 발행 조건에 따라 일정 기간 동안 그의 지분에 따른 이익에 대한 권리가 있다. 이는 임금이기 때문이다. 단 임대 계약 규칙에 따라 임대인이 필요한 모든 비용을 지불했을 경우에는 임금을 주지 않는다.

7. 임차인은 임차물을 통해 얻은 수익의 지분을 표시하는 임대 증서를 발행할 수 있다. 단, 이는 임대인과 계약을 체결하기 전에 임대 증서가 발행되어야 한다. 이때의 임대는 앞선 임대료와 같거나 많거나 적거나 상관없다.

8. 수쿠크 증서 발행인 혹은 이를 운영하는 사람은 증서에 원금이나 수익금 등을 포함시켜 명기할 수 없다. 만약 임대한 물건이 전체적으로든 부분적으로든 망가졌다면 증서 소지자가 이에 대한 책임을 져야 한다. 이에 대한 권고 사항은 아래와 같다.

● 응용 사례 등에서 연구, 전문 세미나 개최

이는 금융기관과의 조정을 거친다. 피끄흐 아카데미가 결의안을 발표하려면 세미나 결과를 지켜봐야 한다.

가장 주목할 내용은 아래와 같다.

임대 기간 완료 현물의 소유권에 대한 증서 발행에 대한 판단은 현물 판매자에 속한다.

* 출처: Qarārāt wa Tauṣiyyāt Majmaʻ al-Fiqh al-Islāmī, 제137(15/3)호(2014.8.14)

◈ 임대료 지연에 따른 분쟁

질문　　부동산을 임대한 사람이 임차인에게 부동산 임대일부터 양도일까지 밀린 임대료를 물질적 보상을 덧붙여서 모두 지불하라고 요청할 수 있습니까? 임차인은 부동산을 비워 둔 채 떠났고, 현재까지 양도하지 않고 있으며, 임차 기간도 정하지 않고 있습니다. 만약 임대인과 임차인 간에 공식 계약을 하지 않았다면. 임대인이 자신의 권리를 어떻게 확인할 수 있습니까?

파트와　임대 계약이 유효하려면, 계약 기간과 임대료가 명시되어야 합니다. 이 경우 정해진 기간이 되면 계약이 끝나는 것입니다. 법규상, 임대를 위한 기간이 정해지지 않았다면 이는 가능하지 않습니다. 임대는 기간이 정해지지 않고는 계약이 불가능하기 때문입니다. 그러므로 만약 임대 기간이 정해지지 않았다면 이 임대는 무효가 되는 것입니다.(법규 11/405)

　이 경우 임대인은 임차인이 부동산을 사용권을 가지고 있던 기간이나 임차인이 본인의 이익을 위해 부동산을 사용했든 비워 놓았든 간에 임차인이 열쇠를 가지고 있던 기간에 대해 임대료를 받을 권리가 있습니다. 왜냐하면 이 기간 동안 임대인은 이 부동산을 소유하여 사용할 권리를 잃었기 때문입니다. 그러나 부동산 상환 시기가 늦어진 것에 대한 보상을 받거나 정해진 기한에 임대료를 지불하지 않는 것은 허락되지 않습니다. 이는 채무를 더해 받는 것이기에 금지된 리바에 해당됩니다. 권리를 증명하는 방법은 재판이나 법원을 통한 방법이 있습니다.

* 출처: http://ifta.ly/web/index.php/2012-09-04-09-55-16/2012-10-10-08-30-03/2058-2014-03-18-10-10-58 2014.9.24, No.1832.

◈ 주택 할부금이 진행 중인 주택 구매

질문　주택 할부금 상환이 진행 임대에 관한 판단 중인 주택을 임대할 수 있습니까?

파트와　주택이 당신의 소유로 되어 있는 한 지불해야 할 할부금이 남아 있더라도 주택의 임대에는 아무런 문제가 없습니다. 왜냐하면 이 할부금은 당신이 갚아야 할 채무이고 주택은 당신 소유이기 때문입니다.

　그러나 남은 할부금을 완료할 때까지 판매와 임대를 금지하기로 당신과 판매자가 합의했을 경우는 예외입니다. 또한 당신의 임대 부동산을 저당 잡고 있는 일부 은행이 남은 할부금을 완료할 때까지 임대를 금지했다면 그 조건을 따라야 합니다.

* 출처: http://www.awqaf.gov.ae/Fatwa.aspx?SectionID=9&RefID=21693(2013.4.8)

◈ 상점 임대에 대한 판단

질문　토지 주인이 상인에게 본인의 토지에 상점을 짓도록 허락하였습니다. 이때의 조건은 상점 건축이 완성된 시점부터 건축 비용을 다 지불할 때까지 상인에게 상점 임대를 하는 것으로, 합의한 이 기간이 지나면 상점 소유권은 땅 주인에게 귀속되는 것이었습니다. 이는 양측이 동의한 것입니다. 이 계약에 대한 판단은 무엇입니까?

파트와 이와 비슷한 상황은 땅에 대한 비용만 받아야 하고 건축에 대한 사양仕樣은 정해진 것이어야 합니다. 그리고 사용 기간 역시 정해져야 하고 사용자나 상대방을 속여서도 안 됩니다.

* 출처: Al-Fatāwi Al-Mu'āmalāt, Qism al-Fatwā bi Maktab al-'iftā' Salṭanah 'Umān, p. 245.

◈ 회사 설립 자금과 빌린 돈이라는 견해차에 대한 판단

질문 갑이 을에게 산업회사를 건설하기 위한 자금을 주었습니다. 을은 자신의 이름으로 회사를 등록했고, 15년이 넘게 양측은 수익을 나눠 가졌습니다. 회사는 점점 더 성장하여 명성도 얻고, 부동산을 취득하게 되었습니다. 그러던 중에 을은 갑에게 돈을 돌려주며 "동업은 끝났다"고 통보했습니다. 이는 계약에 없던 행위입니다. 그러면서 "당신이 제공한 자금은 단지 빌린 돈이었을 뿐, 회사 자본이 아니다"라고 하였습니다. 현재 공장은 꾸준하게 돌아가고 있고, 을은 혼자서 그 수익을 다 가져가고 있습니다. 저는 을의 행동에 대해 샤리아적 판단에 의한 파트와를 요청하는 바입니다. 이와 같은 경우, 동업자였던 을이 현세와 내세에서 스스로 구원받을 수 있도록 (회사에 대한) 권리를 원 주인(갑)에게 어떻게 되돌릴 수 있습니까?

파트와 만약 을이 믿을 만한 사람이나 회사의 동업자가 되고 싶었다면 그 둘은 합의된 대로 해야 합니다. 을은 갑에게 갑의 돈을 주어야 합니다. 만약 을이 갑에게 돈을 빌린 거라 생각된다면 갑에게 돈을 갚아야 합니다. 그러나 위의 경우 12년 동안 수익을 나누면서 이견이 없었습니다.(그러니 돈을 빌린 것은 아닙니다.) 만약 을이 갑의 권리를 박탈한 것이라면 본인이 저지른 죄에 대해 회개해야 합니다.

* 출처: Al-Fatāwi Al-Mu'āmalāt, Qism al-Fatwā bi Maktab al-'iftā' Salṭanah 'Umān, p. 229.

◆ 상조기금으로 건설된 주택의 소유권에 대한 판단

질문   우리 회사 산하에 가입자가 매달 투자금을 지불하는 상조기금이 있습니다. 이는 회사가 건물을 짓거나 주택을 구매하기 위한 기금으로 건물과 주택의 소유권은 가입자에게 있으며 매년 이 기금에 가입한 사람들 중 일부를 추첨으로 선정합니다. 기금 가입자는 집을 수령한 후 일정한 기간 동안 이 집을 사용하는 대가로 매달 사용료를 지불합니다. ─이는 이미 이전에 합의가 된 것입니다─ 이 사용료는 모든 가입자들에게 주거지를 제공하기 위한 것입니다. 회사를 위해 모든 가입자들의 집의 소유권이 끝날 때까지 토지와 건물에 대한 저당이 잡혀 있습니다. 이 거래에 대한 의견은 무엇입니까?

파트와   집 값이 다 지불될 때까지 이 집의 소유권이 회사에 있다면, 이는 지불 이행을 입증하기 위한 것입니다. 사용료는 회사에 대한 임대료입니다. 혼동하지 마시기 바랍니다.

* 출처: Al-Fatāwi Al-Mu'āmalāt, Qism al-Fatwā bi Maktab al-'iftā' Salṭanah 'Umān, p.232.

◆ 공동 주택 건설의 조건에 대한 판단

질문   우리 다섯 사람은 아래와 같은 방법을 사용하여 집을 공동으로 짓기를 원합니다. 우리는 각각 다른 지역에 각자의 이름으로 된 주택 부지를 소유하고 있습니다. 우리는 매달 500리얄씩 돈을 냅니다. 즉 매달 총 2500리얄이 되고 연간 3만 리얄이 됩니다.

매년 우리 중 한 사람이 자신의 땅에 집을 짓습니다. 이 순서는 우리들이 합의를 하든지 추첨할 것입니다. 집을 짓기로 한 땅 주인은 매달 돈을 가져가서 자신의 계획대로 집을 짓습니다. 단 3만 리얄보다 적은 금액으로 집을 지어야 합니다. 본인이 원할 경우 금액이 넘어도 됩니다. 집은 모두의 공동 소유가 됩니다. 땅 주인은 집이 완공된 후에 동업자들 간의 합의에 따라 미리 정해진 임대료를 받고 이 집을 임대합니다. 단, 집이 완공되기 전에는 임대료를 받을 수 없습니다. 그리고 임대료는 5명이 똑같이 나눠 갖습니다. 모든 땅에 집이 지어진 후에는 우리들의 동업은 끝이 납니다. 그리고 우리 모두는 개인 소유의 집이 생기게 됩니다. 그렇게 되면

그 집은 본인이 원하는 대로 처분할 수 있습니다. 이 거래에 대한 샤리아
적인 판단은 무엇입니까?

파트와   이런 방식으로 일을 진행하는 것은 괜찮습니다. 이 거래는 리바
가 발생하는 것을 경계하고 있기 때문입니다.

* 출처: Al-Fatāwi Al-Mu'āmalāt, Qism al-Fatwā bi Maktab al-'iftā' Salṭanah 'Umān, p.233.

◈ 건물 임차인이 재임대한 경우의 판단

질문   다음의 문제에 대한 판단을 내려 주시기 바랍니다. 집주인은 임
대시 여러 명의 임차인을 일일이 확인하는 일이 번거롭고 귀찮아서 저에
게 건물 전체를 임대했습니다. 그리고 저를 건물 전체의 임차인으로 허가
하고 10만 리얄의 임대료로 건물을 임대할 수 있는 권리를 주었습니다.
저는 양탄자, 일부 가정용품, 냉장고 등을 설치한 후 해당 건물을 집 단위
나 방 단위로 15만 리얄에 임대했습니다. 이에 앞서 저는 청소부, 경비원
등의 비용도 지불했습니다. 이때 이윤은 저에게 있어 허용된 것입니까?
저는 임차인들(건물에 거주하는 이들)에게 모든 서비스를 제공했습니다.
온갖 정성을 다했고 임차인들은 저에게 감사함을 표했습니다. 만약 자본
을 가지고 있고 한 채 이상의 건물에 대해 이런 방식의 임대를 한다면 제
가 처분하거나 무슨 일을 하는지 알 수도 없는 은행에 예치하거나 프로젝
트에 투자하는 것보다 낫지 않은가요?

파트와   현물을 임차한 사람은 해당 현물을 임차했을 때와 같은 금액으
로, 또는 다른 금액으로 타인에게 임대할 수 있으며, 현물 이용 대리인과
합의한 기간만큼 또는 그 이하 임대가 가능합니다. 하지만 이 부동산을
나쁜 상태로 빌려줘서는 안 됩니다. 왜냐하면 임차인은 부동산의 용익권
을 가지고 있기 때문입니다. 그렇기 때문에 임차인은 자신을 위해서 또는
타인을 위해 부동산을 사용할 수 있습니다. 그러나 임차인이 소유주에게
임차인 본인이 아닌 다른 사람에게 현물을 임대해 주지 않겠다거나 특정
직업 종사자에게 임대하지 않겠다고 조건을 건 경우 해당 조건에 따릅니
다. 재임대 금지조항이 없다면 그렇게 해도 무방합니다.

* 출처: http://www.alifta.com/Fatawa/FatawaChapters.aspx?languagename=ar&View=
Page&PageID=5521&PageNo=1&BookID=3, 2013.12.24, No.19702.

◈ 예탁한 부동산에 반환 요구에 대한 판단

질문　저는 예탁의 형태로 토지를 친 자매의 이름으로 등기하였습니다. 이때의 조건은 원할 때 돌려준다는 것이었습니다. 하지만 제가 여동생한테 토지를 달라 하자 동생은 그 토지가 제 소유라는 것과 제가 동생에게 예탁한 것임을 인정하면서도 땅을 되돌려주지 않았습니다. 동생은 토지를 돌려주는 일을 계속 미루고 제 토지라는 것도 맹세했는데, 여전히 토지를 점유하고 있으며 이에 대한 어떤 사용료도 내지 않았습니다. 동생은 이 문제에 대해서 파트와를 구하자는 핑계를 대고 있습니다.

파트와　토지나 돈과 같은 것을 예탁형식으로 맡은 사람은 주인이 원할 때 이를 돌려줘야 하며, 돌려주는 것을 지체하는 것은 허락되지 않습니다. 알라께서 말씀 하시길 "알라께서는 모든 위탁물을 그들 소유자들에게 환원토록 명령하셨으며, 너희가 판별할 때는 공정하게 판정하라 하셨으니, 이것이 바로 알라께서 가르치신 교훈이라, 알라께서는 언제나 들으시고, 지켜보고 계시니라"〈니싸(4)장 58절〉고 했습니다. 또한 사이드 븐 자이드의 전언에 따르면 예언자가 "아주 작은 땅이라도 부정하게 땅을 가져간 사람은 심판의 날 7개의 땅에서 목을 칭칭 감게 될 것이다"라고 했습니다.

* 출처: http://aliftaa.jo/Question.aspx?QuestionId=433#.U0aCGmC_mM8, 2014.4.10, No.433.

◈ 부동산 매매 위임에 관한 건

질문　저는 부동산 중개소 사장입니다. 고객들은 저에게 부동산 매매를 위임하는데, 예를 들자면 다음과 같습니다. 고객은 저에게 5만 디나르에 물건을 매매한다고 내놓으면서, 물건 매매를 저에게 위임한다는 조건을 둡니다. 그리고 5만 디나르 이외의 초과분은 사무소의 것, 즉 저와 제 동료들의 것이 됩니다. 그래서 제가 이를 6만5천 디나르에 팔았다면, 잉여분 만5천 디나르와 관례에 따라 수수료 2%를 받는 것은 허락된 것입니까?

6만 5천 디나르는 구매자에게 비싼 가격으로 판매한 것이 아닙니다. 매매 가격도 적당했고, 구매는 만족스럽게 이루어졌습니다. 그러나 구매자는 중개업자가 있다는 것과 중개비의 존재를 모릅니다. 부동산 중개소는 광고, 마케팅, 면허 취득 등에 큰 비용이 듭니다. 그리고 매매 시도의 80%는 별 소득이 없습니다.

파트와   샤리아 상 판매자와 구매자 사이에서 매매 업무를 수월히 해 주는 사람을 중개인이라고 부릅니다.

중개인이란 매매가 성사되도록 판매자와 구매자 사이에서 중간 역할을 하는 사람입니다.

중개인의 수수료는 대부분의 법학자들이 허락하였습니다. 부카리는 "이븐 시린과 이따와 하산은 중개인 수수료를 괜찮다고 했다고 하였다"라고 말한 바 있습니다.

중개인 수수료는 공개되어야 합니다. 만약 누군가가 다른 사람에게 "이 물건을 사시오" 혹은 "나에게 파시오. 그러면 당신에게 수고의 대가로 얼마를 주겠소"라고 했다면 이런 일에서 발생한 소득은 금지된 것이 아니라는 것이 대부분의 법학자들의 의견입니다.

그리고 만약 "이 물건을 이 가격에 파시오, 그리고 그 가격 이상으로 판 경우 그 차액은 당신 것이오"라고 말했다면 이는 무방합니다. 이는 부카리가 이븐 압바스의 전언인 "이 옷을 이 가격에 팔아라, 그리고 더 비싸게 팔았다면 남은 돈은 네 것이다"라고 전한 것에 의합니다. 예언자는 "무슬림들에게는 그들의 조건이 있다"라고 말했습니다. 〈부카리 전승〉

* 출처: http://aliftaa.jo/Question.aspx?QuestionId=239#.U0aJvGC_mM8(2014.4.10)

◈ **임대해 준 상점에 하람 행위가 발생하는 경우**

질문   한 사람이 건물을 지었습니다. 지상층(1층)은 상업용으로 개조하고 위층은 개조하지 않았습니다.

위층을 식당으로 임대할 수 있습니까? 믿을 만한 소문에 의하면 이곳에서 광범위한 부정행위가 벌어졌습니다.

파트와   샤리아 상으로 금지된 것(하람)이 아니라면 할랄입니다. 따라서 두 종류의 이용 모두 허락되며, 판매와 임대, 그 밖의 다른 행위가 가능합니다. 이를 이용하는 것에 대한 책임은 이용자에게 있으며, 이를 할랄의

형태로 이용하는 것은 할랄입니다. 이를 하람의 형태로 이용하는 것은 하
람입니다.

* 출처: http://www.dar-alifta.org/ViewFatwa.aspx?ID=437&LangID=1&MuftiType=0

2. 바달 쿨루

• 바달 쿨루에 대한 문제

바달 쿨루와 관련하여 법학연구 자료들을 검토한 후에 다음과 같이 결정한다.

첫째, 바달 쿨루 합의에는 4가지 형태가 있다.
1. 부동산 주인과 임차인이 계약 시작 시 합의하는 것
2. 임차인과 주인 간의 임대 계약 중간이나 계약 만료 후 합의하는 것
3. 임차인과 새로운 임차인 간의 계약 중간이나 계약 만료 후 합의하는 것
4. 새로운 임차인이 주인과 이전 임차인 각각과 계약 기간 만료 전이나 만료 후 합의하는 것

둘째, 만약 주인과 임차인이 월세보다 많은 금액의 목돈을 지불하는 조건으로 합한다면 ─이는 몇몇 국가에서 '쿨루'라고 한다─ 합의된 기간 동안의 비용의 일부라고 생각되는 목돈을 지불한 것이므로 샤리아 상으로 무방하다. 합의가 파기될 경우, 이 금액은 임대비용 산정 규칙이 적용된다.

셋째, 주인과 임차인이 임대 기간 중 주인이 남은 기간 이용하기 위해 계약을 포기하는 대신 임차인에게 돈을 지불하는 조건으로 합의

를 하였다면 이것이 바달 쿨루이며, 이는 샤리아 상으로 가능하다. 왜 냐하면 이는 임차인의 동의 하에 양보하는 대신 임대인이 보상금을 주는 것이고, 이 경우 사용권을 주인에게 판매하는 것이기 때문이다.

만약 임대 기간이 지났고 계약을 갱신하지 않았다면, 주인에게 이익이 되는 방향으로 계약이 자동으로 갱신된다. 이 경우 바달 쿨루 는 허락되지 않는다. 왜냐하면 세입자의 권리가 만료된 후엔 주인의 권리가 우세하기 때문이다.

넷째, 만약 임대 기간 중 새로운 임차인과 기존 임차인 간에 남은 계약기간을 포기하는 것에 대해 이전 사용료보다 더 비싼 가격에 합 의가 이루어졌다면 이것은 바달 쿨루로 샤리아 상으로 가능하다.

단, 이 경우에도 주인과 이전 임차인 간에 체결된 임대 계약이 잘 준수되어야 하며, 샤리아 규칙에 부합하는 현행법 역시 잘 준수되어 야 한다.

* 출처: Qarārāt wa Tauṣiyyāt Majmaʿ al-Fiqh al-Islāmī, 제31(4/6)호(2014.8.14)

3. 슈프아

슈프아란 어떤 대상물을 판매하는 상황에서 우선적으로 구매할 수 있는 권리를 말한다. 예를 들면 건물을 팔려고 할 때 그 건물에 인접하고 있는 이웃이나 그 건물과 관련이 있는 친족에게 우선 구매권을 인정하는 것이다. 선매권이라 칭할 수도 있다. 이에 대한 정의와 결정을 보면 다음과 같다.

- 선매권(Shuf'ah)
1. 정의: 선매권은 대가를 받고 판매되는 것을 파트너나 이웃이 먼저 획득하는 것이다.
2. **선매권의 샤리아상 적법성**: 예언자의 하디스에 의해 선매권은 샤리아 상으로 적법하다. 예언자는 분할되지 않은 모든 것에 대한 선매권을 인정하였다. 하지만 경계가 정해져 있고 길이 고정되어 있다면 선매권은 없다. 〈부카리 전승〉[1] 그리고 "이웃이 우선한다"라고 말했다.[2]
3. **선매권이 인정되는 경우**: 선매권은 다음 두 가지 중 하나일 경우 인정된다.
    1) 공유: 자산, 시설, 또는 저당권이나 상층 입주권 등의 권리를 공유한다
    2) 인접성: 앞에서 언급한 하디스 "이웃이 우선한다" 때문이

1_ Ṣaḥīḥ al-Bukhārī 2257, http://sunnah.com/bukhari/36/1.
2_ Ṣaḥīḥ al-Bukhārī 6981, http://sunnah.com/bukhari/90/28.

다. 선매권은 이웃이 피해를 입을 수 있기 때문에 이를 보상하기 위해 샤리아 상으로 허락되는 것이기 때문이다.

4. 선매권이 발생하는 필수 요건

1) 선매권 자격이 충분할 때, 즉 자산이나 시설을 공유하거나 이웃일 때.

2) 유효한 필수 계약에 의해 소유권이 이전되었을 경우. 부정하게 판매될 경우에는 계약이 무효이므로 선매권은 의무사항이 아니다. 판매자에게 선택을 조건으로 거는 판매 계약에서도 의무가 아니다.

3) 금전적 보상을 받고 소유권이 이전되었을 경우. 아내에게 마흐르로 지급한 부동산이나 아들이나 형제에게 준 선물같이 대가를 받지 않고 주었을 경우 선매권은 발생하지 않는다.

5. **선매권의 요구**: 선매권은 요구가 가능하다. 판매 사실을 인지한 즉시 요구해야 한다. 타국에 있어 멀리 떨어져 있다면 판매된 부동산에 대해 선매권을 요구한 것을 증명할 수 있는 증인을 세워야 하며, 이는 선매권에 대한 그의 권리를 확실히 하기 위함이다. 그 후 매물에 대해 선매권을 요구했다는 사실을 지체 없이 판매자에게 알려야 한다.

6. **선매권자**: 선매권이 생기기 위해서는 선매권자에게는 다음과 같은 조건이 붙는다.

1) 선매권자는 매물을 공유한 사람이거나 판매된 부동산 근처에 사는 이웃이어야 한다.

2) 판매자가 무슬림이고 구매자도 무슬림일 경우 선매권자도 무슬림이어야 한다. 왜냐하면 무슬림은 불신자와 공유하는 것 또는 그와 이웃이 된다는 것에 대해 안심이 되지 않을 수도 있으며, 불신자에게서 벗어나기를 원하기 때문이다.

3) 선매권자는 정신이 온전한 성인이 아니어도 된다. 즉 미성년자나 정신이상자도 선매권을 가질 수 있는데 이 경우 선매권 획득과 포기에 있어 보호자가 그를 대리해야 한다.

4) 선매권자가 여러 명일 경우 선매권은 인원수에 따라 배분된다. 동등한 권리를 가지기 때문이다.

* 출처: Al-Fatāwi Al-Mu'āmalāt, Qism al-Fatwā bi Maktab al-'iftā' Salṭanah 'Umān, p.383.

◈ 슈프아 조건에 부합 여부

질문 국가로부터 재산에 대한 보상이나 상금으로 받은 땅에 대한 판단은 무엇입니까? 만약 그 땅의 일부를 판매할 때 그 땅의 이웃 땅 주인이 슈프아를 원한다면 슈프아가 가능합니까? 그 땅은 아직 허용된 사람이나 샤프으에 의해 개간되지 않았습니다. 만약 그 둘 중 한 사람이 땅의 경계를 표시하기 위해 시멘트 기둥을 세운다면, 만약 이웃이 아닌 사람에게 슈프아를 허용할 이유가 없다면 이 기둥이 슈프아의 방해물로 간주됩니까?

파트와 개간되지 않은 버려진 공터를 판매하는 것은 안 됩니다. 슈프아는 판매의 방법 중 하나입니다. 경계를 표시하는 담장은 그것이 마땅하다 하더라도 공동소유가 아닌 한 슈프아의 방해물입니다.

* 출처: Al-Fatāwi Al-Mu'āmalāt, Qism al-Fatwā bi Maktab al-'iftā' Salṭanah 'Umān, p.384.

Fatwā

_자동차 보험

_타카풀

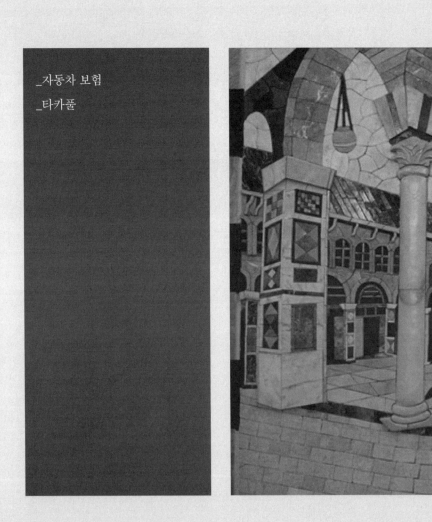

제6장

보험

1. 자동차 보험

◈ 자동차 보험에 대한 샤리아상 판단

질문　일반 자동차 보험과 그에 관한 이슬람 샤리아의 판단에 관하여 문의드리고 싶습니다.

파트와　피끄흐 학자들은 종합 · 비종합 상업보험을 금하고 있습니다. 회사가 리바 거래를 하지 않는다면 일각에서는 이를 허용하기도 합니다. 한편 타카풀 보험의 경우, 다수가 이를 허용하였으며 일부가 이를 금하였습니다. 제 사견으로는 이를 금하는 것이 맞다고 봅니다.

* 출처: http://islam.gov.kw/Pages/ar/FatwaItem.aspx?itemId=6266

◈ 자동차 종합보험에 대한 판단

질문　사고나 화재, 절도 등이 일어났을 경우 금전적 보상을 받기 위한 화물 자동차 종합 보험은 샤리아상으로 허락되나요?

파트와　이전에 이집트 이프타 기관은 보험에 대해서 파트와를 내렸습니다. 우리는 이제 그 파트와를 재발행하고자 합니다. 보험은 샤리아의 규정에서 하람인지 할랄인지 언급되지 않은 새로운 거래들 중 하나입니다. 보험의 성격은 은행 거래의 성격과 비슷하며, 학자들의 이즈티하드와 몇몇 원전에 대한 연구를 통해 다룬 바 있습니다. 알라께서는 "정의와 신앙심으로 서로를 도우며, 다만 죄와 범죄에서는 서로를 돕지 말라. 그리고 알라를 경외하라. 실로 알라께서는 징벌하심에 엄하시니라"〈알마이다(5) 2절〉라고 말씀하셨습니다. 또한 예언자는 "한 몸처럼 서로를 사랑하고 서로에 대한 애착을 느끼고 서로에게 공감하는 믿는자들이여. 사지 중 하나가 고통을 호소한다면 이에 몸 전체가 함께 잠 못 이루고 열병에 시달리게 될 것이다"라고 말했고, 부카리가 이를 전승했습니다. 그 외에도 이 주제에 대해 다룬 많은 원전들이 있습니다. 보험은 3가지 종류로 나뉩니다.

첫째, 상호보험입니다. 손해에 대비하여 여러 사람 혹은 단체가 만드는 보험입니다.

둘째, 사회보험입니다. 근로 소득에 의지해 사는 사람들에게 닥칠 수 있는 위험을 예방하기 위한 보험입니다. 사회적 타카풀에 기초하며, 국가가 운영합니다.

셋째, 상업보험입니다. 상업보험이라는 목적을 가지고 설립된 회사에 의해 제공됩니다.

첫 번째와 두 번째 보험은 샤리아의 원칙에 부합하는 거의 만장일치로 할랄에 동의됩니다. 왜냐하면 본디 이 두 보험은 비환급성이기 때문입니다. 그리고 정의와 신앙심으로 서로 협력하는 것이며, 사회적 타카풀의 원칙을 실현하는 것입니다. 이는 무슬림 간의 비영리성 협력이며, 자할라나 가라르가 들어 있지 않습니다. 또한 분담금과 관련해 보험액을 증가시키는 것은 리바로 여겨지지 않습니다. 왜냐하면 이는 기간에 대한 대가가 아니라 위험에 따른 피해를 보상받기 위한 비환급성 거래이기 때문입니다.

세 번째 종류의 보험은 상업보험이고, 상업보험에는 개인 보험이 포함됩니다. 상업보험에 대해서는 격렬한 의견 대립이 있습니다. 일부 학자들은 이러한 종류의 거래가 하람이라고 봅니다. 왜냐하면 금지된 가라르에 둘러싸인 거래이기 때문입니다. 또한 도박과 내기, 리바를 포함하고 있기 때문입니다. 다른 학자들은 상업보험은 샤리아에 위배되지 않는 한 가능하다고 보고 있습니다. 왜냐하면 상업보험은 사회적 타카풀과 정의에 기초한 협동을 기본 정신으로 성립되었으며, 원칙적으로 비환급성이기 때문입니다. 후자의 학자들은 코란, 순나와 합리적인 증거들에 기초하여 결론을 내렸습니다.

코란에는 "오, 너희 믿는 자들아! 너희의 맹약을 지키라"〈알마이다(5)장 1절〉라고 나와 있습니다. 그들은 맹약이라는 단어는 모든 종류의 계약을 포괄하는 일반적 단어로 그 속에 보험도 포함된다고 주장합니다. 이 계약이 금지된 것이라면 예언자가 분명하게 밝혔을 것입니다. 하지만 예언자는 이에 대해 명확하게 밝히지 않았습니다. 따라서 일반성이 의도되는 바이며, 보험은 일반성의 범주 내에 들어갑니다. 순나에 대해 말씀드리자면, 아므르 븐 야쓰리브 알다므리는 다음과 같이 전승했습니다. "나는 무나(미나)에서 하신 예언자의 연설을 들었다. 또한 예언자는 '의로운 사람만이 형제의 돈을 취할 수 있다'라고 말했다." 예언자는 상호합의를 통해서 자금이 할랄이 된다고 했다는 것입니다. 보험 역시 계약이 특정한 방식으로 자산을 가져가기로 상호 합의한 것이기 때문에 할랄이라고 볼 수 있습니다. 합리성 측면에서 보면 보험은 믿는 자들에 의한 비환급성 계약입니다. 가입자들은 분담해서 할당량을 지불합니다. 또한 회사가 분담하는 부분도 있습니다. 회사는 보험가를 분담합니다. 이는 위험을 분담하고 역경을 함께 나누는 것으로 샤리아상으로 금지된 요소를 포함하고 있지 않습니다. 이를 주장하는 학자들은 관습에 의해 결론에 도달했습니다. 이런 종류의 계약은 관습적으로 행해져 왔습니다. 관습이 샤리아의 한 기준이 된다는 것은 잘 알려져 있는 사실입니다. 이익 또한 그러합니다. 상업보험과 상호보험, 사회보험 모두 할랄이라는 데 만장일치로 의견을 모았으며, 모두 샤리아의 원칙에 꽤 많이 합치됩니다. 따라서 이에 대한 판단은 할랄입니다. 생명보험 계약은 상업보험의 한 종류이지 금지된 가라르 계약이 아닙니다. 왜냐하면 생명보험은 비환급성 계약이기 때문입니다. 가라르로 인해 더럽혀지기는 했지만 그 안에 포함된 가라르는 당사자들 간에 분쟁을 일으키지 않습니다. 또한 이 보험에 많은 사람들이 참여하고 있으며 일반적이고 모든 경제 활동 분야에 널리 보급되어 있습니다. 사람들이 이 보험을 설립하고 분쟁의 소지 없이 동의했다면 이를 금지할 수 없습니다. 샤리아 상으로 비환급성 계약에서는 가라르가 다수 포함되어 있어도 이것이 무시되는데, 환급성 계약은 이와는 다르게 가라르가 적을 때만 용납됩니다.

가라르는 개인과 회사 간에 개별적인 계약이 성립될 때 생겨납니다. 보험은 모든 경제 분야에 자리잡았으며 노동자에게 사회보험을 제공하는 회사들도 설립되었습니다. 모든 사람은 사전에 얼마만큼을 지불하고 얼마만큼을 지급받을 것인지 알게 되었습니다. 따라서 금지된 가라르가 존재한다고 보기는 어렵습니다. 또한 상업보험 계약에 도박적인 요소가 들어 있다고 보기도 어렵습니다. 왜냐하면 도박은 운에 기초한 것인데, 보험은 잘 정비된 기준에 의거하여 성립되고, 검토되고 계산된 것이기 때문입니다. 또한 체결된 계약에 기초하여 성립되기 때문이기도 합니다. 동양 보험회사(The Oriental Insurance Company) 등의 회사가 발행한 모든 종류의 상업보험 서류를 검토하였습니다. 서류의 조항들, 즉 보험회사로 인해 결정되고 고객들의 동의로 인해 강제성을 띠게 된 원칙들의 대부분은 샤리아에 위배되지 않았습니다. 하지만 삭제되고 개정되어야 할 몇몇 조항이 있기는 합니다. 샤리아에 합치되고 1997년 3월 25일 이집트 이프타 기관에서 열린 무프티들의 회의 의사록에서 결정된 바에 합치되도록 해야 합니다. 이에는 다음과 같은 조항이 포함되어 있습니다.

1. '보험이 만료되었을 때 생존해 있다면 분납금을 모두 돌려준다'는 조항. 이 조항은 '보험이 만료되고 투자한 상태에서 피보험자가 아직 생존해 있다면 분담금을 모두 돌려주는데, 먼저 회사가 지출한 행정 업무에 해당하는 특정 비용이 공제된다'로 고쳐야 합니다.

2. 제10조: '등기 우편을 보냈음에도 고객이 정해진 유예기간 동안 돈을 내지 못했으며, 첫 3년간의 분납금이 완전히 지불되지 않았다면 이 계약은 무효이며 이를 통지할 필요가 없으며 지불된 분납금은 회사의 소유가 된다.' 이 조항은 다음과 같이 개정되어야 합니다. '회사 영업에 대한 대가로 10% 이하로 공제한 후 지불된 분납금을 고객에게 되돌려준다.' 회사는 사람들의 돈을 부당하게 가질 수 없기 때문입니다.

3. 제13조, 첫 번째 항: '보험 계약으로 인해 발생한 모든 권리를 주장할 권리는 권리를 가진 자가 이를 요구하지 않거나 회사에게 사망증명서를 제출하지 않을 시 소멸된다.' 이 항은 삭제해야 합니다. 왜냐하면 고객의 권리가 분명하면 어떤 경우에도 권리가 소멸되어서는 안 되며, 권리를 가진 자가 이를 요구하지 않더라도 마찬가지이기 때문입니다. 하지만 10년이 지나면 그 자금은 무슬림 기금으로 귀속되는 것이 옳습니다.

동일 조항의 두 번째 항: '수혜자들이 이 계약으로 인해 발생한 권리에 대해 회사를 상대로 소송을 제기할 권리는 시효가 지나면 소멸되며, 시효는 사망 후 3년이다.' 이 항을 다음과 같이 수정해야 합니다. '33년이 지난 후 권리가 소멸된다.' 이는 이슬람 법학자들이 생각하는 민법상 소송 시효가 33년이기 때문입니다.

질문의 상황에 비추어볼 때, 모든 종류의 보험은 사회적으로 필수적이며, 삶을 살면서 필수불가결합니다. 왜냐하면 막대한 수의 노동자가 공장이나 공공 기업 또는 사기업에서 근무하고 있기 때문입니다. 기업은 삶의 중요한 요소인 경제를 보호하는 의무를 이행하기 위해 자본금을 유지해야 합니다. 또한 노동자들을 보호함으로써 노동자들의 현재, 그리고 미래의 삶을 보장해 주어야 합니다. 보험의 목적은 이윤이나, 샤리아상 부당한 이득을 얻는 것이 아닙니다. 보험이 목표로 하는 것은 서로 협동하고 연대하고 협력하여 개인이 재난이나 사고로 인해 겪는 피해를 없애는 것입니다. 또한 보험은 강제로 징수하는 세금이 아닙니다. 보험은 이슬람에서 명하는 정의와 우호를 기초로 서로 협력하는 것입니다. 세계 각국은 공동체의 번영과 국민들의 발전을 위해 보험 시스템을 채택하였습니다. 이슬람 역시 이 주제에 대해 문을 닫아 놓지는 않았습니다. 왜냐하면 이슬람은 발전하는 종교, 문명화된 종교, 체계를 갖춘 종교이기 때문입니다. 예나 지금이나 이슬람 국가들에 있는 무슬림 학자들은 보험을 허용하였습니다. 그리고 우리가 언급한 증거들에 기초해 이런 판단을 내렸습니다.

　이집트 파트와 기관은 모든 종류의 보험을 도입하는 데 있어 샤리아 상으로 문제될 것이 없다고 봅니다. 우리는 가능하면 보험의 영역이 넓어지기를 희망합니다. 보험에 가입하지 않은 사람들에게도 이를 보급하고 합리적인 금액을 월간 또는 연간 지불하고 가입하게끔 의무화하는 것입니다. 모든 사람들이 저축과 베풂을 생활화하도록 하기 위해서입니다. 단, 사람들은 그들이 낸 돈을 돌려받아야 하며, 이를 이용해 그들과 그들의 고장을 위해 수익성투자를 해야 합니다. 그렇게 된다면 공동체는 번영하고 사회는 위대해질 것이며, 국민들의 저축열과 근로 의욕으로성장하게 될 것입니다. 그리고 이는 이슬람과 국민들의 삶의 미래에 있어 이득이 될 것입니다.

* 출처: http://www.dar-alifta.org/ViewFatwa.aspx?ID=2062&LangID=1&MuftiType=1, 2014.12.19, No.2062.

◈ 상업보험 특히 자동차 보험에 대한 판단

질문　상업보험을 판매하는 것에 대한 판단은 무엇입니까? 특히 자동차 보험에 대한 판단은 무엇입니까?

파트와　상업보험은 샤리아상으로 허용되지 않습니다. 이에 대한 증거로 다음과 같은 알라의 말씀이 있습니다. "너희 가운데 너희의 재산을 무익하게 삼키지 말 것이며."〈바까라(2)장188절〉 회사는 보험 가입자들의 돈을 부당하게 취하는 것입니다. 보험 가입자 중에는 거액의 보험료를 납부하는 사람도 있습니다. 그러나 수 년간 단 한 차례도 자동차 수리조차 하지 않아서 회사의 보험금 지급 실적이 없는 경우도 있습니다. 반면에 어떤 가입자는 적은 금액을 보험료로 납부했는데 보험회사가 큰 비용을 치러야 하는 경우도 있습니다. 이때 가입자는 부당하게 회사의 돈을 취하는 것입니다.

보험료를 납부하는 많은 사람들은 무모하고 부주의하게 행동하면서 이렇게 생각합니다. "회사가 능력이 있으니 사고가 일어나도 책임지겠지." 이렇게 되면 많은 사고가 일어나고, 큰 사고가 발생하면서 결국 가입자가 피해를 입게 되는 것입니다.

* 출처: al-Fatāwa al-Sharʿiyyah fī al-Masāʾil al-ʿṣriyyah min Fatāwa ʿulamāʾ al-Balad al-Ḥarām, p.1197.

◈ 사회보험 가입 자격

질문　저는 다른 사람과 동업으로 호텔을 운영하고 있습니다. 지난 몇 년간 저는 사회보험에 가입하였습니다. 저는 봉급생활자입니다. 그런데 사회보험 조사위원회에서 공식문서로 통보하길 저는 고용인이 아니라 투자자이기 때문에 사회보험 가입 자격이 없다는 것입니다. 그래서 제가 납부한 총액을 돌려주면서 보험에서 제외하기로 결정했다고 했습니다. 제 동업자는 제가 돌려받은 돈을 나눠 가질 권리가 있습니까? 아니면 돌려받은 돈은 다 제 돈입니까?

파트와　사회 보험에 가입한 피고용자들은 고용주가 정한 만큼의 금액을 월급에서 떼어 보험 기금에 냅니다. 또한 사업자도 마찬가지입니다. 이는 피고용자가 일정한 세월이 지나 연금을 받을 때까지 계속합니다. 때로는 피고용자가 보험료 전액을 납부하고, 고용주는 한 푼도 내지 않는 경우도 있습니다.

돈이 반환된다는 것은 보험 가입자들이 낸 돈을 다시 돌려 받는 것입니다. 그러므로 기업이나 동업자는 한 푼도 가져갈 수 없습니다. 만약 기업에서 보험금을 납부했다면 이는 기업이 돌려받는 것입니다. 보험 가입에 납부한 돈의 일부가 동업자로부터 나왔거나 회사 돈으로 납부한 것이라면 동업자에게도 권리가 있고, 동업자에게도 반환된 돈이 돌아가야 합니다. 또한 회사가 납부한 금액만큼 회사에게 돌려줘야 합니다. 왜냐하면 이 계약 자체가 잘못된 방법으로 체결된 것이고, 잘못된 부분에 대해서는 소유할 수 없기 때문입니다. 알라께서 말씀하셨습니다. "믿는 자들이여, 너희들은 재산을 부정하게 삼키지 말라."〈니싸 (4)장 29절〉

* 출처: http://aliftaa.jo/Question.aspx?QuestionId=2821#.U0ES2bmKA3E, 2014.4.6, No. 2821.

◈ 보험과 재보험에 대한 문제

보험과 재보험에 대한 회의에 참석한 학자들이 제안한 자료를 지속적으로 살펴보고, 제출된 주제에 대한 토론을 거쳐, 또한 보험과 재보험에 대한 모든 형태, 종류, 근거하고 있는 원칙, 지향하고 있는 목표 등을 깊이 연구하고, 피끄흐 아카데미들과 학술 기관들이 이 문제에 대해 발행한 자료들을 살펴본 후, 다음과 같이 결정한다.

첫째, 상업 보험 회사들이 거래하고 있는 고정 납입금액에 기반하는 상업 보험 계약에는 계약을 파기할 만한 큰 가라르가 포함되어 있다. 그러므로 보험과 재보험은 샤리아 상으로 하람이다.

둘째, 상업보험을 대체하는 계약은 이슬람의 거래 원칙을 준수하고 있는 기부와 협동을 기초로 하는 상조 보험 계약이다. 또한 재보험의 경우도 상조보험에 기초한 것이 있다.

셋째, 이슬람 국가들에게 상조 보험 기관 설립을 위해 노력할 것을 촉구하고 재보험을 위한 상조 기관 설립 역시 노력할 것을 촉구한다. 그리하여 이슬람 경제가 착취로부터 해방되고 알라께서 만족하시는 규칙을 위반하지 말 것을 촉구한다.

* 출처: Qarārāt wa Tawṣiyyāt Majmuʿ al-Figh al-Islāmī 제9(2/9호).

◈ 배상 소송을 제기하는 것에 대한 판단은 무엇입니까?

질문　저는 변호사로서 자동차 사고 사망자의 유족 또는 자동차 사고 피해자 및 가해자에 대한 배상 소송을 다루고 있습니다. 상속자나 부상자는 사고자동차가 가입한 보험회사를 상대로 배상소송을 제기하기를 희망합니다. 그들 중 일부는 이 배상 문제에 대해 의구심을 갖고 있습니다. 배상 소송에 대한 판단은 무엇입니까? 또한 보험회사를 상대로 법원이 판결하는 배상금은 할랄입니까?

파트와　보험회사가 지불해야 하는 금전적 배상은 샤리아상으로 허락된 것입니다. 많은 현대 학자들은 이것이 합법적인 계약으로 인해 발생한 권리라고 생각합니다. 보험 계약은 소멸성 계약의 한 종류이며, 많은 이들이 가라르를 회피하고자 맺는 계약입니다. 왜냐하면 이때의 가라르는 계약 당사자들 간 논쟁의 소지가 되지 않기 때문입니다. 이는 환급성 계약과 다른데, 등가계약은 피끄흐에서 결정된 대로 분쟁의 여지가 없는 경미한 가라르인 경우를 제외하고는 받아들여지지 않습니다.

　따라서 이러한 배상을 받는 것은 샤리아상으로 할랄이며, 이를 이행하도록 하는 것, 손해배상 청구를 위해 보험회사에게 소송을 제기하는 것, 이에 대한 임금을 수령하는 것 또한 할랄입니다. 단 신뢰가 구축되고 속임수와 불법으로 사람들의 돈을 착복하지 아니할 것을 조건으로 합니다.

* 출처: http://www.dar-alifta.org/ViewFatwa.aspx?ID=503&LangID=1&MuftiType=

◈ 판사가 보험회사에 내린 판결에 대한 판단

질문　저는 변호사입니다. 저는 배상청구 부서에서 일하고 있습니다. 이 부서에서는 강제보험(책임보험) 규정에 의거하여 자동차 및 과실 치사와 상해 사고에 대해 보험회사를 상대로 소송을 제기하는 일을 담당합니다. 법원은 사망자의 가족 또는 부상자의 가족에게 과실치사로 인해 발생한 금전적 또는 정신적 피해배상을 판결하고, 보험회사는 이를 이행할 의무를 갖습니다. 판사가 보험회사에 명령하는 배상은 할랄입니까? 사망자의 유가족과의 합의에 따라 이 금액에서 제 보수를 받는 것은 할랄입니까?

파트와　상황이 질문에서 언급된 바와 같다면, 그리고 질문자께서 성실하게 신의로써 속임수와 기만 없이 업무를 수행하고 계시다면, 이 상황에서 질문자께서 수행하시는 업무는 허용된 것이라 할 수 있습니다. 또한 합의를 기초로 보수를 받는 것 또한 샤리아 상으로 합법입니다. 흔히들 알고 있는 '배상'은 샤리아에 근거가 없으면 받아들일 수 없습니다. 순수한 샤리아는 권리를 가진 자들의 권리를 지키며 면제권을 주지만 의무를 부과하지 않습니다. 자신의 권리를 얻고 권리를 행사하고자 하는 사람, 권리의 전부 또는 일부를 양보하기를 원하는 자들에겐 "너희가 양보하는 것이 신실함에 더욱 가깝다"〈바까라(2)장 237절〉라는 구절이 적용됩니다.

살인자, 상해자, 가해자 등으로부터 금전적 권리를 취하는 것을 비난할 수 없습니다. 여러 학파들은 피끄흐에서 형사범죄와 이에 대한 처벌, 목숨에 대한 배상, 부상에 대한 배상, 목숨과 사지, 손가락 등에 대한 배상판결 등을 다루었습니다. 또한 알라의 은총으로 내려진 샤리아는 권리를 가진 모든 이에게 해롭지 않고 과도하지 않은 선에서 권리를 부여하였습니다. 예언자는 "알라에 의해, 만약 예언자 무함마드의 딸인 파티마가 절도를 저지른다 해도 무함마드는 그녀의 손을 자를 것이다"라고 말했습니다.〈부카리 전승〉

* 출처: http://www.dar-alifta.org/ViewFatwa.aspx?ID=527&LangID=1&MuftiType=

● 보증에서의 문제

보증서에 대해 다양한 연구와 토의를 행한 후, 다음과 같이 확인한다.

한도가 없는 보증서라면 보증인은 현재든 미래든 간에 다른 사람에 대한 책임을 부담한다는 것이다. 그래서 이슬람 피끄흐에서는 이에 담보(다만, Ḍamān)나 보증(카팔라, Kafālah)이란 용어를 사용한다.

일정한 조건이 포함된 보증서의 경우, 이는 보증서를 요청한 사람과 발행한 사람과의 관계를 나타내는 것으로 이를 "위임(와칼라, Wakālah)이라고 한다. 이때는 위임된 사람의 이익을 위해 위임관계가로 유지된다.

보증은 선의와 친절에 의한 자선계약이다.

이슬람 법학자들은 카팔라에 대해 보상금을 받는 것은 안 된다고 정했다. 왜냐하면 보증인이 보증하고 돈을 지불하는 경우에는 이익이 발생하는 대출과 같은 것이기 때문이다. 이는 샤리아상으로 금지된 것이다.

따라서 다음과 같이 결정한다.

1. 보증서는 한도의 유무와 상관없이 보증업무의 대가를 받아서는 안 된다. 보증업무는 일반적으로 보증의 금액이나 기간을 따지는 것이다.
2. 보증서를 발행하기 위한 행정비용은 보증 한도의 유무와 상관없이 비용 지불이 무방하다. 단, 이 비용은 유사비용보다 많아서는 안 된다. 전체적으로든 부분적으로든 보증 한도가 있는 경우에는 이 한도를 수행하기 위해 실제 업무절차에 필요할 수 있으니, 보증서 발행에 필요한 비용을 제공하는 것이 가능하다.

* 출처: Qarārāt wa Tauṣiyyāt Majma' al-Fiqh al-Islāmī, 제12(2/12)호(2014.8.14)

◈ 자동차 정비카드에 대한 판단

질문 매년 사우디 150리얄 미만의 금액을 지불하면 개인에게 연간 회원권을 주는 회사가 있습니다. 회원 개인은 어디서든 자동차가 고장이 날 경우 이 회사의 지원을 받기로 합니다. 그래서 회사는 개인이 자동차를 정비할 수 없다면 그가 원하는 어느 곳으로든 운전자와 자동차를 데려다 줍니다. 모든 도로에는 회사 소유의 많은 자동차가 있고, 24시간 동안 일하는 엔지니어가 있습니다. 하지만 회원 개인이 가입 기간동안 사고를 당하지 않을 수도 있습니다. 그렇다면 이런 회원권 가입은 보험과 비슷한 것으로 여겨집니까? 이 회사에 회원가입이 허용되나요?

파트와 가입이 허용되지 않습니다. 이것은 가라르와 도박의 일종이고, 상업보험 중 하나입니다.

* 출처: al-Fatāwa al-Shar'iyyah fī al-Masā'il al-'Ṣriyyah min Fatāwa 'ulamā' al-Balad al-Ḥarām, Dr. Khālid ibn 'abd al-Raḥman al-Jarīsī, p.1210.

◈ 상업 보험과 타카풀의 차이

질문　치과의사가 상업 보험회사에 보험 가입자들의 치료 총액의 25%를 할인해 주기로 합의하였습니다. 이에 대한 판단은 무엇입니까? 이는 금지된 일에 동조하는 것입니까?

파트와　법학자들은 상업보험과 타카풀 이슬람 보험을 구분해 놓았습니다. 상업 보험은 모든 법학자들과 피끄흐 위원회에서 금지한 것입니다. 상업 보험 계약은 도박과 가가르에 근거한 것이기 때문입니다. 알라께서 "믿는 자들이여 술과 도박과 우상숭배와 점술은 사탄이 행하는 불결한 것이거늘. 그것은 피하라 그리하면 너희가 번성하리라"〈마이다(5)장 90절〉라고 하셨습니다. 이슬람 상조보험은 상부상조와 협동 그리고 기부에 근거한 것입니다. 그러므로 샤리아 적으로 고민할 필요가 없습니다. 알라께서 "정의와 신앙을 위해 서로 협동하라, 그러나 죄악과 증오에는 협조하지 말라"〈마이다(5) 2절〉라고 하셨습니다. 이 말씀은 피끄흐 위원회와 현대 이프타 회의에서도 일반적으로 하는 말입니다. 상업보험에 동조하는 모든 사람은 샤리아 앞에 죄인입니다. 치료하는 의사는 보험계약과는 일말의 관계도 없습니다. 그러므로 의사는 죄가 없습니다. 단지 그와 보험회사와의 관계는 수수료를 받는 관계입니다. 의사와 보험사는 보험사가 의사로부터 일정한 수수료를 받고 환자를 의사에게 데려다주는 것에 합의한 계약입니다. 그러니 걱정 마십시오, 그러나 상조보험에 만족하면 좋겠습니다.

* 출처: http://aliftaa.jo/Question.aspx?QuestionId=2862#.U0ESG7mKA3E, 2014.4.6, No. 2862.

◈ 요르단 전기 회사에 있는 생명보험기금에 대한 판단

질문 요르단 전기 회사에 있는 생명 보험기금에 대한 판단은 무엇입니까?

파트와 기금관련 계약을 숙고한 끝에 우리는 이 보험 기금이 회사 구성원들을 위한 타카풀 보험이나 상조보험 계약이라고 결론 내렸습니다. 이 계약에 의하면 회사 구성원들에게 근로 기간 중 발생할 수 있는 적자에 대한 비용을 대 주거나, 직원의 사망 이후 상속자들에게 제공되는데, 직원의 질병치료도 해당됩니다. 그러므로 이는 허락된 상조 보험입니다. 알라께서 말씀하시길 "정의와 신앙을 위해 서로 협동하라, 그러나 죄악과 증오에는 협조하지 말고 알라를 두려워해라. 알라께서 엄한 벌을 내리실 것이라"〈마이다(5)장 2절〉라고 했습니다. 우리는 이를 "상조보험기금"이라고 명명하여, 이와 유사한 것과 구분되기를 제안합니다.

 * 출처: http://aliftaa.jo/Question.aspx?QuestionId=2054#.U2UWxGW_mM8

• 이슬람 보험인 타카풀과 전통 보험의 차이

이슬람 보험을 지칭하는 타카풀은 아랍어의 '카팔라'(kafala, 보증 서다, 담보하다)에서 유래한다. 타카풀은 상호보험과 비슷한 형태이다. 타카풀에 대한 각종 보고서에서 타카풀이란 용어를 전통 보험과 상이하게 사용하여 양자 간 차이가 큰 것처럼 보이지만 본질적으로 큰 차이는 없다. 예를 들어 상호보험은 공적 부조, 상호회사의 형태를 띠며 실적 배당에서 타카풀도 이와 유사한 특징을 지닌다. 타카풀에서는 보험 가입자가 낸 금액 일부를 기부하는 '타바르루으'가 있는데 이는 전통 보험과 같은 형태이다. 타카풀에도 손해보험과 생명보험이 있다. 타카풀은 이슬람에서 강조하고 있는 상호 도움, 협동 및 형제애를 실현하기 위한 수단이다.

• 타카풀의 자금 운용

이슬람 보험인 타카풀에도 여타 이슬람 금융과 동일하게 이자, 위험, 도박성 등에 대한 투자는 포함되지 않는다. 타카풀에서 가입자가 내는 보험료는 크게 저축과 투자에 사용되는 PA(Participants' Account, 저축성 보험에 해당)와 타바르루으 혹은 기부금에 해당하는 PSA(Participants' Special Account)로 구분된다. PSA와 PA의 운용수익을 나누는 종류에 따라 타카풀의 모델이 결정된다. 전통적인 보험은 보험자가 보험회사와의 계약을 통해 보장 관계가 결정되지만 타카풀에서는 보험자가 보험관리자에게 자금을 맡기고 그 자금에는 PA와 PSA가 있는 것이 가장 큰 차이이다. 그러나 결과적으로 심사 및 피해에 대한 보상을 해 주는 등 전통 보험과 동일하다. 타카풀은 도박성이 높은 부분이나 불확실한 것에 투자하지 않는다. 전통 보험은 위험을 보험회사에 전가하지만 타카풀은 위험을 공유한다.

• 리타카풀(Re-takaful) 시장

타카풀의 공신력과 보장성을 높이기 위해 리타카풀이 운영되고, 대부분 세계적인 재보험회사들이 리카타풀을 운영하고 있다. 리타카풀의 경우 계약제와 임의제가 있는데, 계약제 리타카풀은 매년 보험회사와 재보험회사 간 합의한 금액을 재보험회사가 지급하는 조건으로 계약한다. 임의제는 기간을 기준으로 계약을 하는 것이 아니라 경우에 따라 임의 기간 동안에 특정 리스크에 대한 보험에 가입하는 것이다.

* 출처: Fatawa Majmu' al-figh al-Islami1, Sharikah matabi' al-Sudan lil'umala al-mahdudah, 2011, p.277-278; http://www.kiep.go.kr/skin.jsp?num=185555&mode=viewjoin&grp= koipe&bid=Poo l0206; http://www.kiri.or.kr/pdf/%EC%A0%84%EB%AC%B8%EC%9E% 90%EB%A3%8C/KIRI _20090519_142141.pdf

◆ 기관의 노조위원회가 설립한 상조기금에 대한 판단

질문 우리는 한 기관의 노조위원회입니다. 우리는 '직원을 위한 상조기금'을 설립하였습니다. 설립 목적은 장례 비용과 사망한 동료 조합원의 상속인들에게 부조금을 지불하기 위함입니다. 이 기금은 매달 조합원들의 기부금으로 운영되고, 위원회는 사망한 조합원이 상속인들에게 1,500디나르를 제공하거나, 기금 가입자가 가입시 작성한 바에 따라 금액이 정해집니다. 이런 행동은 샤리아 상으로 합법적인가요?

위원회는 기금 사용이 기부자가 낸 금액에 적당하게 사용하고 있는지에 대한 관리를 할 자격이 있습니까? 일부 조합원의 경우 장례 비용이 1,500 디나르보다 적은 경우도 있습니다.

파트와　질문에서 말씀하신 것은 타카풀 상조 보험 중 하나입니다. 이는 샤리아 상으로 합법적일 뿐 아니라 권장되는 것입니다. 이는 선과 효가 포함된 상조입니다. 이에 대해 알라께서 "정의와 신앙을 위해 서로 협동하라, 그러나 죄악과 증오에는 협조하지 말고 알라를 두려워해라. 알라께서 엄한 벌을 내리실 것이라"〈마이다(5)장 2절〉라 하셨고, 예언자께서는 "성전에서 아시리안 사람들이 전투를 할 때 음식이 모자라거나, 또는 메디나에서 부양가족을 위한 음식이 부족할 때, 하나의 천에 너희들이 가진 것을 다 모은 후 똑같이 한 그릇씩 나눠라. 너희와 우리는 한편이기 때문이다"라고 말했습니다.

분명한 것은 조합원들이 이 계약에 의해 기금에 내는 돈은 선의의 기부여야 한다는 것입니다. 기금의 목적에 따라 돈을 지불할 때도 기부에 의한 것이어야 합니다. 기금에서 남는 금액은 효를 위해 사용하면 됩니다. 모든 일을 행할 때 기금 지출 내역을 조합원들에게 알려야 합니다. 그래야 조합원들 간에 갈등과 분쟁을 막을 수 있습니다.

이렇게 상조와 타카풀 보험에 입각한 모든 기금들은 이슬람회의기구에서 조직된 이슬람 피끄흐 아카데미가 허락한 것입니다. 그러므로 이 기금에 참여하는 것에 대해 반대하지 않습니다

장례시 발생할 수 있는 몇몇 위반 사항들에 대해 앞서 우리 사이트에 명시해 두었습니다. 이 중에는 낭비와 사치, 음식 장만을 위해 유족들의 비용 지출 등이 있습니다. 이런 곳에 돈을 낭비하는 것을 피해야 합니다. 이와 관련된 파트와 559편을 참고하세요.

* 출처: http://aliftaa.jo/Question.aspx?QuestionId=2692#.U2UaYGW_mM8

◈ 생명보험과 재산보험에 대한 판단

질문　생명보험과 재산보험에 대한 판단은 무엇입니까?

파트와　생명보험은 허용되지 않습니다. 왜냐하면 생명보험 가입자에게 죽음의 천사가 왔을 때 그의 죽음을 보험회사에 맡길 수 없기 때문입니다. 이것은 잘못되고 어리석은 판단이며, 목숨을 알라가 아닌 회사에 의

존하는 것입니다. 가입자가 사망하면 회사는 가입자의 상속자들에게 보험금을 지급할 것입니다. 이것은 알라 이외의 대상에 의존하는 것입니다.

생명보험은 사실상 도박의 일종입니다. 알라께서는 코란에서 도박을 우상숭배와 화살점으로 운세를 보는 점술, 술과 동일시하셨습니다. 만약 인간이 보험 비용을 납부한다면 수 년 동안 지불할지도 모르고, 손해를 볼 수도 있습니다. 가입자가 곧 죽는다면 회사가 손해를 보게 됩니다. 이익과 손실 사이에 이루어지는 모든 계약은 알마이사르(도박)입니다.

* 출처: al-Fatāwa al-Shar'iyyah fī al-Masā'il al-'aṣriyyah min Fatāwa 'ulamā' al-Balad al-Ḥarām, p.1197.

◈ 재산보험에 대한 판단

질문 저는 손해보험에 가입할 수 있다고 들었습니다. 보험사는 재산에 손실이 있을 경우 보상을 지불합니다. 이 보험에 대한 판단을 내려 주시기 바랍니다. 보험에서 무엇이 허용된 것이고, 무엇이 허용되지 않은 것입니까?

파트와 보험의 의미는 다음과 같습니다. 누군가가 발생가능한 사고에 대해 보험회사로부터 보장받기 위해 월 단위, 혹은 연 단위로 보험료를 납부하는 것입니다. 보험료를 납부하는 사람은 어떤 경우이든 손해를 봅니다. 회사는 수익을 얻을 수도 있고, 손해를 볼 수도 있습니다. 만약 가입자가 지불했던 것보다 사고가 크게 발생한다면 회사는 손해를 봅니다. 반대로 보험가입자가 납부한 것보다 적은 보상금을 받을 규모의 사고가 일어났거나, 사고가 실제로 발생하지 않는다면 회사는 수익을 얻게 되고, 보험 가입자는 손해를 봅니다. 따라서 보험계약이란 보험가입자가 수익과 손해 사이에 위치하게 되는 것으로, 이는 알라께서 코란에서 금했던 도박의 일종입니다. 알라께서는 도박을 술과 우상숭배와 동일시했습니다. 따라서 위와 같은 보험은 금지됩니다. 가라르에 기초한 보험은 허용되지 않습니다. 모든 보험은 하람입니다. 아부 후라이라의 하디스에 따르면 예언자 무함마드는 "가라르 판매를 금했다"[1]라고 말했습니다.

* 출처: al-Fatāwa al-Shar'iyyah fī al-Masā'il al-'aṣriyyah min Fatāwa 'ulamā' al-Balad al-Ḥarām, p.1197.

1_ Muslim, 5/3.

◈ 보험은 도박의 일종이다

질문 저는 제 소유의 자가용과 운전 면허증, 공장에 대한 보험계약을 체결하고, 보험료로 일정 금액을 납부하려 합니다. 보험회사는 계약에 따라 사고 발생시 일정 금액을 저에게 지불할 것입니다. 제 형제 중 한 명이 이 계약은 허용되지 않은 것이라고 말했습니다. 저는 이 계약을 허용하는 파트와가 내려지지 않을 경우, 계약을 체결하지 않을 것입니다.

제가 겪는 이 문제를 명확하게 해 줄 판단과 제가 알고 있는 많은 사람이 겪고 있는 일에 대해 허용된 것과 금지된 것을 밝혀 주십시오. 그리고 이에 대한 권고를 바랍니다.

파트와 이런 종류의 계약은 상업 보험과 도박의 일종입니다. 최고 학자 위원회가 이 계약을 금지하는 결정을 내렸습니다. 이 계약이 가라르와 도박의 성격을 가지고 있기 때문입니다. 알라께서는 "믿는 자들이여 술과 도박과 우상숭배와 점술은 사탄이 행하는 불결한 것들이거늘 그것들을 피하라. 그리하면 너희가 번성하리라"〈마이다(5)장90절〉라고 말씀하셨습니다. 알마이시르[2]는 도박입니다. 당신은 이 계약을 그만두고 경계해야 합니다. 그리고 알라께서는 "정의와 신앙을 위해 서로 협동하라"〈마이다(5)장 2절〉, "남녀 신앙인들은 서로가 서로를 위한 보호자라 그들은 선을 행하고 사악함을 멀리하며"〈타우바(9)장 71절〉라고 말씀하셨습니다.

* 출처: al-Fatāwā al-Sharʿiyyah fī al-Masāʾil al-ʿaṣriyyah min Fatāwā ʿulamāʾ al-Balad al-Ḥarām, 1198.

◈ 허용된 조합보험과 금지된 상업보험 간의 차이

질문 오늘날 일부 보험회사는 보험을 허용하는 파트와가 있다고 말합니다. 일부 회사들은 "자동차를 판매하게 되면 당신이 자동차 보험으로 납부한 것이 반환된다"라고 말하기도 합니다. 이 보험에 대한 판단은 무엇인가요?

파트와 보험에는 두 종류가 있습니다. 최고학자위원회는 수년 전부터 보

2_ 이슬람 이전부터 아라비아 반도에서 행해지던 놀이이다. 긴 화살대에 깃털이 부착된 여부에 따라 당첨자를 뽑는 오락이다. 주사위 놀이나 도박처럼 사행성이 있는 놀음으로 간주된다.

험을 연구했고, 결의안을 발표했습니다. 그러나 많은 사람들은 보험이 금지된 것 가운데 허용된 것이라고 애매하게 말하거나 허용된 것을 금지된 것이라고 주장함으로서 사람들을 혼란에 빠트리곤 합니다.

허용된 협력보험은 다음과 같습니다. 단체로 협력보험에 가입해서 싸다까, 사원 건설, 빈민층 돕기 등을 위해 일정 금액을 납부하는 것은 허용됩니다. 많은 경우에 이를 명분으로 내세워 상업 보험을 정당화하기도 합니다. 이것은 잘못된 것이고, 사람들을 현혹하는 것입니다.

상업 보험의 예는 다음과 같습니다. 어떤 사람이 자동차나 해외에서 수입된 상품에 대해 보험을 듭니다. 보험계약 기간 내내 사고가 나지 않을 수 있습니다. 그러면 보험회사는 돈을 부당하게 취하게 되는데, 이것은 마이시르의 일종입니다. 알라께서는 "믿는 자들이여 술과 도박과 우상숭배와 점술은 사탄이 행하는 불결한 것들이거늘"〈마이다(5)장 90절〉이라고 말씀하셨습니다.

요약하면 조합보험은 사람들이 모여 샤리아상 선행의 목표인 빈곤층과 고아를 돕고, 사원을 건설하고, 그 밖의 선행을 위해 일정한 현금을 갹출하는 것입니다.

우리는 독자들을 위해 상업보험과 조합보험에 대한 학술연구 및 이프타 상임위원회의 파트를 배포하고자 합니다.

파트와의 내용은 다음과 같습니다.

최고학자위원회는 모든 종류의 상업보험을 금하는 결의안을 발표한 바 있습니다. 상업보험은 큰 피해와 위험 요인을 안고 있으며, 부당하게 사람들의 돈을 취합니다. 이는 샤리아가 금하고 전면 금지하는 일입니다.

최고위원회는 조합보험을 허용하는 결의안을 발표했습니다. 조합보험은 독지가들의 기부로 이루어지는 것이고, 도움이 필요하거나 재해를 당한 사람들을 돕기 위한 것입니다. 그리고 보험 가입자에게 자본, 수익, 투자 이익이 전혀 배당되지 않습니다. 가입자는 필요로 하는 사람을 도우면서 알라의 보상을 의도한 것이지 세속적인 이익을 도모한 것이 아닙니다. 코란에 "정의와 신앙을 위해 서로 협동하라 그러나 죄악과 증오에는 협조하지 말고"〈마이다(5)장 2절〉라고 언급되어 있습니다. 그리고 예언자는

"알라께서는 누구든지 도움이 필요한 형제를 돕는 자를 도우신다"라고 말했습니다. 〈무슬림 전언〉

그러나 최근 일부 기관과 회사의 주장은 사람들을 모호하게 하고 사실을 왜곡합니다. 사람들은 금지된 상업보험을 조합보험이라고 생각하고, 이 상업보험을 허용하는 것이 최고학자위원회에 의한 것이라고 말합니다. 이것은 사람들을 현혹시키고 보험회사를 선전하는 것입니다. 최고위원회는 이 같은 일에 결백합니다. 위원회의 결정은 상업보험과 조합보험을 분명하게 구분하고 있습니다. 명칭을 바꾼다고 해서 사실이 바뀌지 않습니다. 위원회의 결정은 사람들에게 판단 내용을 알리고, 혼란스러운 것을 명확하게 하고, 거짓과 날조를 밝히기 위한 것입니다.

* 출처: al-Fatāwa al-Shar'iyyah fī al-Masā'il al-'aṣriyyah min Fatāwa 'ulamā' al-Balad al-Ḥarām, p.1199.

◈ **건강보험에 대한 판단**

질문　사우디 통신사 이사회는 회사 직원, 배우자 및 자녀 치료를 위해 한 보험회사와 상호계약을 맺었습니다. 이 통신사는 보험금을 할부로 납부합니다. 다음과 같은 경우에 대해 질문하고자 합니다.

1. 통신사 이사회가 보험 회사와 계약을 체결할 수 있습니까? 이사회는 연 가입료를 할부로 납부합니다. 이때 일년 내 개인 치료 비용이 연 가입료보다 높거나 낮은 것은 문제가 되지 않습니다.

2. 통신사 직원이 통신사 이사회와 보험회사 간 체결된 계약에 따라서 제공된 치료 혜택을 누릴 수 있나요? 직원들은 계약금이나 보험료를 납부할 의무가 없습니다.

파트와　언급된 의료 보험은 샤리아상으로 금지된 상업보험의 일종입니다. 의료보험은 속임수이자 도박이며, 부당하게 금액을 취하는 것입니다. 최고학자위원회는 상업보험을 금하는 결의안을 발표했습니다. 그래서 사우디 통신사는 계약을 진행할 수 없고, 직원들은 이 계약으로 인한 혜택을 얻거나, 계약조차 할 수 없습니다. 우리는 당신에게 이에 관해 발표된 파트와를 동봉합니다.

* 출처: al-Fatāwa al-Shar'iyyah fī al-Masā'il al-'aṣriyyah min Fatāwa 'ulamā' al-Balad

al-Ḥarām, p.1200.

◆ **사회보험에 대한 판단**

질문   중요한 문제에 대한 판단을 바랍니다. 이 문제는 위험보험에 관한 것입니다. 사회보험 공사는 개인기업과 회사가 위험보험에 가입하지 않도록 합니다. 무역기업이든 서비스 기업이든 관계없습니다. 기업의 근로자들은 위험에 노출될 수도 있습니다. 개인기업은 사회보험 공사에 매달 보험료를 납부해야 합니다. 헤지라력 1397년 4월 4일 리야드에서 개최된 제 10차 최고학자위원회가 제55호 결의안으로 낸 파트와에 따르면 어떤 형태의 보험이든 금지된 것이며, 이 보험은 의심스러운 것 중 하나이고, 금지된 계약의 일종입니다. 이 파트와는 이슬람 샤리아 위원회의 세계무슬림연맹 본부 메카에서 개회된 제1차 회의 결의안을 지지했습니다.

　이 보험공사가 요구한 보험은 근로자에게 위험의 성격이나 형태, 근로자에 어떤 영향을 미치는지 알 수 없는 위험을 가정하는 것에 기초합니다. 공사는 매달 보험료 납부를 요구합니다. 이 계약에는 쌍방간 금전 거래에서 발생할 수 있는 폐단이 만연합니다. 이것은 지나친 가라르 계약입니다. 왜냐하면 위탁자는 계약 기간을 알지 못하고, 위험이 언제 발생할지도 모릅니다. 그래서 직원이 이 회사에서 일하는 동안 매달 보험료가 분납됩니다. 또한 공공 보험기관은 모든 직원에게 제공되는 것과 모든 종류의 위험을 규정할 수 없습니다. 이 보험은 형사 처벌대상일 수도 있습니다. 이 계약에는 리바 알파들과 리바 알나시아와 유사한 것이 발생할 수 있습니다. 만약 기관이 직원이나 그 상속자들에게 지불된 현금보다 더 많은 금액을 지불한다면 리바 알파들이 발생하게 됩니다. 그러나 기관이 직원에게 일정 기간 지난 후 보험금을 지불하게 되면 리바 나시아가 발생합니다. 이 계약은 도박성 리바입니다. 이 계약에는 무지함, 가라르가 있어, 도박의 일종입니다. 그리고 대가 없이 공사의 소유주로부터 돈을 취하는 것이고, 강제성이 있지만 샤리아상 의무는 아닙니다. 무프티님, 공사는 무프티님이 보험규정을 검토했다고 주장했습니다. 그래서 이 계약은 허용된 것이고, 보험체제에서 나온 것이기 때문에 금지된 것이 아니라고 말합니다. 무프티님은 이 체제를 검토했고, 체제를 승인했습니다. 최고학자위원회와 국제 피끄흐 아카데미의 결의에 따르면 모든 형태의 보험이 금지되었습니다. 따라서 기관의 주장은 이 결의를 위반하는 것입니다. 이에 관한 파트와를 내려 주시길 바랍니다. 사회보험공사의 제27항 - 37항에 따라 산재보험이 허용됩니까? 허용되지 않을 경우, 제가 보험에 가입한 것은 금지된 일을 저지르는 것입니까? 왜냐하면 이 공사는 정부 당국이고, 개인은 이를 따르지 않을 수가 없기 때문에 저에게는 선택의 여지가 없습니다.

파트와　1. 무슬림은 발생할지도 모르는 질병에 대해 보험에 가입하는 것이 허용되지 않습니다. 보험에 가입하는 장소가 무슬림 국가이든 비무슬림 국가이든 관계없습니다. 이 보험은 지나친 가라르와 도박의 일종입니다.

2. 무슬림은 신체나 재산, 자동차 그 밖의 것에 대해 보험 가입을 할 수 없습니다. 무슬림 국가이든 비 무슬림 국가에서든 마찬가지입니다. 왜냐하면 이 보험은 상업보험의 일종이기 때문이고, 금지된 것이기 때문입니다. 그리고 지나친 가라르와 도박에 포함되기 때문입니다.

* 출처: al-Fatāwa al-Shar'iyyah fī al-Masā'il al-'aṣriyyah min Fatāwa 'ulamā' al-Balad al-Ḥarām, p. 1202.

◈ 생명 보험에 관한 건

질문　요르단 전기 회사에 있는 생명보험 기금에 대한 판단은 무엇입니까?

파트와　기금 관련 계약에 대한 검토 끝에 우리는 이 보험 기금이 회사 구성원들을 위한 타카풀 보험이나 상조보험 계약이라는 것을 알았습니다. 이는 회사 구성원들이 근로 기간 중 발생할 수 있는 적자에 대한 비용을 메워 주거나, 사망한 사람의 경우 상속자들에게 이 기금이 제공되기도 합니다. 직원이 아프거나 사망하면 이 기금이 할당해 놓은 일정한 금액을 받게 됩니다. 그러므로 이는 허락된 상조보험입니다. 알라께서 말씀하시길 "정의와 신앙을 위해 서로 협동하라, 그러나 죄악과 증오에는 협조하지 말고 알라를 두려워해라. 알라께서 엄한 벌을 내리실 것이라"〈마이다(5) 2절〉라고 했습니다. 우리는 이를 "상조보험 기금"이라고 명명하여, 이와 유사한 것과 구분하기를 제안합니다.

* 출처: http://aliftaa.jo/Question.aspx?QuestionId=2054#.U2UWxGW_mM8, 2014.5.4. No.2054.

◈ 이슬람 사원에 대한 보험 가입 가능여부

질문 여러 종류의 보험에 대한 판단은 무엇입니까? 모스크보험은 가능한 것입니까? 특히 이곳 영국에서는 주택 훼손, 주택 방화 등 많은 사고가 발생하고 있습니다. 기독교인과 일부 무종교인들은 무슬림에게 앙심을 품습니다. 그래서 모스크에 불을 내기도 합니다. 그렇다면 모스크보험은 가능한 것입니까? 왜냐하면 이곳 정부는 화재 피해를 받은 사람에게 보상을 해 줍니다. 차량 보험도 마찬가지입니다.

파트와 상업 보험은 생명, 상품, 차량, 부동산 보험에 관계 없이 모두 금지된 것입니다. 모스크나 종교재산이라도 마찬가지입니다. 왜냐하면 보험에는 미지, 불확실성, 도박, 리바와 경계해야 할 것들이 포함되어 있기 때문입니다.

* 출처: http://www.alifta.com/Fatawa/FatawaChapters.aspx?languagename=ar&View=Page&PageID=5657&PageNo=1&BookID=3, 2013.12.24, No.4900.

◈ 보험회사에서 손상된 자동차를 구매하는 것에 대한 판단

질문 사고 차량을 보유한 보험회사가 이 자동차들을 판매용으로 내놓았습니다. 이 자동차들은 피보험자의 자동차로 알려져 있습니다. 정황상 사람들은 이 자동차를 대가로 보험금을 받고, 회사에 자동차를 양도한 것으로 보입니다. 이 보험회사로부터 자동차를 구매하는 것에 대한 판단은 무엇입니까? 구매한다면 보험회사에게 이 자동차 입수 경위와 안전성에 대해 물어봐야 하나요? 보험회사가 이 같은 방식으로 자동차를 보유하는 것이 구매 결정에 영향을 끼치나요? 참고로 사람들은 회사가 아닌 자신들의 이름으로 작성된 서식을 회사에 제출했습니다.

파트와 모든 형태의 상업보험은 하람입니다. 보험 계약으로 회사가 얻은 자동차를 구매하는 것은 허용되지 않습니다. 왜냐하면 회사는 샤리아상으로 소유주가 아니기 때문입니다.

* 출처: al-Fatāwa al-Shar'iyyah fī al-Masā'il al-'aṣriyyah min Fatāwa 'ulamā' al-Balad al-Ḥarām, p.1205.

◈ **보험 속임수에 대한 판단**

> 질문　리야드 신문에 전단지가 포함되어 있는데, 그 내용은 리바 종류와 어떻게 리바가 이루어지는지에 대해 알지 못하는 사람들을 속이는 리바 광고입니다. 광고를 보면 매일 1리알씩 납부하면 사고를 당했을 때 손해에 대한 보상을 받을 수 있다는 것입니다. 반대로, 다른 사람에게 피해를 입혔을 경우에 보장된다는 것입니다. 그러나 여기에는 여러 폐단이 있습니다.
> 1. 매일 1리얄을 내면서 생명을 가볍게 여기게 됩니다.
> 2. 부당하게 남의 돈을 취하는 것입니다. 이것은 알라가 금하신 리바 종류 중 하나로 처벌을 불러옵니다. 믿는 자들의 어머니인 자이납 빈트 자흐슈가 "예언자여, 우리 가운데 경건한 자들이 있다 할지라도 우리가 파괴될 수 있나요?"라고 묻자 예언자는 "그렇다. 만약 악의 무리가 지배하게 된다면 그럴 것이다"라고 대답했습니다.〈부카리 전승〉그래서 이 문제에 대해 질문을 드립니다.

> 파트와　이것은 샤리아상 금지된 상업보험의 일종입니다. 금지된 상업보험은 지나친 가라르와 도박, 금지된 내기를 포함하고 부당하게 사람들의 돈을 취하기 때문입니다. 최고학자위원회의 결정에 따르면 모든 형태의 상업보험이 금지됩니다. 무슬림들은 상업보험에 가입해서는 안 되고, 보험회사는 보험 모집을 철회해야 합니다. 언론도 이 보험을 선전하거나 광고해서는 안 됩니다.

* 출처: al-Fatāwa al-Shar'iyyah fī al-Masā'il al-'aṣriyyah min Fatāwa 'ulamā' al-Balad al-Ḥarām, p.1205.

◈ **상업보험 회사에서 종사하는 것에 대한 판단**

> 질문　저는 이집트보험회사(생명보험)에서 1981년부터 회계사로 근무했습니다. 저는 월급, 월 인센티브, 추가 급여, 상여금을 받고 있습니다. 먼저 여기에서 일하는 것에 대한 종교적 판단은 무엇입니까? 그리고 앞서

언급한 급여에 대한 판단은 무엇입니까? 제 급여가 할랄이 아니라면 제가 일한 기간 동안 제가 모은 돈에 대한 판단은 무엇입니까? 저는 이 돈으로 순례를 하고 알라께 기도하고 죄악으로부터 구원 받고 싶습니다. 가능하면 빨리 대답해 주셨으면 합니다. 저는 매우 걱정스럽습니다.

파트와　생명보험은 상업 보험의 일환으로서, 금지된 것입니다. 이는 무지와 가라르를 포함하고 부당하게 돈을 취하기 때문입니다. 그러므로 이 회사에서 일할 수 없습니다. 죄에 조력하는 것이기 때문입니다. 알라께서는 "정의와 신앙을 위해 서로 협동하라 그러나 죄악과 증오에는 협조하지 말고"〈마이다(5)장 2절〉라고 이를 금하셨습니다.

급여와 당신이 회사에서 일하면서 받은 돈을(이) 하람이란 것을 알기 전에 사용한 것은 문제 되지 않습니다. 알라께서는 "주님의 말씀을 듣고 고리업을 단념한 자는 지난 그의 과거가 용서될 것이며 그의 일은 알라와 함께하니라 그러나 고리업으로 다시 돌아가는 자 그들은 불지옥의 동반자로서 그곳에서 영주하리라"〈마이다(5)장275절〉라고 말씀하셨습니다.

* 출처: al-Fatāwī al-Sharʿiyyah fī al-Masāʾil al-ʿaaṣriyyah, Maktabah al-Malik Fahd al-Waṭaniyyah, p.1210.

◈ 셰이칸(Sheikan)사의 중개로 이루어지는 순례자 보험에 대한 판단

질문　'알하야' 일간지의 여성 기자 중 한 명이 이슬람 피끄흐협회 사무총장에게 순례위원회가 셰이칸사와의 협력으로 시행하는 보험에 대한 이슬람의 견해를 구했습니다. 관련 정보는 다음과 같습니다.

1. 순례위원회는 대순례객과 소순례객이 보험료로 3,500디나르[3]를 지불하는 것을 의무화하고 있다.
2. 혹자는 순례객들이 아니라 '순례기금'에 귀속된다.
3. 그 보험은 생명·상해 보험이다.

파트와　이슬람 보험의 사실과 파트와 요청에 대한 판단

수단의 회사들이 취급하는 이슬람 상호보증은 할부 기부에 기반하고 있습니다. 판단은 샤리아 협회들과 기관들에서 나온 파트와에 근거하여 이

3_ 이 파트와가 제출될 당시 통화단위는 디나르였다. 현재는 주나이흐로 바뀌었다.

루어집니다.

그중에는 제다에 위치한 국제 이슬람 피끄흐협회의 파트와가 있습니다. 그중에는 수단은행 및 금융기관감시 고등 샤리아 위원회의 파트와가 있습니다.

이 파트와들은 2003년 수단 보험 및 상호보증법에 의거합니다. 이 법의 제4조에 "가입자는 보험회사에게 기부의 형식으로 일정 금액을 지불한다"라는 내용이 있습니다.

1. 앞의 내용에 따라 순례자가 3,500디나르의 보험료를 지불하는 것은 의무적으로 내는 비용이기에 허용되지 않습니다.

2. 이슬람 협력보험사의 흑자는 이슬람 보험약관에 따라 가입자 보험증서 소지자의 권리입니다. 전부 혹은 일부를 가입자들에게 돌려주어야 합니다. 또는 향후 발생할 수 있는 적자에 대비하여 모두 비축해야 합니다. 행정위원회의 결정에 따른 것입니다.

3. 샤리아 상으로 금지된 생명보험은 상업 생명보험입니다. 1992년 이전에 수단의 상업 보험회사들이 취급하던 보험입니다. 이것을 질병이나 사망 시 기부에 토대를 둔 타카풀이 대체했습니다. 이것은 샤리아 상으로 허용되는 것입니다.

협회는 순례청이 셰이칸사와의 협력으로 1426년 대순례 때 시행한 순례자의 보험료 납부 의무화가 셰이칸사의 샤리아감독위원회에서 다수결로 나온 파트와에 기반하고 있었다는 점을 알려드리고 싶습니다.

이슬람 피끄흐협회는 셰이칸사의 파트와가 공인된 샤리아 위원회의 독자적 판단이었다고 보고 있습니다. 하지만 이 독자적 판단은 실정법과는 상치합니다. 2003년 보험, 상호보증법은 보험료가 기부의 형태로 납부되어야 한다고 명시하고 있기 때문입니다.

이 파트와는 가능한 순례자에게 3,500디나르의 비용을 의무화한 것 말고는 손실을 일으키지 않았습니다. 그리고 무엇보다도 사망 혹은 부상을 당한 많은 순례객들을 크게 도와주고 있습니다.

셰이칸사는 계약 내용을 수정했습니다. 거기에 보험료는 기부의 형태로 지불한다고 명시돼 있습니다. 다른 모든 보험료와 동일한 형태입니다. 이것은 이슬람력 1427년부터 시행돼야 하는 것입니다.

1426년의 계약에 대해 말하자면, 그것은 과거의 파트와에 따른 것입니다. 칼리파 우마르는 공통의 사안에서 다음과 같이 말했습니다. "그것은 우리가 결정한 것이다. 그리고 이것은 우리가 결정하는 것이다." 이슬람 피끄흐 위원회는 모든 능력 있는 순례자들에게 이 상호보증사업에 부담 없이 가입할 것을 촉구하고 있습니다. 왜냐하면 이 사업은 모든 무슬림의 이익을 위한 것이기 때문입니다.

* 출처: Fatāwa Majmu'i al-Fiqh al-'islāmī, p.258.

◈ 고아기금 관리 · 개발에 관한 샤리아의 판단

질문   고아기금 관리 · 개발 기관의 증권거래자 상호보험의 지침에 관한 샤리아 상 판단은 무엇입니까?

파트와   이프타 협의회는 이러한 종류의 보험이 샤리아 상으로 가능하다고 판단합니다. 보험의 형태는 단체의 구성원이 일정 금액을 기부 형식으로 제공하는 것입니다. 이 금액을 특별 기금이나 계정에 귀속시킵니다. 이 기금은 사고를 당한 구성원을 위해 사용합니다. 이는 협력의 원칙에 기반하고, 이 원칙은 이슬람 샤리아와 일반 규칙이 결정한 것입니다.

알라께서 "정의와 신앙을 위해 서로 협동하라 그러나 죄악과 증오에는 협조하지 말고 알라를 두려워하라 알라께서 엄한 벌을 내리실 것이라" 〈마이다(5)장 2절〉라고 말씀하셨습니다.

코란의 이 구절은 이슬람 거래법을 말합니다. 이슬람 거래법은 실수로 사람을 죽인 범죄자의 친척들이 희생자 가족에게 속량금을 지급할 때 협력하는 것입니다. 상호보험은 채무자 사망 시 기금에 가입된 채무자 가족의 부담을 덜어 줍니다. 가족이 채무 이행을 하지 않도록 하고 빚은 면제되도록 합니다. 상호보험은 기관의 기금이 줄어들지 않게 유지합니다. 기금은 가입자 사망 시 가입자의 채무 이행을 보장합니다.

이 결정은 이슬람연구단이 제2차 회의(이슬람력 1385년 1월, 아즈하르)에서 결론 지은 바와 일맥상통합니다. 그리고 피끄흐 회의(이슬람력 1399년, 메카)와 많은 현대 이슬람 학자들이 결론지은 바와 동일합니다.

◈ 이슬람 보험회사와의 거래

질문　이슬람 보험회사와의 거래에 관한 판단은 무엇입니까?

파트와　이프타 위원회가 이슬람 보험회사와 거래 형태의 기본법을 발표한 이후, 위원회는 이 형태가 샤리아 상으로 허용되는 상조보험법에 포함된다고 언급했습니다. 하지만 회사는 거래 시 재보험 회사들의 재보험 규정에도 따릅니다. 회사는 거래할 때 이슬람 샤리아 규정을 준수하지 않아도 됩니다. 이슬람 보험회사는 보험분야에서 일하기 위해 어쩔 수 없이 재보험 회사의 재보험에 가입합니다. 이로 인해 이슬람 재보험 회사가 계속 존재합니다. 그러므로 이 상황에서 재보험은 강제성을 완화할 필요가 있다고 생각됩니다.

이에 학자들은 현실적으로 이러한 필요를 충족시키지 않기란 매우 어렵다고 판단합니다.

그 필요가 국민 전체를 포괄하는 공적 필요인지 특정 지역 주민이나 일정 직업 종사자 같은 특정 계층에게 필요한 사적 필요인지 여부에 관계없습니다. 이것의 목적은 개인적인 것이 아닙니다.

위원회는 이슬람 보험회사가 국제적 수준의 이슬람 재보험 회사를 만들 필요성에 대해 지적하고 있습니다. 또한 위원회는 샤리아 감시위원회에 반드시 필요할 때를 제외하고는 재보험에 의존하지 말 것을 강조했습니다.

* 출처: Qararat Majlis al-'ifta' al-'urdunni, 2009, p.97.

• 알까다리프 주(Al-Qadarif State) 시장의 일부 부정적 금융현상에 대한 판단

알까다리프 주 시장의 부정적 금융 관행에 관해 2007년 7월 29일 파트와를 요청받은 데 근거하고, 관할 당국이 임명한 위원회의 현지 조사를 위한 해당지역 시찰 결정에 의거하여, 앞서 담당 위원회가 제출한 보고서에 대한 검토작업이 이루어진 후, 관할 당국은 다음과 같이 결정한다.

1. 타카풀 조항으로 분류된 거래들

(1) 어음 판매

본 거래에서 자신 명의의 어음을 발행했던 개인은 어떤 이유에서건 만기가 닥쳐오기 전에 제3자에게 원가보다 더 낮은 금액으로 어음을 매각한다. 그리고 만기가 되면 구매자가 어음의 금액을 완납한다는 조건으로 개인은 어음 금액의 일부를 수령한다. 곧, 구매자는 더 적은 금액을 지불하고 이보다 더 많은 금액을 수령하는 것이다.

상기 언급된 방식으로 거래를 하는 것은 허용되지 않는다: 리바가 금지되기 때문이다.

(2) 실재하지 않는 상품에 대한 판매

상품이 없는 상태에서 영수증으로만 판매하는 경우에는 이 거래에서 판매자는 상품을 소유하고 있지 않은 상태에서 제3자에게 후불로 상품을 판매한다. 즉, 구매자에게 상품금액에 대한 영수증을 주는 방식이다. 이 경우, 판매자 측 중개인들은 구매자가 상품을 구매한 가격보다 작은 액수로 구매자의 영수증을 구매한다. 원판매자가 금액을 수령하는 것이다. 곧 영수증은 1차 판매자에게 돌아가고, 1차 판매자는 매번 같은 방식으로 상품을 판매한다. 이 경우 구매자는 만기일에 구매 대금을 완납하여야 한다.

하기와 같은 이유로 위 거래는 샤리아상 허용되지 않는다.

① 위 거래는 일종의 소유하지 않은 것을 판매하는 행위로 금지된 것이다.

② 상품을 갖고 있다 하더라도 그 거래는 '이나'(외상으로 팔거나 사는 것)의 일종으로 간주된다.

(3) 상품을 2회 이상 판매하는 경우

판매자에게 특정 상품 이를 테면 설탕과 같은 특정 상품이 있다면 제3자는 이 상품을 판매자에게 후불로 하자고 요구한다. 이 경우 판매자는 제3자에게 상품을 판매하게 되는데, 이때 판매자와 상호 합의·동의된 중개인이 구매자로부터 이 특정 상품을 원가보다, 또 원 판매자가 제시한 가격 또는 관련 중개인이 제시한 가격보다 더 낮은 가격으로 구매를 한다. 위 두 경우 모두 중개인은 1차 판매자에게 이를 다시 돌려주고, 제3자에게 후불로 특정상품을 판매한다. 상품 구매자는 만기 시 구매가를 결제해야 한다. 마지막으로 상품은 원 판매자가 가지고 있으며, 상품에 대한 채무는 다수의 구매자가 공동으로 진다.

이러한 거래는 허용되지 않는다. '이나'의 일종이기 때문이다. 개별 중개인이 1차 합의자와 합의했다 하더라도 개별 중개인의 돈으로 상품을 구매하는 것은 아무런 의미가 없다.

(4) 자금 공급

이 거래에서 갑·을 쌍방은 투기하기로 합의하고, 갑이 자금을 대고 을이 업무를 담당하기로 하였다. 경영자가 해당기간 동안 보게 될 손익에 상관 없이, 일단 회사 설립이 완료되면 원금은 전액이 자금주에게 돌아간다.

상기 언급한 거래는 일종의 대부이기 때문에 허용되지 않는다. 대부는 금지된 리바 행위이다.

(5) 수표에 납입일 가격을 기재

특정 상품의 구매자(대부분의 경우) 농기계 정비를 위한 부품은 후불로 백지 수표를 발행하여, 납입일 가격을 수표에 기재한다.

이러한 거래는 허용되지 않는다. 향후 시가로 판매하는 행위로 판단되기 때문이다. 거래 쌍방에게 가격이 알려지지 않은 부분이 포함되어 있기 때문에, 이슬람 법학자들의 합의에 따라 이는 허용되지 않는다.

(6) 판매 시 물품 사용

이 거래에서 돈이 필요한 개인의 경우 상대방에게 후불로 상품을 요구할 수 있다. 그러면 판매자는 구매자에게 상품을 시가보다 더 높은 가격으로 판매하고, 구매자는 시장에 이 상품을 시가보다 낮은 가격으로 판매하게 되는 것이다. 다시 말해 구매자와 판매자 모두 손해를 본다. 알카다리프 주에서 이런 손실은 이미 증명된 바 있다. 알카다리프 주의 대다수 자산가들이 파산하기에 이르렀고, 많은 사람들이 같은 이유로 집과 금융자산을 잃었다.

위 거래는 일종의 타와르루끄에 해당한다. 타와르루끄에 대한 허용 수준은 이슬람 법학자들 간에도 다양한 의견이 있지만, 국제 이슬람 피끄흐 위원회에서는 이를 허용하였다. 만일 알카다리프 주의 손실 주장이 사실로 드러나면 책임자는 거래를 금지할 수 있다.

(7) 상품 매점매석

일부 상인들이 카르툼(Khartum)에서 특정 상품 가격이 올라갈 것이라는 정보를 갖고 있어, 시중에 나와 있는 이 상품 전량을 사재기하는 경우를 일컫는다. 이러한 행위는 타인이 새로운 가격에 대해 무지한 점을 이용하여타인에게 특정 상품을 새로운 가격으로 판매하는 것이다. 또는 카르툼에서 이 상품을 전량 사재기하여 부당하게 높은 이득을 얻게 된다는 것을 의미한다. 매점매석은 시장에서 무슬림 형제들에게 피해를 입히는 행위로서, 샤리아 상 허용되지 않는다.

(8) 상품 사기

하기의 형태로 정리할 수 있다.

중량할 목적으로 참깨에 모래를 추가하는 경우.

흙이 섞인 참깨를 질 좋은 참깨와 섞어 파는 경우.

저울을 발로 밟는 등 눈금을 올리려 다른 사물을 동원해 저울을 누르는 행위.

상기 명시한 거래 행위는 이슬람 샤리아 상 금지된 사기 행위이기 때문에 허용되지 않는다.

2. 자카트 납부 회피

(1) 농작물을 시장에 조금씩 내다 파는 행위

경작자가 자카트 의무를 회피할 목적으로 농작물을 시장에 조금씩 나눠 판매함으로써 매회 지불할 비용이 자카트 기본 금액에 못 미치도록 하는 것이다.[4]

(2) 만달라

경작자가 시장에서 자카트 대상으로 계산되는 휴대전화 대수를 줄일 목적으로 시장에서 평소보다 많은 휴대전화를 충전한 경우,

상기 언급한 거래들은 모두 금융 부문에 있어 알라의 뜻을 거스르는 것이며, 자카트 납부법을 위반하는 것이다. 그렇기 때문에 무슬림에게 이러한 행위는 허용되지 않는다.

(3) 좋은 품질의 농산품이 있음에도 불구하고 조악한 농작물을 자카트로 희사하는 경우, 이러한 거래는 2001년 제정된 자카트 법 1/27조 (라)항에 명백히 위배된다. 법은 다음과 같이 명시하고 있다: "곡식 또는 과실

4_ 일반적으로 곡물의 경우 다섯 포대 이상 판매해야만 자카트를 부과한다.

이 낮은 등급과 높은 등급으로 나뉘게 된다면 자카트를 회사할 때는 중간 등급으로 납부해야 한다." 즉 이는 수단의 자카트 준거법에도 위배되는 것이다.

(4) 경작자가 수확물을 모두 자카트로 회사하면 자카트 관리성으로부터 자카트 영수증을 받는다. 이후 농작물은 보관 창고로 보내 판매되기 시작한다. 이 기간 동안 노동자들이 이 농작물 중 일부를 소비하였거나 아랫사람을 통해 그 일부를 팔았다고 하면, 팔거나 소비한 만큼 농작물 자카트 영수증에서 이윤이 발생한다. 그렇게 되면 경작자는 자카트를 희망하는 자, 또는 농작물의 이동 또는 판매를 희망하는 자에게 자카트에 기반하여 판매하게 된다.

상기 거래에는 두 가지 문제가 있다. 판매자는 일부지만 카트 이행을 회피하였다는 점과, 구매자는 자카트 회사를 회피하는 데 가담했다는 두 가지 문제이다.

(5) 상인 또는 경작자가 전액 현금으로 자카트를 회사하였으나 자카트 관리성이 해당 자카트에 대한 실제 액수를 밝히지 않은 경우, 자카트 관리성은 이 자카트의 일부분을 내놓거나 그 나머지를 가난한 자들에게 지출한다.

이 거래는 2001년 자카트 법 제6항에 위배된다. 법은 다음과 같이 명시하고 있다. "자카트 관리성은 자카트를 징수하고 이를 관리하며, 분배할 책임이 있다.

(6) 자카트와 세금의 무분별한 책정과 관련하여 세금 징수관은 상인의 부채 여부에 상관 없이 창고와 점포에 있는 자산에 따라 자카트를 책정한다.

3. 양도에 관한 파트와

양도 규정에 반하는 것으로 다음과 같은 형태가 있다.

(1) 구매자가 물품을 구매하는 데 이동하는 거리가 상당할 때 인계인이 인수인에게 물품의 판매에 관한 전권을 부여하거나 물품을 인도하지 않은 상황에서 대금 지불이 이루어지는 사례가 간혹 발생한다. 이 경우 인수인은 인계인에게 이 사실을 알리고 판매에 관한 전권을 받아야 한다.

인수인이 양도물을 매각하는 권한을 가지며 인계인에게 물품 대금을 위임 없이 지불한다면, 이는 허용된다.

(2) 현 시가의 상태에서 양도물의 성격을 바꾸려 하는 경우, 이를테면 양도
물은 본래 옥수수가 자라던 곳이었는데 인수인계가 잘못되어 양측의 합
의 하에 현 시가로 참깨 밭으로 변경할 경우, 대금은 추후에 지불한다. 이
때 기한이 늦춰짐에 따라 품목 변경 역시 실패할 수 있다. 이렇듯 인수인
의 채무는 갈수록 늘어난다.

이슬람 법학자들은 다음과 같은 조건 하에 양도물 변경을 허용하였다.

(1) 본래 성질이 아닐 것

(2) 즉각 물품을 받고 대금을 치르는 절차가 이루어질 것

양도 기일을 늦추려는 술책은 허용되지 않는다.

(3) 납입일 가격에 따른 수표지불 방식을 통한 양도 보장

인수인은 인계인에게 백지수표를 발행한다. 정해진 기한 내에 양도물을
인계하지 못하였다면 양도물 소유주는 납기일을 기준으로 한 가격을 백
지수표에 기입한다.

이러한 거래는 물품 소유주가 납입일 가격에 따른 가격을 수표에 기재
하고 금액을 수령한다는 조건을 충족하면 허용된다. 이 경우 양도물은 시
장에서 구매가 가능하다. 만일 잔고가 없거나 부족하면 양도인은 기소 법
원에 수표를 제출할 수 있다.

* 출처: Fatāwa Majmuʻi al-Fiqh al-ʼislāmī, pp.277-278.

제7장

기타 거래

◈ 홍보용 경품에 대한 판단

질문　상업적 홍보와 판매 증가를 목적으로 제공되는 홍보용 경품에 대한 사안입니다.

마쌀라공학회사가 특정 클럽의 회원이나 영화 티켓 구매자들에게 제공하는 쿠폰을 추첨해서 경품 수령자를 결정합니다.

파트와　파트와 위원회는 여러분이 제기한 판단 요청에 대해 심사숙고했습니다. 그 결과 이러한 종류의 홍보용 경품이 샤리아 상으로 허용되지 않는다는 결론을 내렸습니다. 이것은 도박이기 때문입니다.

이 경우 대중들은 상품의 구매, 추첨용 쿠폰에 관련된 서비스로 경품 마련에 일정한 금액을 지출합니다. 하지만 경품은 구매자들 가운데 일부만 수령할 수 있습니다. 이것은 도박입니다.

* 출처: Fatāwa Majmuʻi al-Fiqh al-ʼislāmī, p.250.

◈ 푹스(Fuchs) 오일의 홍보용 경품에 대한 판단

본 기관은 언급된 신문에 게재된 광고를 보았습니다. 파트와 요청에 대해 심사숙고하고 연구한 후에 다음과 같은 견해에 도달했습니다.

푹스 오일 제품의 홍보는 회사의 결정에 따라 정해진 경품으로 제한된 기간 동안 총액을 알리고 광고하는 형태로 이루어집니다.

홍보 활동을 살펴보면 다음과 같은 사실이 눈에 띕니다.

1) 일정기간 동안 오일을 구매한 고객에게 일련번호를 부여하고 매달 추첨한다.

2) 경품의 수량은 4개로 제한된 반면 구매자 수에는 제한이 없다. 회사는 구매자 수를 늘리고자 한다. 구매자 중 4명이 당첨될 뿐, 모두가

당첨되는 것이 아니다.

3) 경품의 종류가 다양하다. 그래서 당첨자 중 일부는 타 당첨자에 비해서 상대적으로 가치가 적다는 사실을 알게 된다.

4) 매달 행해지는 추첨에서 당첨은 노력에 달려 있지 않다. 그저 운이 좋아야 한다.

위에 따르면, 이 홍보 행사는 도박의 일종입니다. 이는 또한 알라께서 코란에서 금지하신 마이시르입니다. 전능하신 알라께서 말씀하셨습니다. "믿는 자들이여 술과 도박과 우상숭배와 점술은 사탄이 행하는 불결한 것들이거늘 그것들을 피하라 그리하면 너희가 번성하리라."〈마이다(5)장 90절〉

이븐 압바스, 이븐 오마르, 아따, 무자히드, 따위스 등 많은 사람들이 말한 것처럼 마이시르는 도박입니다. 학자들은 모든 도박이 하람이라고 합의했습니다.

차별이 있고, 오일 구매가 참가 조건이고, 경품의 당첨이 추첨을 통해서 이루어지는 한 이 행사가 도박이라는 판단은 바뀌지 않습니다.

도박에 대한 판단은 차별적인 경품을 일정한 수의 참여자들에게 제공하겠다는 모든 광고를 대상으로 합니다. 이것은 추첨을 통해 이루어지는데, 다음과 같은 사례가 있습니다.

1. 매월 경품을 추첨한다며 제품을 광고한 도시바사는 2006년 2월까지 현대 아토스 경품 추첨. 이 광고는 2005년 9월 24일(이슬람력 1426년 8월 20일) 토요일자 '알라이 알얌' 일간지에 게재되었다.

2. 다이하쓰 사는 차라드(Charade)자동차를 경품으로 걸고 2005년 9월 27일(이슬람력 1426년 8월 17일) 수요일 자 '아크바르 알야움' 지(3933호)에 광고를 게재했다.

경품을 광고하는 신문이나 언론은 샤리아 상으로 금지된 것을 홍보하고 광고하는 것입니다. 이것은 샤리아가 배격하는 악입니다. 도박장을 홍보하고 광고하는 것과 다를 바 없습니다. 추가 비용이나 대가가 없다고 해도 이처럼 경품을 광고하는 것은 허용되지 않습니다.

* 출처: Fatāwa Majmu'i al-Fiqh al-'islāmī, p.251.

◈ 광고 캠페인 홍보에 대한 판단

질문 1. 카드의 뒷면을 긁었을 때 구매자가 충전 혜택과 선물 중 한 가지를 얻게 되는 특별 충전 카드 광고. 선물로는 회사의 로고와 FC바르셀로나의 엠블럼이 새겨져 있는 연필, 셔츠, 모자, 그리고 FC바르셀로나 경기 관람을 위한 스페인 여행 티켓 등이 있습니다.

2. 구매자가 카드를 통해서 무료통화를 얻을 수 있는 특별 충전 카드. 국내 및 해외통화 인터넷 서비스까지 사용 가능합니다.

3. 카나르 사의 전화 번호를 통해 퀴즈의 정답을 맞출 기회를 얻습니다. 사실 모든 수단인에게 참여 기회가 주어져야 하는 다양한 퀴즈임에도 카나르 사의 전화 번호로 한정 지어 정답을 맞춘 사람으로 국한시킵니다. 그리고 선물 중 하나를 수령할 당첨자를 추첨합니다.

선물 중에는 FC바르셀로나의 경기를 관전할 수 있는 스페인행 항공권이나 1항에서 언급한 선물 중 하나를 얻을 수 있습니다.

이 경품 행사에 관해 판단을 내려 주십시오.

파트와 1항과 3항의 내용은 도박이기 때문에 샤리아상으로 허용되지 않습니다. 2항의 내용에 대해서는 좀 더 자세한 설명이 필요합니다.

* 출처: Fatāwa Majmuʻi al-Fiqh al-ʾislāmī, p.253.

◈ 주주에게 수익률을 정하지 않은 회사에 투자

질문　아랍환과 외환을 사고 파는 회사가 있습니다. 이 회사는 주주들에게 돌아가는 수익률을 정하지 않았습니다. 이 수익은 회사가 내는 수익에 따라 증가할 수도 감소할 수도 있습니다. 이 회사에 투자하는 것에 대한 판단은 무엇입니까?

파트와　회사가 모든 거래에 있어서 이슬람 샤리야 법을 잘 준수하고 환전이 직거래로 이루어지고 있다면 이는 괜찮습니다. 그렇지 않으면 안 됩니다.

* 출처: Al-Fatāwi Al-Muʿāmalāt, Qism al-Fatwāa bi Maktab al-ʾftā Salṭanah ʿUmān, p.229.

◈ 증권회사 투자

질문　다양한 주식을 매매하는 방식을 통하여 증권 회사에 자금을 투자하는 것에 대한 판단은 무엇입니까? 이 자금은 수익이 발생할 수도, 손해가 발생할 수도 있습니다.

파트와　이 거래는 무지와 속임수가 포함되어 있습니다. 즉, 사람들은 이 주식의 가격이 언제 오르는지 언제 떨어지는지 모릅니다. 어떤 경우라도 가격은 오르거나 떨어집니다. 이는 수령하지 않은 것을 판매하거나 구매하는 것을 의미합니다. 그렇기 때문에 이 판매 방식에 따라 진행되는 이 거래는 금지된 것에 포함된다고 생각됩니다.

* 출처: Al-Fatāwi Al-Muʿāmalāt, Qism al-Fatwāa bi Maktab al-ʾftā Salṭanah ʿUmān, p.244.

◈ 협동조합이나 회사 투자

질문　상거래를 하고 있는 회사 혹은 협동조합에 주식을 투자하는 것에 대한 의견은 무엇입니까? 이 회사 업무 중에 아주 일부는 담배 판매가 있고, 샤리아상으로 금지된 품목을 금지된 목적으로 사용하는 물품들이 있습니다.

파트와　이 회사가 하는 일은 금지된 일에 가담하는 일이므로 주식에 투자하는 것은 안 됩니다.

* 출처: Al-Fatāwi Al-Mu'āmalāt, Qism al-Fatwāa bi Maktab al-'ftā Salṭanah 'Umān, p.230.

◈ 협동조합 혹은 학교 카페테리아에 투자

질문　학교들은 '협동조합'이라 부르고 일반인들은 '카페테리아'라고 칭하는 곳이 있습니다. 이곳은 학교 부속 기관으로 학생들에게 음식을 팝니다. 협동조합 혹은 카페테리아는 매년 연초에 학생들로부터 투자금을 모으고, 수익이 발생하면 학교 부설 운영기관과 학교와 자금을 투자한 학생들에게 일정 부분을 배당합니다. 또한 연말에 은행에 수익을 예치하여 학생들의 수익을 늘리기도 하고, 당초 투자액과 동일한 금액을 돌려받도록 하고 있습니다. 이러한 거래에 대한 판단은 무엇입니까?

파트와　리바를 피하지 않는 기관에 자금을 투자하는 것은 안 됩니다. 만약 어쩔 수 없이 투자해야 한다면, 원금(투자분만큼)만 가져가야 합니다. 은행에 수익을 예치하는 것은 리바의 일부분이라도 가져가는 결과를 낳게 됩니다. 이것을 피하면 죄가 되지 않습니다.

* 출처: Al-Fatāwi Al-Mu'āmalāt, Qism al-Fatwā bi Maktab al-'iftā' Salṭanah 'Umān, p.230.

질문　위 협동조합이 은행에 자금을 예치하지 않고, 상거래와 관련된 것들, 예를 들어 학생들에게 음식을 판매하거나 학교를 위한 유용한 사업에 투자하는 것과 같은 일로 자금을 사용할 경우, 이 조합에 투자하는 것에 대한 판단은 무엇입니까?

파트와　이는 무방합니다.

* 출처: Al-Fatāwi Al-Mu'āmalāt, Qism al-Fatwā bi Maktab al-'iftā' Salṭanah 'Umān, p.230.

질문 만약 위 학교가 자국민 교사에게 이 조합을 운영하라고 요청했다면, 첫번째 경우라면 괜찮습니까?

파트와 리바를 방지할 조치 없이는 안 됩니다.

질문 (첫번째 경우) 한 학생이 자신도 모르게 이 조합의 투자자가 되었는데 시간이 지나 연말에 수익이 발생했다면, 이 수익으로 무엇을 합니까?

파트와 만약 리바가 섞여 있다면 리바에서 탈피하기 위해 가난한 사람들에게 돈을 기부하면 됩니다.

* 출처: Al-Fatāwi Al-Mu'āmalāt, Qism al-Fatwā bi Maktab al-'iftā' Salṭanah 'Umān, p.231.

◈ 공동 구매 주택의 임대료 분배

질문 저와 친척 간에 집을 구입하면서 저에게 투자하기로 하는 합의가 있었습니다. 그리고 그 집을 각자가 낸 원금의 비율로 임대료를 가져가는 조건으로 임대하였습니다. 나중에 저는 이 집에 들어가 살아야 하기에 이 집을 살 것입니다. 그렇다면 우리의 이 합의에 리바가 포함된 것입니까?

파트와 질문자께서 집을 공동으로 구입하고, 투자한 자금 비율대로 지분을 나눴다면 이는 리바가 아닙니다.

* 출처: Al-Fatāwi Al-Mu'āmalāt, Qism al-Fatwā bi Maktab al-'iftā' Salṭanah 'Umān, p.231.

◈ 이집트 재무증권에 투자하는 것에 대한 샤리아상의 판단은 무엇입니까?

질문 2012년 제56호 요청에 대해 검토한바 질문의 내용은 다음과 같습니다. 이집트 재무증권에 투자하는 것에 대한 샤리아의 판단은 무엇입니까?

파트와 재무증권은 중앙은행이 발행하고 재무부가 주관하는 유가증권의 한 종류입니다. 즉, 중앙은행은 개인과 국가 간의 중개자입니다. 재무증권은 대체적으로 1년을 초과하지 않는 단기채권입니다. 그리고 대개 할인 발행에 대해 재무부가 허가를 내리는데, 이는 곧 액면가보다 더 적은 금액으로 판매가 이루어진다는 말입니다. 정부는 채권 만기일에 액면가에 해당하는 금액을 완전히 상환할 의무를 갖습니다. 액면가 증권에 지불된 금액과의 차액은 투자자가 획득하는 이윤입니다.

재무증권의 발행 목적은 다음과 같습니다.

거래자 대중의 저축 의식 고취와 국가 개발계획 시행을 위한 자금 조달, 그리고 재정 적자 해소를 위한 자금 조달입니다. 이를 통해 국내 인플레이션을 줄일 수 있으며, 현금 발행과 발권량 증가로 발생하는 문제를 피할 수 있습니다. 발권량이 늘어나면 물가상승으로 이어지고 저소득층이 제일 큰 타격을 입게 됩니다. 따라서 이는 필수적인 통화정책이라고 할 수 있고, 사람들은 발행된 증권을 거래할 수 있으며, 금본위제에서 유래된 것으로 유동성이라는 이름으로 잘 알려진 것입니다. 재무증권을 통해 받을 수 있는 수익은 개인의 증권 취득을 장려하는 요인입니다. 이를 통해 국가는 앞에서 언급했던 문제들에 대처할 수 있습니다.

또한 국가는 화폐를 발행할 권리를 가지고 있으며, 이러한 증권을 그 가치에 근거하여 알맞은 시기에 상환할 수 있습니다. 따라서 문제 발생을 막고 물가 수준을 유지하며, 지속적으로 개발을 추진할 수 있습니다.

이러한 증권을 발행하는 과정에서 국가는 법인으로 간주되며, 자연인과는 상이한 규정이 적용됩니다. 이슬람 법학자들은 이러한 규정 변화에 4가지 측면이 있다고 보았습니다. 그중 하나가 개인의 특성에 따른 규정 변화입니다.

이런 맥락에서 이슬람 법학자들은 자카트를 종교재산 기금, 모스크, 재무부를 위해 사용할 수 없다고 결정했으며, 필요하다면 수익을 붙여 종교재산의 대출을 요청하는 것을 허용했습니다.

재무증권은 자금조달 계약이지 대출(까르드)이 아닙니다. 왜냐하면 대출은 이르파크 계약으로 호의와 도덕적 관대함에 기초한 것이기 때문입니다. 만일 부유한 자가 가난한 자를 착취하여 가난한 자를 이자와 복리로 누적된 부채의 늪에 빠지도록 만든다면 이는 명백한 부정입니다. 재무증권은 앞에서 언급한 바 있는 상호 이익 교환 및 호혜의 원칙에 기반한 새로운 계약으로, 피끄흐에 명시되어 있지 않은 새로운 종류의 계약을 만드는 것은 허용된다는 파트와가 내려진 바 있습니다. 또한 이에 이븐 타이미야와 그 외 다른 이슬람 법학자들도 동의하였습니다.

가라르, 위험, 리바 같은 요소가 포함되어 있다면 이 계약은 유효하지 않습니다. 현대인의 생활은 실용학문으로 인해 변모하였습니다. 이러한 실용학문의 예로는 타당성 조사, 리서치, 통계와 회계 등이 있습니다. 또한 통신과 교통, 현대기술에 혁신적인 변화가 있었고, 따라서 이러한 변화들로 인해 가라르와 위험을 새롭게 정의할 필요가 대두되었습니다. 재무증권에는 가라르와 위험이 없지만 재무증권을 발행하지 않을 경우 이러한 가라르와 위험이 발생할 수 있습니다.

재무증권을 리바의 한 종류라고 보는 판단에 대해서 우리는 이것이 정당한 판단이 아니라고 생각합니다. 재무증권은 리바와 정반대임이 확실합니다. 금과 은은 사람들의 거래에 사용되었는데, 거래의 매개이자 가치저장의 수단이며, 가치 척도의 역할을 하고 있기 때문입니다. 금과 은은 일반적으로 인정되고 수용됩니다. 거래의 수단은 가치의 규격화와 저장을 필요로 합니다. 따라서 리바는 이러한 화폐에 포함되었다고 할 수 없습니다. 모든 순니파 법학자들의 의견이 이러한데, 금본위제에 의거하여 화폐가 발행되었기 때문입니다. 또한 리바가 되는 원인이 제한적이며, 원래의 범위를 초과하지 않을 뿐 아니라 이슬람 법학자들이 규정한 대로 부분적인 모자람에 불과하기 때문입니다. 이런 견해를 보인 학자들 중에는 샤피이 학파인 술라이만 알자말이 있습니다. 그는 알이슬람 자카리야 알안사리의 방법론을 설명하며 이렇게 말했습니다. "리바를 금하는 것이 알라에 대한 숭배이다. 리바는 난관을 가져다준다."

우리는 재무증권은 새로운 자금조달 계약의 하나이며, 가라르와 위험, 리바와 상관없는 계약이며 당사자들에게 이익을 실현해 주는 계약이라고 봅니다. 따라서 이는 허락된 거래이며, 다른 어떤 것도 존재하지 않고 이것에 투자하는 것 역시 샤리아상으로 금지되지 아니합니다. 또한 재정증권을 '대출'이라 불러서는 안 됩니다. 왜냐하면 이는 "이윤을 남기는 모든 대출은 리바이다"라는 명제에 모호함을 가져오기 때문입니다.

* 출처: http://www.daralifta.org/ViewFatwa.aspx?ID=4540&LangID=1&MuftiType=0

◈ 투자증서에 대한 샤리아의 판단

질문   투자증서에 대한 샤리아의 판단은 무엇입니까?

파트와   은행이 처음 출현하고 활동을 시작한 이래로 지금까지 은행 업무에 대해서 이슬람 법학자들 간에 합법인지 아닌지에 대해 의견이 서로 갈리고 있습니다. 일부 이슬람 법학자들은 은행 거래를 하람이라고 보며, 다른 법학자들은 은행 거래 대부분이 허용된다고 봅니다. 무즈타히드를 추종하는 이들 간에는 의견이 갈리지만, 타끌리드를 하는 이들은 거리낌 없이 무즈타히드들의 의견 중 자신이 원하는 것을 따릅니다.[1]

이에 기초하여, 또한 질문의 상황에 비추어 답변드립니다. 질문자는 리바가 알라께서 금지하신 것이며 하람이라고 합의된 것이라는 사실을 인지해야만 합니다. 질문자는 은행의 업무에 대한 해석과 적용, 판단, 이에 대한 파트와를 내리는 데 있어 의견차가 존재한다는 사실을 인지해야 하며, 갈등에서 벗어나는 것이 바람직하다는 것을 알아야 합니다. 그러니 허용하는 자를 따르십시오. 투자증서를 거래하는 것은 하람이 아닙니다.

* 출처: http://www.dar-alifta.org/ViewFatwa.aspx?ID=3674&LangID=1&MuftiType=

◈ 사회개발기금을 대출 받는 건

질문　사회개발기금으로부터 대출이나 투자대출을 받는 것에 대한 판단은 무엇입니까?

파트와　이는 샤리아상으로 적합하다고 채택된 것으로, 사회개발기금과 사업 소유주 간의 자금조달 계약, 은행과 공공기관 및 공공단체 간 투자 및 부동산 자금조달 계약, 개인 간 또는 기관 간 계약 등이 있습니다. 이 계약은 당사자들의 이익을 실현하는 새로운 종류의 계약입니다. 가라르가 없으며 해롭지 않고 당사자에게 이익을 가져다주는 한 피끄흐에 존재하지 않는 새로운 계약을 도입하는 것은 허용된다는 파트와가 내려졌습니다. 이븐 타이미야와 일부 학자들도 이와 같이 생각했습니다. 과학의 발달로 인해 생활이 바뀌었습니다. 타당성 조사, 리서치, 통계와 회계, 통신과 교통, 현대기술의 근본적 변화 등으로 인해 우리는 가라르와 피해에 대한 새로운 정의를 내려야 합니다.

국가나 기관, 공공단체 등으로 대표되는 법인에 대해서는 자연인과 다

1_ '무즈타히드'는 판단을 내릴 때 자신의 해석에 기초하는 사람을 말한다. '타끌리드'는 기존의 견해를 모방, 답습하는 것을 말한다.

른 별개의 판단이 내려집니다. 이슬람 법학자들은 판단이 변화하는 데 네 가지 측면이 있다고 보았습니다. 그중에는 인(人)의 특성에 따른 판단의 변화가 있습니다. 예를 들어 이슬람 법학자들은 자카트를 종교재산과 모스크, 국가재정에 사용하지 않기로 결정했고, 필요시 기부금으로 수익을 취하고 대출할 수 있게 허락하기로 결정했습니다.

이 계약을 대출이라고 명명해서는 절대로 안 됩니다. 그렇게 한다면 "이자를 갖는 모든 대출은 리바이다"라는 원칙에 혼란이 생기기 때문입니다. 대출은 첨부계약의 한 종류이지만, 자금조달은 쌍방계약입니다.

이상에 기초하고 질문의 상황에 비추어 답변드립니다. 만약 계약이 타당성 검토와 투자 자금에 기반을 둔 투자성 자금 공급이고, 가라르가 없으며 당사자들에게 이익을 가져다주는 것이라면, 이 계약은 허용된 것이고 샤리아상으로 문제될 것이 없습니다.

* 출처: http://www.dar-alifta.org/ViewFatwa.aspx?ID=6645&LangID=1&MuftiType=

3. 저 당

◈ 부동산 대리 저당에 대한 판단

질문 회사가 거래하고 있는 은행에 저당 잡힐 부동산이 필요합니다. 그러나 회사에는 저당 잡힐 부동산이 없습니다. 그렇다면 (부동산을 가진) 한 사람이 은행에 회사에 대한 담보로 부동산을 저당 잡혀 줄 수 있습니까? (부동산을 가진) 사람은 본인의 저당물에 대한 수수료를 받을 권리가 있습니까(저당물을 대신 잡아 준 대가를 받아도 되는지요)?

파트와 소유주가 아닌 사람이 부동산을 저당 잡는 것은 기부 계약으로 간주되므로, 이 기부 물건에 대해서는 어떠한 수수료도 가져갈 수 없습니다. 그러므로 부동산 주인은 채무자로부터 저당물에 대한 수수료를 가져가는 것이 허락되지 않습니다. 이는 부동산 자체와 이에 따른 이익이 여전히 채무자의 것이기 때문입니다.

위의 경우, 만약 채무자가 빚을 갚을 능력이 없어서 빚을 갚기 위해 부동산을 팔아야 한다면 채권자인 은행은 부동산 주인에게 빚을 갚을 금액만큼만을 공제하고 지불해야 할 것입니다.

* 출처: http://aliftaa.jo/Question.aspx?QuestionId=403#.U0aIkWC_mM8, 2014.4.10, No. 403.

◈ 저당품 판매 가능여부에 대한 판단

질문 한 남성이 다른 사람으로부터 재산을 저당 잡았습니다. 그러나 채무 이행 기한이 되도록 돈을 갚지 못했습니다. 그렇다면 채무자는 채권자의 허락 없이 저당품을 팔 수 있습니까? 이에 대한 해결책은 무엇입니까?

파트와 채무 이행 기한이 되었다면 채무자에 대해 고려할 것은 그가 채무를 갚을 수 있는지, 혹은 저당품을 팔아 채무를 갚든지입니다. 만약 채무자가 (채무 이행을) 원하지 않는다면, 판사가 저당품을 팔아 그 돈으로 채무를 이행합니다.

채무자는 채권자에게 저당품을 팔도록 허락하고, 이때 채무자가 동석하지 않으면 저당품을 팔 수 없습니다. 여기서 해결은 채무자와 채권자 간에 저당품을 팔아서 채무를 갚는 것에 대한 상호 이해가 필요한 것으로 보입니다. 그래도 해결할 수 없다면 판사에게 이 문제를 제기해 보기 바랍니다.

* 출처: hhttp://aliftaa.jo/Question.aspx?QuestionId=2383#.U0aHQmC_mM8, 2014.4.10, No.2383.

● 저당에 관한 건

1. 저당(담보)의 정의

저당을 의미하는 아랍어는 라하나, 야르하누, 라흐눈이다. 라하나를 행하는 사람은 라힌이다. 빚으로 물건을 잡는 것이며 잡힌 물건은 저당물이다. 저당은 언어적으로 두 종류에 사용된다. 첫 번째는 고정적이고 항구적인 것이다. 존재하는 물이란 정체된 물이란 뜻이고, 존재하는 은혜란 항구적이란 뜻이다. 두 번째는 압류하다 즉, 무엇을 누군가로부터 받는 대신 다른 사람의 물건을 압류하는 것이다. 알라의 말씀이 이 의미를 뒷받침한다. "모든 인간은 그가 행한 행위에 의해 저당이 되나"〈무닷티르(74)장 38절〉 즉, 제공된 것을 압류한다는 것이다. 두 번째 의미는 첫 번째 의미가 지켜져야 한다. 왜냐하면 압류는 한 장소에 고정되어야 하고 이 장소를 벗어나서는 안 되기 때문이다.

저당은 이슬람 법학자들이 사용하는 용어로서 샤피이 학파가 정의를 내린 바 있다. 즉, 저당이란 현물을 채무증서로 삼는 것이다. 이 차용증(채무증서)은 채무를 이행하지 못할 경우 이 증서를 통해 채무를 이행한다. "차용증은 현물을 채무불이행할 경우에 이행하도록 해 주는 보장장치로 만들었다." 한 사람이 다른 사람으로부터 1디나르를 빌렸다면 채무가 이행될 때까지 상대방에게 채무와 동등한 부동산이나 동물을 저당 잡는 사람에게 맡겨 둔다. 이것이 법적으로 저당인 것이다.

2. 저당이 합법적이라는 것에 대한 증거

저당에 대한 판단은 그것이 허락된 것이라는 것이고, 이는 코란과 순나가 허락한다.

코란의 경우, "그리고 너희가 여행 중이라 서기를 찾지 못할 때에는 너희가 가진 것 중에서 저당을 정하라"〈바까라(2)장 284절〉가 있다.

여행 중인 경우 혹은 서기가 없는 경우에 저당이 이 구절에 따라서만 한정되는 것인가? 아니면 여행 중이건 아니건 상관없이 모든 상황에서 가능한 것인가? 서기의 존재여부에 상관없이 항상 가능한 것인가?

여행 중이 아닐 때는 담보의 합법성이 없다고 판단하고, 서기가 없을 때 상주민일 경우 저당을 허락하지 않은 이슬람 법학자도 있다. 그러나 대부분의 법학자들은 상주나 여행 중, 혹은 서기의 존재 여부에 상관없이 저당의 합법성에 대해 인정하고 있다. 이들은 순나와 끼야스를 자신들의 증거로 택했다. 순나의 경우 부카리와 이븐 마자흐가 아나스의 전언을 기록한 것에 따르면, 예언자가 메디나의 유대인에게 자신의 갑옷을 저당을 잡히고 유대인들로부터 가족을 부양할 보리를 구매했다는 것이다.

판단 근거의 측면에서 이 하디스는 다음과 같이 설명한다. 예언자는 메디나에서 저당을 잡히고 거래했다. 메디나는 상주지였으므로 거주 중일 때나 여행 중일 때 저당 잡는 것을 허락했다는 것이다. 예언자께 허락된 것은 저당거래이고, 도시민에게도 여행 중일 때처럼 저당이 허락된다. 끼야스의 경우, 담보로서의 저당은 코란과 순나에서 나온 의미는 빚을 문서화하기로 합의한 것이다. 이 의미는 두 사람이 채무를 증명한다는 의미이고 또한 거주와 여행 중 담보가 가능하듯이 저당도 가능하다는 것이다.

대부분의 법학자들이 여행 중 서기가 없는 상태에서 저당의 허락을 규제하는 사람들게 다음과 같이 말했다.

첫째, 이 구절에서는 거주 시 저당을 잡지 못하게 하는 근거를 찾을 수 없다. 이는 여행 중 저당거래 허가를 규제하고 서기가 없다는 것에 대한 개념은 포함되어 있지 않다. 왜냐하면 이를 규제하는 것은 나머지 것들에 대한 판단을 부정할 수 없기 때문이다. 저당 또는 이와 동등한 것을 필요로 하는 대부분의 상황들을 명확하게 해 주기 때문이다. 이 규제는 그 개념이 합의되어 있지 않다. 그렇기 때문에 빠져나올 수 있는 경우가 많다. 이를 확정해 주는 것은 아니스의 하디스이다. 이는 예언자가 메디나에서 저당으로 거래하였다고 언급한다. 메디나에 거주하고 있었고, 그래서 저당은 특히 채무를 기록하지 못하는 이유가 있는 상황에 있었다는 것을 말해 준다.

둘째, 여행 중 저당을 허락하는 것을 이 구절로 규정하는 것은 서면으로써 저당에 대한 신용을 만들 수 없는 경우를 설명하는 것이다. 또한 이 조건이 아닌 경우도 포함된다. 일반적으로 채권자는 채무를 상환 받지 못할 것을 우려한다. 거주 중이거나 서기가 있다면 채권자는 채무불이행, 채무이행 연기, 채무자 사망, 빌려준 돈이 소멸되는 것을 두려워하지 않을 것이다.

순나에서 저당을 허락한 것에 대한 근거는 다음과 같다. 부카리와 무슬림이 아이샤의 전언을 기록한 것에 따르면, 예언자는 후불로 유대인들로부터 곡식을 샀고 이에 대한 저당으로 그의 철 갑옷을 맡겼다. 이 하디스는 다음을 의미한다. 예언자는 저당으로 거래했고 그래서 저당은 가능하다. 뿐만 아니라 계시된 경전의 백성과 거래하는 것을 허락한다는 의미이다. 예언자가 부유한 교우와 거래하지 않고 유대인과 거래했던 것은 다음과 같은 해석을 가져온다. 첫째는 계시된 경전의 백성과 거래를 하고 그들의 돈을 취할 수 있다는 것을 보여 준다는 것. 둘째, 메디나에 존재했던 풍족하게 사는 교우들이 한 명도 없었거나 그들에게는 여유 있는 음식이 없었거나 그들이 예언자로부터 아무런 돈이나 보상을 취하지 않을 것이라 우려했기 때문일 것이다. 이는 예언자가 그들에게 부담을 주고 싶지 않았기 때문이었던 것으로 이해된다.

3. 저당의 요건과 조건

저당계약에는 4가지 요건이 있다.

1) 계약자

채무자(물건 원주인)와 채권자로 구성된 계약 쌍방을 포함한다.

2) 저당물

3) 채무

4) 제안과 수락을 포함하는 형식

4. 유효한 저당의 조건

저당이 유효화하기 위한 조건은 아래와 같다.

(1) 계약 관련사항

계약이 포함하고 있지 않은 것을 조건으로 내세우는 것은 안 된다는 조건이다. 이는 계약자 일방에게 (계약 당사자 중 한 명에게) 피해를 주고 상대방에게는 이익을 주는 조건으로 계약하는 것과 같기 때문이다. 예를 들어, 채무자가 채권자에게 채무이행기한이 종료될 경우에도 절대 저당물을 팔지 않는다는 조건을 다는 것이나 지불기한 만료 한 달 후에 이를 판매하거나 또는 이 저당물을 원래 가격을 초과하여 팔거나 원주인의 동의 없이는 팔지 않겠다는 조건으로 계약하는 것이다.

채무자에게 해가 되는 것은, 채권자가 저당물의 이익 또는 부속저당물로 발생한 이익을 취하는 조건이기 때문이다. 이는 무효한 조건 중 하나이며 따라서 저당계약은 무효가 된다. 왜냐하면 계약내용과 상반되기 때문이다.

(2) 저당물의 조건

1) 저당물은 현물이어야 한다. 그래서 주택 거주와 같은 이익을 저당으로 잡을 수 없다. 왜냐하면 이러한 경우 저당물의 가치가 점차 사라지기 때문이다. 샤리아상 합법적인 저당의 경우에는 이익을 저당 잡을 수 있다. 만약 한 사람이 사망했고 그에게 채무가 있다면 사망자가 가진 이익은 없어진다. 만약 그가 이익을 저당으로 잡았다면 이도 마찬가지로 채무를 저당으로 잡을 수 없다. 상환 능력이 없기 때문에 그에게 채무가 있다 하더라도 말이다. 이를 다음과 같이 설명한다. 당신은 채무를 질 수 있다. 이

런 경우 당신은 후불로 채무를 구매한다. 만약 그 채무를 담보로 저당거래를 하려 한다면 그 거래는 불가하다. 왜냐하면 빌린 것은 소유가 아니기 때문이다.

2) 저당물은 채무 기간이 끝나면 판매할 수 있다. 그러므로 판매할 수 없는 종속된 현물을 저당 잡을 수 없다. 왜냐하면 종속된 것은 소유물 범위에서 벗어나며 저당물이 저당 잡힌 사람의 소유물이라는 조건에서 벗어나기 때문이다.

* 부패하는 물건에 대한 판단

쉽사리 부패하는 것을 저당으로 잡은 경우, 예를 들어 대추야자같이 건조할 수 있는 것이라면 다음과 같다. 현장에서 즉시 대금 지불 혹은 후불 채무로 이를 저당 잡았고 이 저당기간은 대추야자가 부패하기 전에 끝나고, 대추야자의 가격이 저당물이 되며 대추야자를 판매할 수 없는 조건이 걸린다면 이는 옳지 않은 것이다. 부패는 대추야자 외피에서부터 시작된다. 채무기간이 만료되기 전 이 대추야자가 언제 부패할지 모른다면 외피를 보고 판단하는 것이 옳다.

3) 저당물은 합법적으로 이익을 볼 수 있는 것이 된다.

저당은 동물의 새끼와 같이 미래에 합법적으로 이익을 볼 수 있는 것이어야 하는 조건이 있다. 그러므로 무익한 벌레를 저당물로 잡을 수 없다.

(3) 저당물을 받고 빌려주는 돈의 조건

1) 이 돈은 채무가 된다. 그래서 탈취한 것, 빌린 현물 등과 같이 채무(빚)가 아닌 다른 것으로 저당을 잡는 것은 안 된다. 한 사람이 토지를 탈취했다면 탈취한 토지 위에 지은 집을 저당 잡을 수 없다. 임대한 네 발 동물도 이에 해당된다. 저당물을 통한 이익은 빚과 동등하다. 그래서 반드시 수혜입은 이익을 같은 것으로 돌려줘야 한다. 이와 같이 현물을 받거나 현물과 관련된 것을 받고 무언가를 저당 잡을 수 없다. 알라께서는 코란 무다야나(282)절에서 저당에 대해 언급하셨다. 현물에 대해서는 확인된 것이 없다. 왜냐하면 현물은 저당물의 가치로써 채무가 이행되지 않기 때문

이다. 이는 판매 시 저당의 목적에 반하는 것이다.

2) 저당을 잡는 대신 빌려주는 돈은 확실한 것이어야 한다.

　이가 의미하는 바는 다음과 같다. 계약이 진행되고 있는 경우 빚은 확실한 것, 즉 존재하는 것이어야 하는 조건이 있다. 그래서 이 돈이 확실해지기 전에는 저당이 성립될 수 없다. 예를 들어 천 파운드를 빌려주는 대신 자신의 집을 저당으로 잡아서는 안 된다. 왜냐하면 저당이란 증명과 같은 것으로 증서가 제공되지 않기 때문이다.

3) 계약자 쌍방은 저당으로 빌려주는 돈의 액수와 성격을 정확히 알아야 한다. 저당에 대한 모든 정보를 상세히 알지 못한 상태라면 이 저당은 성립되지 않는다.

4) 저당으로 빌려주는 돈은 의무가 되거나 의무에 속한다.

(4) 저당 계약의 요소

　알려진 것처럼 계약은 계약자 쌍방의 요청과 수락, 그리고 계약을 승인하기 위한 계약자 쌍방 간의 양식으로써만 성립된다. 그래서 우리는 법학자들이 저당의 요소로 일치를 본 양식과 계약자 쌍방에 대해 먼저 언급한다. 왜냐하면 계약은 이 양식으로써만 성립되기 때문이다.

　"그리고 너희가 여행 중이라 서기를 찾지 못할 때에는 너희가 가진 것 중에서 저당을 정하라."〈바까라(2)장 284절〉

　"그리고 너희 중 하나가 다른 사람을 재물에 대하여 신용할 때에는, 그러면 신용 받는 자로 하여금 그의 신용을 주도록 하고"〈바까라(2)장 284절〉

5. 수령 전 저당 계약에 영향을 미치는 요소는 다음과 같은 세 가지가 있다.

1) 채무자의 저당물에 대한 처분

2) 판매, 싸다가로 내는 것 등 저당물을 처분하는 모든 행동은 소유권을 소멸시킨다. 그리고 수령 전 저당물을 대여하거나 증여하는 것은 저당을 철회하는 것이다. 수령 전 채무자가 저당을 철회하는 것은 채권자의 말로써

가능하다. "나는 저당을 철회하고 이를 파기하고 무효화했습니다." 판매, 증여 등의 처분과 같은 행동으로도 저당이 철회된다.

3) 계약자 쌍방의 상황변화. 계약 쌍방 중 일방이 저당물 수령 전 사망했거나, 미치거나, 의식을 잃은 경우에는 저당이 무효화되는 것이 옳다. 저당물 수령 후 일방이 사망한 경우 저당은 지속된다. 그래서 계약자의 사망으로써 영향을 받지 않는다. 채무자의 상속자는 그 사람을 대신해 저당물을 지급하고, 채권자의 상속자는 그를 대신해 저당물을 수령한다. 계약자의 일방이 사망함으로써 저당이 무효가 되는 것은 옳지 않다.

* 출처: al-Mu'āmalāt fī al-Fiqh al-Islāmī, p.183.

◆ 계약에 합의한 이후의 효력에 대한 판단

질문 합법적인 저당 계약의 요소와 조건이 충족되어 저당 계약이 성립했다면 이 계약을 승인하는 것만으로 계약의 효력이 발생합니까? 그리고 쌍방은 이 계약을 지켜야 합니까? 그리고 계약 일방은 계약 성립 이후 이를 파기하거나 철회할 수 없습니까?

파트와 저당 계약은 절대적으로 채권자가 중요합니다. 채권자는 언제든지 계약을 철회할 수 있습니다. 마찬가지로 채무자는 수령 전 저당을 철회하거나 파기해도 됩니다. 이는 채무자가 채권자에게 저당물을 지급하지 않았고 저당금을 수령하지 않았을 경우에 해당합니다. 채무자가 채권자에게 저당물을 지급했고, 계약 당시 혹은 계약 후 저당금을 수령한 경우라면 저당 계약은 채무자의 의무가 되며 채무자는 계약을 철회할 수 없다. 만약 집을 저당으로 잡았고 채권자가 집을 수령했다면 채무자는 이를 철회할 수 없습니다. 저당물을 수령하는 것은 채무자의 계약 의무에 대한 조건입니다. 알라께서는 다음과 같이 말씀하셨습니다. "너희가 가진 것 중에서 저당을 정하라."〈바까라(2)장 284절〉 그래서 저당물이 수령되지 않은 상태라면 저당으로 인해 이득을 얻을 수 없습니다. 왜냐하면 저당은 자발적인 계약으로서 채권자의 수락을 필요로 하기 때문입니다. 그래서 증여, 대출과 같이 수령으로써만 계약이 의무가 됩니다. 만약 계약 전 저당물이 채권자가 소유하고 있고 임대, 차용, 탈취, 위탁 등으로 사용되고 있다면 이 저당물은 이미 수령한 것이 됩니다.

수령 전 저당 계약에 영향을 미치는 요소는 다음과 같은 세 가지가 있습니다.

1. 채무자의 저당물에 대한 처분

2. 판매, 싸다까로 내는 것 등 저당물을 처분하는 모든 행동은 소유권을 소멸시킵니다. 그리고 수령 전 저당물을 대여하거나 증여하는 것은 저당을 철회하는 것입니다. 수령 전 채무자가 저당을 철회하는 것은 채권자의 말로 가능합니다. "나는 저당을 철회하고 이를 파기하고 무효화했습니다." 판매, 증여 등의 처분과 같은 행위로도 저당이 철회됩니다.

3. 계약자 쌍방의 상황변화. 계약 쌍방 중 일방이 저당물 수령 전 사망했거나, 미치거나, 의식을 잃은 경우에는 저당이 무효화되는 것이 옳습니다. 저당물 수령 후 일방이 사망한 경우 저당은 지속됩니다. 그래서 계약자의 사망에 영향을 받지 않습니다. 채무자의 상속자는 채무자를 대신해 저당물을 지급하고, 채권자의 상속자는 채권자를 대신해 저당물을 수령합니다.

◈ **저당에 관한 판단**

질문 대추야자나무, 포도나무와 같은 유실수를 저당 잡혔습니다. 이 경우 열매는 채무자의 것인가요, 아니면 채권자의 것인가요?

파트와 대추야자나무나 포도나무 등 유실수가 생산해 내는 수익은 기존 소유자, 즉 저당 설정자(채무자)가 취하는 것이 마땅합니다. 채권자는 유실수의 수확물을 빚에서 삭감하지 않는 한 취할 수 없습니다. 그가 열매를 취하고 빚도 그대로 유지한다면 이는 리바입니다. 만약 땅이 저당 잡혀 있는 상태라면 채권자는 토지의 임대료를 빚에서 삭감하는 않는 한 수확물을 취할 수 없습니다.

예언자의 교우들의 견해에 따르면 채권자는 채무자로부터 지불기한 연장에 따라 발생하는 금전적인 이득을 취하는 것을 삼가야 합니다. 만약 삼가지 않는다면 그것은 리바가 되기 때문입니다. 다만 지불 이행 시 또는 지불 이행 후 추가로 증가된 부분은 무방합니다. 하디스에 따르면 다

음과 같습니다. "최고의 사람은 가장 최선의 방식으로 채무를 갚는 자이다."〈아부 다우드 전승〉

* 출처: http://www.alifta.net/Search/ResultDetails.aspx?languagename=ar&lang=ar&view
=result&fatwaNum=&FatwaNumID=&ID=3759&searchScope=4&SearchScopeLevels1=&
SearchScopeLevels2=&highLight=1&SearchType=exact&SearchMoesar=false&bookID=&
LeftVal=0&RightVal=0&simple=&SearchCriteria=allwords&PagePath=&siteSection=1&sea
rchkeyword=216177217135217134#firstKeyWordFound

◆ 농경지를 두 사람에게 저당 잡힌 경우

질문　저는 돈이 필요했습니다. 그래서 농경지 두 곳을 각각 두 사람에게 저당 잡혔습니다. 그 두 사람 모두 이 토지에서 나온 수확물로 이득을 보고 있습니다. 이것이 리바의 한 종류인가요?

저는 다행히 한 명에게는 빚을 갚았습니다. 하지만 현재 나머지 사람에게는 아직 갚을 빚이 남아 있는 상황입니다. 제가 반드시 지켜야 할 의무가 있나요? 이런 제 행동에 잘못된 점이 있나요?

파트와　빚을 이유로 두 사람이 토지를 사용할 수는 없습니다. 토지에서 나온 소득은 당신 몫입니다. 그것을 빚에서 차감할 수 있습니다. 단, 그것이 사전에 계약 조건에 명시된 것이라면 리바이므로 허용되지 않습니다. 당신이 지불 연장을 이유로 땅을 제공한다면 그것은 리바입니다. 소득은 당신 몫인데 이것을 특정 비율로 당신이 채권자들과 나눠 가지거나 기간 연장을 이유로 그 두 사람에게 준다면 그것은 리바 행위입니다.

그들에게 연락을 취하고 수확물에 대한 정산을 요구하세요. 거절한다면 법의 판결에 맡기고 그에 대한 법원의 결정을 참조하세요. 그들에게 토지 사용을 허락하는 계약 체결은 할 수 없습니다. 왜냐하면 그것은 리바이기 때문입니다. 당신이 그 두 사람에게 채무 이행 후 조건 없이, 사전 합의된 바 없이 무언가를 주었다면 무방합니다. 예를 들자면 당신이 1천 리얄을 빌렸지만 이미 상환했고 그 후 조건 없이 무언가를 주거나, 처음 계약 시 합의된 바 없는 무언가를 자발적으로 주는 것은 무방합니다.

하디스에 따르면 다음과 같습니다. "최고의 사람은 가장 최선의 방식으로 채무를 갚는 자이다."〈아부 다우드 전승〉 혹은 이런 경우도 있습니다.

채무 기간을 연장해 준 사람에게 당신이 빚을 상환하고 난 뒤 조건 없이, 사전 합의 없이 무언가를 추가로 주는 것은 무방합니다. 앞에 언급된 하디스 내용에 따라 호의로 주는 것은 무방합니다.

* 출처: http://www.alifta.net/Search/ResultDetails.aspx?languagename=ar&lang=ar&vIew=result&fatwaNum=&FatwaNumID=&ID=5467&searchScope=5&SearchScopeLevels1=&SearchScopeLevels2=&highLight=1&SearchType=exact&SearchMoesar=false&bookID=&LeftVal=0&RightVal=0&simple=&SearchCriteria=allwords&PagePath=&siteSection=1&searchkeyword=216177217135217134#firstKeyWordFound

◈ 토지 저당으로 결실 맺은 수확물의 경우

질문　어떤 일이 아직 발생하지 않았는데 발생했다고 생각하는 사람들이 있습니다. 그들에 대한 판단은 무엇입니까?

파트와　저당물이 단순히 저당물이면 무방합니다. 하지만 토지와 같은 저당물을 이용하여 결실을 수확하는 것은 허용되지 않습니다.

만일 대출기간 연장의 대가로 경작과 이윤 추구의 목적으로 토지를 편법으로 취한다면 그것은 리바를 가져오는 대출이므로 허용되지 않습니다.

판매 강요가 있을 시에는 법의 판결에 맡기세요. 저당물 판매 결정에 있어서 상호간에 다툼이 발생하고 합당한 권리를 부여하지 않을 경우에는 법의 판결에 맡기세요.

* 출처: http://www.alifta.net/Search/ResultDetails.aspx?languagename=ar&lang=ar&view=result&fatwaNum=&FatwaNumID=&ID=5467&searchScope=5&SearchScopeLevels1=&SearchScopeLevels2=&highLight=1&SearchType=exact&SearchMoesar=false&bookID=&LeftVal=0&RightVal=0&simple=&SearchCriteria=allwords&PagePath=&siteSection=1&searchkeyword=216177217135217134#firstKeyWordFound

4. 이깔라

• 이깔라

이깔라는 두 가지 뜻으로 쓰인다. 즉, 계약 파기와 피고용자의 해고이다.

1. 정의: 쌍방 합의 하에 계약을 파기하는 것이다.

2. 판단: 계약 쌍방 중 일방이 계약 체결을 후회할 경우 이깔라를 하는 것이 바람직하다. 예언자는 "무슬림과의 계약을 파기하는 자, 알라께서는 심판의 날에 그의 실수를 면하신다"[2]라고 말했다.

3. 구성 요소: 4개의 요소로 구성되며 다음과 같다.

   ① 형식: 이깔라를 나타내는 모든 형태의 말과 행위로 이깔라는 유효하다.

   ② 계약 쌍방: 이깔라는 계약 쌍방으로 구성된다. 계약 쌍방은 원 계약자가 될 수도 있고, 양 진영의 두 판매 대리인이 될 수도 있으며 또는 한 명의 원 계약자와 한 명의 대리인이 될 수도 있다. 계약을 파기한 쌍방이 이깔라에 동의할 것을 조건으로 한다.

   ③ 물건: 계약이 체결된 물건은 실물이어야 한다는 조건이 있다. 물건이 변질되었다면 이깔라가 불가하다. 구매자가 물건의 가치를 높였는데 그 후 계약 쌍방이 판매 계약을 파기할 경우, 또는 임대물이 토지인데 이를 경작한 경우처럼 임대물의 가치가 증가될 경우 구매자는 이러한 증가분에 대한 보상을 요구할 수 있다. 또한 물건의 가치가 감소한다면 판매자 역시 감소분에 대한 보상을 요구할 수 있다.

   ④ 가격: 계약체결상 금액이다. 단, 물건 가치가 상승한 경우에 증가분은 가격에 반영된다. 가치가 감소할 경우에도 마찬가지로 감소분이

2_ Sunan Abī Dāwud, Kitāb al-'Ijārah, 3460.

가격에 반영된다.

4. 파기가 가능한 계약: 파기가 가능한 계약은 법률적으로 구속력이 있는, 선택적으로 파기가 가능한 계약 중 하나이다. 이러한 합법적인 계약에는 판매, 임대, 모든 종류의 회사, 선불 등이 있다. 수수료나 소멸성 계약 같은 법적 구속력이 없는 계약은 필요한 경우를 제외하고는 이깔라의 대상이 아니다. 결혼 계약처럼 선택적으로 파기가 불가능한 계약일 경우, 이 역시 이깔라의 대상이 아니다.

* 출처: Muḥammad Rawās Qal'ajī, al-Mawsū'ah al-Fiqhiyyah al-Muyassarah, Dār al-Nafā'is, 2000, p.261.

◈ 은행의 금융 리스 계약에 관한 건

질문　요르단 이슬람은행에서 금융 리스 계약(리스 승계)을 하는 것에 대한 판단은 무엇입니까?

파트와　이슬람은행의 금융 리스 계약이 샤리아에 기반한 금융거래인지를 검토하고, 학파별 법학자들의 이즈티하드와 결정에 비추어 금지되지 않은 합법적인 형태인지에 대해 판단해 보았습니다. 요르단 이슬람은행의 리스 계약은 허용된 것이고, 이슬람 피끄흐위원회에서 결정한 샤리아 규정 제110호와 샤리아 기준 제9호를 잘 준수하고 있었습니다. 또한 우리는 아래의 두 사안에 대해 면밀히 검토하였습니다.

1. 은행은 계약 조항들을 잘 준수하고 샤리아에 명시된 조건들을 적용할 책임을 집니다. 가장 중요한 것은 은행이 부동산 구매를 완료하기 전에 금융리스 계약이 이루어져서는 안 된다는 것입니다. 은행은 거래자와 거래를 완수하겠다는 약속을 하고, 이후에 고객과 원계약에 대한 거래가 이루어져야 합니다.

2. 이 계약에는 모든 당사자들이 상세하게 숙지해야 하는 몇몇 조건들이 포함되어 있고, 이 조건에 따라 당사자들에게 발생할 수 있는 재정적인 비용에 대해서도 명시되어야 합니다. 이는 계약 시, 계약을 인지하고 조건에 만족하며 본인의 의지로 계약했다는 것을 확인하기 위함입니다.

* 출처: http://aliftaa.jo/Question.aspx?QuestionId=2828#.U0ETHLmKA3E(2014.4.6)

◈ 금융 리스 계약에 대한 샤리아의 규정

질문 금융 리스 계약에 대한 샤리아의 규정은 무엇입니까?

파트와 금융 리스 계약이란 임대와 할부 금액을 전부 상환하고 나면 승계한다는 약속이 포함된 복합적인 계약입니다. 임차인은 임대 계약이 끝나면 빌렸던 현물을 소유할 수 있게 됩니다.

금융 리스 계약에는 이슬람 피끄흐위원회가 정해 놓은 규제들이 있습니다. 이슬람 피끄흐위원회 제12차 회의에서 내린 규제는 아래와 같습니다.

1. 시간적으로 독립된 계약당사자가 있어야 하고, 임대 계약 이후 판매 계약이 체결되고, 임대 기간이 끝나면 양도한다는 약속이 있어야 합니다. 그 이유는 한 시점에 두 건의 계약이 중첩되면 임대와 판매 조건들이 서로 대립되기 때문입니다.

2. 임대 계약 중에는 임대 규정을 따라야 하고, 물건 양도 후에는 판매 규정을 따라야 합니다.

3. 임차인이 망가뜨리거나 부주의로 훼손되지 않는 한 임대 물건에 대한 책임은 임차인이 아니라 임대인에게 있습니다. 임차인은 임대품을 맡고 있는 것이므로 본인이 망가뜨리거나 부주의로 인한 망실 외에는 귀책사유가 없습니다.

   카띱 알샤르비니가 말하길 "임차인은 본인이 점유하고 있는 중에 망가진 물건에 대해 책임이 없다. 왜냐하면 적이 아닌 한 물건을 안전하게 보호하기 때문이다."『이끄나아al-'Iqnā'』, 2권 352쪽.

4. 계약 조건에 보험이 포함되어 있다면 이 보험은 이슬람 보험이어야 합니다.

5. 임대한 물건에 대한 수리 비용과 보험료는 임차인이 아니라 임대인이 부담해야 합니다.

   이맘 마흘리가 말하기를 "예를 들어 건축, 칠, 문짝 달기, 지붕 홈통, 부서진 것 수리, 자물쇠 달기 등은 임대인의 책임이다. 그러므로 건물을 짓고 수리하는 것은 선택 사항이 아니다. 임차인은 본인이 받을 이익에 손해를 보는 것이다."(『칸즈 알라기빈Kanz al-Raghibin』, 3권 79쪽)

   작동을 위한 수리, 즉 기름칠과 같이 기계가 작동을 지속하기 위해 필요

한 것들은 임차인의 비용으로 해야 합니다. 그러므로 금융 리스에 대한
판단은 앞서 말한 규칙이 잘 준수되어 있는지에 따라 달라질 것입니다.

우리는 금융 리스 계약 희망자에게 계약 체결 전에 계약서의 세부조항
을 잘 살펴볼 것을 충고하는 바입니다.

* 출처: http://aliftaa.jo/Question.aspx?QuestionId=2867#.U0ER7rmKA3E(2014.4.6)

◈ 하청과 자문의 기능에 대하여

질문　　2005년 제845호 요청에 대해 검토한 결과는 다음과 같습니다. 저는 '가'라는 시공사에서 기술자로 일하고 있습니다. 저는 알렉산드리아에 위치한 하수 처리장의 운영을 감독하고 있습니다. 제가 일하고 있는 회사는 하수처리 작업을 하청 주고 있으며 카이로에 있는 '나'라는 회사와 계약을 체결하였습니다. 이 회사는 '다'라는 다른 하청 회사에게 일을 맡겼습니다. 작업의 특정 단계에서 우리를 감독하고 있는 자문가가 이유 없이 저에게 최종 하청사인 '다'사를 배제하라고 요구했습니다. 그래서 '다'사가 배제되었습니다. 그 회사와 계약을 했었던 '나' 회사에는 자문가의 친구인 한 기술자가 있었고, 그는 배제되었습니다. 이 사람이 마지막으로 배제된 자이고, 저는 이유를 알지 못합니다. 특정 단계가 지난 후에 자문가는 저와 그가 함께 나머지 사업을 완수할 것을 요구했습니다. 이 사업은 최종 하청사인 '다'사가 배제된 상태로 서로 수익을 나눌 것을 조건으로 합니다. 이 사업의 수주가 모두 자문가에 의해서 이루어졌다는 것은 잘 알려진 사실입니다. 자문가는 요구되는 시방서에 의한 집행이 이루어진 후에 이 업무를 추출 작업에 포함시켰습니다. 사업을 받아 오는 자문가는 이 문제에 저와 함께 참여한 사람입니다. 이러한 것은 허용되는 것인가요?

파트와　　자문가는 신뢰성이 있어야 하며, 자문가의 업무는 자문가가 책임이 있는 업무에 대한 평가와 업무 수행 효율 측정, 필수 시방서와의 일치 정도를 보장하는 증언이라고 할 수 있습니다. 이 말은 두 가지 역할이 필수적이라는 것입니다. 즉, 업무 수행의 역할과 업무 수행 감독의 역할입니다. 자문가가 업무를 감축하고 스스로 업무를 수행하고자 할 경우, 이러한 업무는 무효가 됩니다. 왜냐하면 본인의 일을 판단하는 본인의 증언은 신빙성이 없고, 증언에 의혹이 깃들어 있기 때문입니다.

이에 기초하여, 그리고 질문에 상황에 비추어 다음과 같이 말씀드립니다. 자문가가 업무 효율성과 질, 시방서와의 합치 여부를 감독하는 업무를 너머 스스로 이러한 업무를 집행하는 월권 행위를 하는 것은 허용되지 않습니다. 만약 그가 업무 수행을 원한다면 이에 대해 자문을 하지 말아야 하고, 어떤 업무에 대해 자문을 하고자 한다면 애당초 알라께서 가장 잘 알고 계십니다.

* 출처: http://www.dar-alifta.org/ViewFatwa.aspx?ID=319&LangID=1&MuftiType=0, 2013.5.28, No.319.

◆ **한국 공장과 걸프 회사 간 구매 이전 일부 금액 지불에 대한 판단**

  질문   파트와 기관에 아래와 같은 질문이 올라왔습니다.

우리는 한국 공장에서 직물을 구매하고자 하는 회사입니다. 걸프 회사가 우리에게 제안하기를 앞서 언급한 한국 회사의 직물을 구매하고 싶다며 우리에게 외상으로 판매하겠다고 하였습니다. 그래서 우리는 구매하는 물건의 사양과 가격에 대해 합의하고, 걸프 회사에 금액의 일부분을 주었습니다. 이 모든 진행은 걸프 회사가 한국에서 직물을 구매하기 전에 이루어진 것입니다. 그렇다면 거래는 샤리아 상으로 유효한 거래입니까? 유효한 거래가 아니라면 이런 식으로 거래하는 것 중 샤리아 상으로 유효한 거래는 무엇입니까?

  파트와   말씀하신 판매 방식은 허용되지 않는 거래의 형태입니다. 걸프 회사는 소유하지 않은 것을 판매했고, 거래에 담보가 없기 때문입니다. 예언자는 이를 금지했습니다. "네가 소유하지 않은 것을 판매하지 말아라."〈아부 다우드 전승 3503〉

판매가 가능하려면 걸프 회사는 물건을 소유하고 있어야 하고, 이에 대한 담보가 있어야 합니다. 걸프 회사는 소유한 물건을 당신들에게 판매해야 하고, 이때 가격과 지불 방법에 대해 합의해야 합니다.

* 출처: http://ifta.ly/web/index.php/2012-09-04-09-55-16/2012-10-10-08-30-03/2229-2014-06-23-10-26-54, 2014.9.24, No.2007.

◈ 리비아의 순교자 급여에 대한 판단

질문 제 친척이 혁명 당시 순교하였습니다. 순교자와 실종자 기관으로
부터 순교자와 실종자 가족을 위해 급여가 제공됩니다. 제 친척은 이 기
관에서 나오는 급여 외에는 수입이 없고, 부인과 두 딸을 남기고 사망했
습니다. 그 친척의 아버지와 어머니는 위 급여에 대한 권리가 있습니까?

파트와 당신의 친척이 사망한 후 획득한 급여는 수여 기관의 법규와 규
칙에 따라 분배되어야 합니다. 이는 유산으로 간주되지 않습니다. 사망자
가 사망 전 소유하지 않았던 재산은 사망자의 유산에 포함되지 않습니다.

* 출처: http://ifta.ly/web/index.php/2012-09-04-09-55-16/2012-10-10-08-30-03/2025-2014-
02-27-13-18-39, 2014.9.24, No.1801.

◈ 리비아를 떠났던 자가 귀국 후 집의 권리를 주장하는 것에 대한 판단

질문 저는 집 두 채를 남기고 1986년 당시 정권을 피해 리비아를 떠났
습니다. 그래서 제 형의 아들이 첫 번째 집을 팔아서 저에게 그 금액을 송
금해 주고, 두 번째 집의 1층에 살면서 집을 자신의 명의로 하였습니다.
그리고 저의 작은형이 2층에 살았습니다. 3년 전 저는 리비아로 들어왔
고, 조카에게 집을 비워 달라고 요구했으나 조카는 집을 비워 주는 조건
으로 돈을 요구했습니다. 이유는 자신이 리비아 장교인데 제 집에 거주한
다는 이유로 장교들에게 주는 국가 토지를 획득할 기회를 놓쳤다는 것입
니다. 조카가 집에 남아 있는 것에 대한 판단은 무엇입니까? 조카는 저한
테 돈을 받아 갈 권리가 있습니까? 그리고 조카는 25년 동안 이 집에 살았
고, 저는 조카로부터 아무것도 받지 못했습니다. 저는 조건 없이 조카를
도와주는 셈 치고 애정으로 돈을 줘야 하나요?

파트와 만약 당신이 집의 주인이었다면 당신 형의 아들에게는 당신의 동
의 없이 그 집에 머물 권리가 없습니다. 예언자는 "주인의 흔쾌한 동의 없
이 다른 사람의 돈은 허락되지 않는다"라고 했습니다. 〈아흐마드 전승
20695〉 그러므로 별도의 조건이 없었다면 당신 조카는 집에 머무는 대가
로 당신에게 아무것도 요구할 권리가 없습니다. 또한 언급된 그 긴 기간
동안 돈을 내지 않고 집에 살았던 것은 집을 유지해 준 대가라고 생각하

시면 됩니다.

당신 조카는 집을 비워 주는 대가로 집주인에게 아무런 조건도 내세울수 없습니다. 그러나 만약 집주인이 조카에게 선의로 얼마의 돈을 제공한다면 당신이 알라의 큰 보상을 받을 만한 커다란 호의를 베푼 것이 될 것입니다.

* 출처: http://ifta.ly/web/index.php/2012-09-04-09-55-16/2012-10-10-08-30-03/2103-2014-04-08-12-30-36, 2014.9.24, No.1868.

◈ 순교자 가족의 자동차 구매에 관한 판단

질문　저는 순교자의 아내입니다. 지난 정권에서 순교자청은 특별 가격에 순교자 가족을 위한 자동차를 수입하였습니다. 그래서 저는 제 아들 돈으로 자동차 가격을 지불하였습니다. 저는 자동차를 양도 받은 후 이를 판매하였습니다. 이때 제 남편의 어머니는 자동차 판매금에 대한 권리가 있습니까? 이들은 위의 모든 사실을 다 알고 있으며 제가 순교자청에 자동차 가격을 부담할 때 도움을 주지 않았고, 25년이 지난 지금까지 자신들의 권리를 주장하지 않았는데 이제서야 요구하고 있습니다.

파트와　질문에 언급된 것이 사실이라면 이 자동차는 돈을 낸 사람이 주인입니다. 이 자동차는 순교자청이 순교자 가족들 중 자동차 구매를 원하는 사람들에게 할인된 가격으로 제공하는 물건이지, 무료로 제공되는 것이 아닙니다. 그러므로 질문자 남편의 어머니는 자동차에 대한 권리가 없습니다. 공동으로 자동차를 구매한 것이 아니기 때문입니다.

* 출처: http://ifta.ly/web/index.php/2012-09-04-09-55-16/2012-10-10-08-30-03/2110-2014-04-14-08-29-33, 2014.9.24, No.1885.

◈ 은행 수수료에 관한 판단

질문　은행이 거래 시 가져가는 수수료에 대한 판단은 무엇입니까? 예를 들면 예금, 출금, 은행 채권, 송금 등 은행에서 제공하는 서비스의 거래입니다.

파트와　은행이 자신들이 제공한 명백한 서비스, 예를 들어 예금, 출금, 카드 발행 등의 대가로 수수료를 가져가는 것은 가능합니다. 왜냐하면 이것은 업무에 대한 보수이기 때문입니다. 그러나 은행이 가져가는 보수의 일부분은 업무 관련성이 분명하지 않은 돈일 수 있습니다. 이러한 보수에는 리바가 섞여 있습니다. 예를 들어 동일한 통화로 국내 송금을 하는데 은행이 가져가는 돈과 같은 것입니다. 은행은 이 거래시 실질적으로 들어간 비용만을 가져가야 합니다. 즉 이 비용보다 더 가져가는 것은 리바에 속하는 것입니다. 예언자가 "금은 금으로, 은은 은으로, 밀은 밀로, 보리는 보리로, 대추야자는 대추야자로, 소금은 소금으로 같은 종류는 같은 종류로 직접 거래되어야 한다. 종류가 다른 것이라면 직거래 시 원하는 대로 판매할 수 있다"고 말했습니다.〈무슬림1587〉

* 출처: http://ifta.ly/web/index.php/2012-09-04-09-55-16/2012-10-10-08-30-03/2112-2014-04-14-09-09-42, 2014.9.24, No.1886.

◈ **의료 보험 서비스 지원을 위한 계약에 관한 건**

질문   어니스트 의료 서비스 회사는 회사 고객들에게 의료 보험 서비스를 지원하기 위한 계약을 체결하기로 결정했습니다. 계약 조건은 다음과 같습니다.

1. 본사는 모든 종류와 단계의 의료 서비스 제공자들의 네트워크를 확보하고, 연락, 교통, 숙박 서비스를 제공하기 위해 동원할 수 있는 방법들을 강구한다. 또한 비용과 품질을 관리하고, 건강 관리 프로그램을 설계하고 기여한다.
2. 계약 기관은 우리 회사에 의료 서비스를 위한 돈을 지불한다. 카드 발급 수수료를 포함하여, 회사측에서 수고한 노력에 대한 일정한 임금을 포함한다. 계약 기관은 신용계좌나 은행의 판단에 따른 계좌를 개설하여 이 계좌에 이용자들의 치료를 위한 획정된 금액을 예치한다. 이 계좌는 가감 없이 치료비를 지불하기 위한 것이다.

이 거래에 대한 샤리아의 규정은 무엇입니까?

파트와   이 계약은 유효합니다. 만약 이 계약에 자할라나 가라르가 없다면 말입니다. 이 회사가 정해진 수수료를 가져가는 것은 괜찮습니다. 왜냐하면 이것은 의료비 지원을 제공하고 받는 보수이거나 중계 수수료이기 때문입니다.

* 출처: http://ifta.ly/web/index.php/2012-09-04-09-55-16/2012-10-10-08-30-03/2037-2014-
03-04-09-24-17, 2014.9.24, No.1815.

◈ 입찰 담합에 관한 판단

질문　정부 기관이 건설사에 건물 보수에 대한 입찰을 발주하였습니다.
그런데 5개 회사가 미리 회의를 하여 그중 한 회사만이 이 프로젝트를 실
행할 수 있도록 조치를 취했습니다. 선정된 회사가 이 프로젝트를 특정
금액으로 계약을 하는 것에 합의하고, 이 회사가 입찰에 성공하여 프로젝
트를 실행하도록 나머지 회사가 더 높은 가격으로 입찰에 참가한다는 합
의였습니다. 또한 이 프로젝트는 합의된 회사의 자금으로 완성하고, 입찰
에 참여했던 나머지 회사들은 일정한 비율로 수익을 나눠 갖는 것으로 하
였습니다. 수익에 대한 분배는 프로젝트가 완전히 끝난 후 이루어지도록
하였습니다.

파트와　정부에서 발주하는 입찰에 특정한 회사에 낙찰되도록 회사들이
개입하는 것은 허락되지 않습니다. 왜냐하면 이는 속임수와 배임이 포함
되어 있기 때문입니다. 이런 식으로 가져가는 돈은 금지된 불법거래로 인
한 것입니다. 알라께서 말씀하시길 "믿는 자들이여! 알라와 예언자를 배
반하지 말며 너희의 신념도 배반하지 말라 하셨으니, 너희가 알고 있으리
라."〈안팔(8)장 27절〉프로젝트를 실행할 능력이 없는 회사들이 일정한
이익을 얻기 위해 프로젝트에 개입하는 것은 속임수나 담합으로 간주됩
니다. 예언자는 속임수를 금지했습니다. "속이는 자는 우리 부족 사람이
아니다."〈무슬림 64〉

* 출처: http://ifta.ly/web/index.php/2012-09-04-09-55-16/2012-10-10-08-30-03/2040-2014-
03-04-10-33-15, 2014.9.24, No.1809.

◈ 꿀벌 매매에 관한 판단

질문　꿀벌을 매매하는 것에 대한 판단은 무엇입니까? 또한 벌에 따른
꿀이나 밀랍 판매는 가능한가요?

파트와　벌집 안에 들어 있는 벌을 볼 수 있다는 전제하에 판매가 가능합
니다. 왜냐하면 벌이 양도될 수 있어야 하기 때문입니다. 날아다니는 벌

은 판매가 가능하지 않습니다. 날고 있는 상태에서의 양도는 불가능합니다. 알아다위가 말하길 "벌이 벌통에 있다면 이를 판매해도 괜찮다. 만약 벌통이 없이 계약이 되었더라도 부속품으로 벌통이 포함된다. 만약 벌통에 대한 계약을 하고 벌에 대한 별다른 말이 없었다면 벌은 포함되지만 꿀은 포함되지 않는다."〈아드위의 주석 "키파야 – 2권 169장〉 또한 꿀이나 밀랍과 같은 제품을 사용하기 위해 판매하는 것은 무방합니다.

* 출처: http://ifta.ly/web/index.php/2012-09-04-09-55-16/2012-10-10-08-30-03/2029-2014-03-01-10-06-43, 2014.9.24, No.1804.

◈ **대추야자 열매 판매를 임대로 해석 가능한가의 여부**

질문　제 아버지는 많은 대추야자수를 보유하고 있습니다. 아버지는 열매가 열리기 전에 열매를 팔고 몇 달 후 대금을 수령하시곤 했습니다. 이에 대한 샤리아의 판단은 무엇입니까?

파트와　이 거래에서 판매가 야자수를 임대하는 임대계약으로 전환된다면 적법합니다. 이는 한발리 학파의 하릅 알카르마니와 아부 알와파 븐 아낄의 지침이며, 이맘 이븐 타이미야의 견해입니다. 이븐 타이미야와 그를 따른 유명한 사이드 븐 만쑤르도 그렇게 말했습니다. 하릅 알카르마니 또한 이렇게 말했습니다. "압바드 븐 압바드는 히샴 븐 우르와가 아버지에게서 전해 들은 이야기를 우리에게 해 주었다. 압바드가 이렇게 말했다. '우사이드 븐 후다이르가 사망했는데, 그는 6천 디르함의 빚이 있었다. 우마르는 채무자들을 불러 모아 그들에게 야자수와 기타 나무가 있는 땅을 몇 년 동안 빌려주었다. 이는 경작을 위해 땅을 빌려준 것이나 젖을 얻기 위해 젖이 나오는 동물을 빌려준 것과 같은 것이다.'"

임대는 효용에 대한 대가를 의미하지만 여기서의 임대는 합법입니다. 왜냐하면 임대물에서 발생한 이득은 그것이 나무 열매이거나 동물의 젖이거나 가축의 털이냐에 상관없이 실체가 있는 것이라면 이를 향유할 수 있기 때문입니다. 또한 이러한 효용은 한 번 쓰고 없어지는 것이 아니라 알라에 의해 계속 재생됩니다.

상기 언급한 질문을 살펴볼 때 나무 소유자는 상인에게 나무를 임대할 수 있습니다. 단, 임대 기간과 임대료가 명시되어야 합니다. 그래야만 에

언자가 금지하신, 열매가 달리기 전 열매를 판매하는 경우에 해당하지 않습니다.

* 출처: http://www.dar-alifta.org/ViewFatwa.aspx?ID=284&LangID=1&MuftiType=1

◈ 해외 회사의 주식 구매

질문 안녕하세요. 미국 증권거래소에서 삼성, 소니, 마이크로소프트와 같은 기술관련 기업의 주식을 구매하는 것에 관한 판단은 무엇입니까?

파트와 상기 기업들은 모두 이슬람 샤리아 규정을 성실히 준수해 왔고, 리바 거래를 하지 않았습니다. 그렇기 때문에 그 참여에는 문제가 없습니다. 하지만 상기 사항들을 준수치 않을 시, 그 참여는 허용되지 않습니다.

* 출처: http://islam.gov.kw/Pages/ar/FatwaItem.aspx?itemId=6166(2015.1.8)

◈ 해와 창고형 도매점과 거래

질문 미국 창고형 도매점과 거래하는 것에 관한 판단은 무엇입니까?
거래의 형태가 다음과 같을 경우:

회사가 부득이하게 경매에 참여해 입찰을 취하는 대신 금액을 제시했을 경우, 입찰 취하 없이 금액을 제시하고 그 금액을 수령한 것이 샤리아 상 할랄인가요, 하람인가요?

그리고 이 회사의 목적 중에 제3자와의 보증 및 공동투자 계약 체결이 있습니다. 그 계약 조건 중 예를 들어 보증금이 총 매출의 20%이거나 계약서에 명기된 (특정금액) 이상의 보증금 최소한도가 존재할 경우 이 계약에 최소한도가 규정된 것이 샤리아 상 할랄인가요 하람인가요?

이 회사가 상업은행들과 거래하고 있고 현재 요르단 이슬람은행과도 거래하고 있습니다. 이슬람은행과 무라바하 거래가 본질적으로 시중 은행과의 거래 방식과 같다는 견해가 있는데, 이러한 거래가 할랄인가요?

이슬람 은행과의 거래 방식에 있어 우리가 따라야 할 샤리아 규정에 대해 명확하게 밝혀 주시기 바랍니다.

파트와 위원회의 의견은 다음과 같습니다.

경매를 취하하지 않고 어떤 금액을 제시하거나 금액을 받는 것은 하람입니다. 왜냐하면 그러한 행위로 하여금 상품의 가격 하락을 야기할 수 있기 때문입니다. 이는 상품 소유자에게 손실을 끼칩니다.

알라께서는 다음과 같이 말씀하셨습니다. "… 사람들에게서 그들의 것이 적어지게 하지 말라."〈아라프(7)장 85절〉 또한 하디스에 다음과 같은 구절이 있습니다. "해를 주지도 말고, 당하지도 말라."〈이븐 마자 전승〉

위원회는 이 회사가 제3자와 체결한 보증 및 공동투자 계약서 견본을 검토했습니다. 위원회는 다음의 경우에 이 계약이 샤리아 규정에 일치하지 않는다고 봅니다.

이 계약에 대한 샤리아적 해석은 이것이 보증계약으로 간주되지 않는 임대차계약이라는 것입니다. 그 이유는 두 당사자 중 한쪽이 다른 한쪽에 임대료를 받고 특정 장소를 제공하기 때문입니다.

계약은 표현이나 형식보다 거기에 담긴 내용이 중요합니다. 상기 계약서의 일반적인 조건사항을 보면, 이 계약은 어떠한 상황에서도 임대차계약이 아니며 어떠한 임대차 관계로도 간주되지 않는다고 볼 수 없기 때문입니다.

임대차 계약의 임대료는 분명하게 알려져야 합니다. 하디스에 다음과 같은 구절이 있습니다. "근로자를 고용하는 자는 고용자에게 그의 임금에 대해 알려야 한다."〈알바이하끼 전승〉 이 계약에는 임대료가 드러나 있지 않은데, 이와 관련해 두 가지 경우가 발생할 수 있습니다. 예를 들어 임대료가 총 매출의 20% 또는 특정 금액으로 지정될 경우에 두 금액 중 더 큰 쪽이 회사의 것이 되는 경우입니다. 또한, 임대료를 총 매출의 20%로 정한다 해도 임대료를 정확히 알 수 없습니다. 계약자 쌍방 모두 매출이 얼마가 될지 알 수 없기 때문입니다. 이는 그 불확실성으로 인해 계약이 무효가 됩니다.

하디스에 다음과 같은 구절이 있습니다. "예언자는 가라르를 판매하는 것을 금하셨다."〈무슬림 전승〉, "예언자는 하나를 둘로 파는 행위를 금하셨다."〈아부 다우드 전승〉

구매 지시자를 위한 무라바하 규정에 따른 이슬람 은행과의 거래는 은행이 무라바하 관련 샤리아 규정을 준수하는 한 샤리아상 할랄입니다. 이 규정 중 가장 중요한 것은 은행이 구매 결정자가 원하는 상품을 은행소유로 먼저 사야 한다는 것입니다. 은행이 상품을 수령하고 상품이 은행의 소유와 보증이 되면 은행은 이 상품을 구매 지시자에게 판매할 수 있습니다. 하디스에 다음과 같은 구절이 있습니다. "네가 어떤 것을 구입했을 경우, 너의 소유가 될 때까지 팔지 말아라."〈아흐마드 전승〉

* 출처: Qarārāt Majlis al-Iftā' al-'urdunnī, Dā'irah al-Iftā' al-'ām, p.207.

◈ 종교 기관의 기금을 투자하는 것에 관한 판단

질문 아우까프기금 개발기구가 지난 몇 년간 종교재산을 통한 임대료로 170만 디나르를 확보했습니다. 이 기관은 이 금액을 투자나 수익 지출이 가능한 현금의 형태로 보유하고 싶어합니다. 언급된 금액을 투자에 사용하는 것에 대한 샤리아의 판단은 무엇인가요?

파트와 이프타 협의회가 검토하고 논의한 결과, 지난 몇 년간 기관이 종교재산을 바탕으로 확보한 이 금액을 와끄프 기부자 조건에 따라 지출하고자 할 때, 그 조건을 알기가 매우 어렵다고 보고 있습니다. 와끄프를 사용하는 것은 샤리아적 의무입니다. 샤리아의 공익적 견해는 기부자의 조건에 부합시키려고 자금 지출을 삼가거나 자금을 동결시키는 것을 권장하지 않습니다. 따라서 기관이 모든 합법적인 투자방식을 동원해 재산을 개발하고 투자하여 그 수익금을 다양한 자선활동에 지출할 수 있도록 현금으로 보유하는 것은 샤리아상으로 금지되지 않습니다. 물론 이때는 기부자의 조건을 최대한 반영하려는 노력이 필요합니다. 기부자의 조건은 코란과 하디스처럼 잘 보아야 합니다. 기관은 와끄프를 위임 받은 곳으로서 수익금의 일부를 기관 소속 근로자 관련 비용충당 목적이나 임금 지불 목적으로 할당할 수 있는데 이는 지출의 확대나 과장 없이 정해진 정도에 따라, 원금을 잘 보존하는 선에서 가능합니다. 오마르 븐 알캇땁이 '자금 원이 아닌 것들 중에서 취하라'라고 말한 것처럼 원금은 그대로 두어야 합니다.

* 출처: Qarārāt Majlis al-Iftā' al-'urdunnī, Dā'irah al-Iftā' al-'ām, p.210.

◈ 심리적 안정을 목적으로 주행계 조작에 대한 판단

질문　저는 주행계 240,000km의 자동차를 한 대 샀습니다. 저는 이 자동차의 주행계를 100,000km 이하로 조작하고자 합니다. 그 이유는 다음과 같습니다. 제가 주행계를 조작한다면 심리적으로 안정을 얻게 될 것이기 때문입니다. 또한 제가 자동차를 팔 때 판매가가 더 상승하게 될 것입니다. 물론 저는 구매자에게 주행계 수정을 고지할 것입니다. 여러분의 판단을 바랍니다.

파트와　귀하께서 언급하신 자동차 주행계 조작은 허용되지 않습니다. 당신이 자동차 상태에 대한 심리적인 안정을 얻고자 한다는 정당화를 구실로 자신을 속이지 마시기 바랍니다. 왜냐하면 자동차가 그렇게 많이 달리지 않았다고 스스로 생각하는 것은 아무 소용이 없기 때문입니다. 당신은 이미 그것이 사실이 아니라는 것을 알고 있습니다. 구매자에게 자동차의 조작된 주행계를 보여 주는 것은 사실과 다른 것을 알리는 것입니다. 이는 거래상 속임수이고 명백한 날조입니다. 이것은 샤리아상으로 금지되어 있고 허용되지 않습니다. 제아무리 당신이 판매 시에 이러한 결함을 밝혔다고 하더라도 말입니다. 대학자 이븐 아부 자이드 알까이라와니는 그의 저서 『알리쌀라al-Risālah』에서 "판매에서 날조와 속임수는 허용되지 않는다"라고 말했습니다. 당신이 구매자에게 이 결함을 밝힌다 해도 그 구매자가 자동차를 되팔 때 이런 결함을 밝힐 것이라는 보장이 없습니다. 이에 비추어 볼 때, 당신은 이런 일을 행해서는 안 됩니다. 왜냐하면 이 일은 샤리아상으로 금지된 날조 행위이기 때문입니다.

* 출처: http://www.awqaf.gov.ae/Fatwa.aspx?SectionID=9&RefID=272293(2015.1.5)

◈ 구매 전 시식

질문　슈퍼마켓에서 물건을 사기 전에 몇 가지 물건의 맛을 보았습니다. 이것은 하람입니까?

파트와　상품을 구매하기 전에 상품의 맛을 보는 것은 판매자의 허락에 달려 있습니다. 시식을 허락 받거나 허락했다는 것을 알고 있다면 허용됩니다. 하지만 허락을 받지 않았다면 하람입니다. 왜냐하면 주인의 허락

없이 다른 사람의 것을 사용하는 것은 금지되기 때문입니다. 이것은 하디스에 언급됩니다. "주인의 선의 없이 다른 사람의 재산은 허락되지 않는다." 알바이하끼와 알다르꾸뜨니가 이를 인용했습니다. 아부 하미드 알싸이디는 이와 관련하여 이렇게 언급했습니다. 예언자 무함마드가 말씀하셨다. "누구든 형제의 지팡이를 형제의 허락 없이 취할 수 없다." 아흐마드와 알바이하끼와 이븐 합반이 인용했습니다.

구매자와 판매자 간의 상호합의 없이 부정하게 남의 재산을 먹는 것은 완전히 금지되었습니다. 알라께서 말씀하십니다. "믿는 자들이여 너희들 가운데 너희들의 재산을 부정하게 삼키지 말라 서로가 합의한 거래에 의해야 되니라."〈니사(4)장 29절〉 따라서 판매자가 허락하지 않는 한 혹은 판매자가 허락했다는 것을 당신이 알고 있지 않는 한 상품을 구매하기 전에 상품을 시식하는 것은 하람입니다.

* 출처: http://www.awqaf.gov.ae/Fatwa.aspx?SectionID=9&RefID=26190(2015.1.7)

◈ 환불이나 교환에 대한 판단

질문 "일단 구매하신 상품에 대해서는 환불이나 교환이 불가합니다"라는 문구에 대한 샤리아의 판단은 무엇입니까?

파트와 "판매된 상품은 환불이나 교환이 불가합니다"라는 문구는 상품 결함으로 인한 환불에 대한 구매자의 권리에 샤리아상으로 아무런 영향도 미치지 못합니다. 이 문구는 단지 취소를 받아들이지 않을 것이라는 판매자의 표현에 불과합니다. 구매자가 물건을 구매할 때 물건의 상태를 미처 확인하지 못했고, 구매 후에 물건의 결함이 나타났다면 언급된 문구가 있어도 피끄흐에서 허용한 구매자의 권리를 막을 수 없습니다. 대학자 알카르쉬는 자신의 저서 『무크타싸르 알칼릴Mukhtaṣar al-Khalīl』에서 "구매자가 구입한 물건에서 이점을 찾지 못해 환불을 원할 시 그 선택권은 구매자에게 있다"라고 말했습니다. 대학자 이븐 꾸다마는 『알무그니 al-Mughnī』에서 다음과 같이 말했습니다. "구매시 몰랐는데 구매 이후 상품의 결함을 알았을 때, 판매자가 이 결함을 알려 주었건 감추었건 혹은 알지 못했건 간에 구매자는 구매품을 소유할지 환불할지 선택할 수 있다. 이에 대한 학자들 간의 견해차는 존재하지 않습니다." 그래서 "상품은 교환이나 환불이 불가합니다"라는 문구는 단지 구매취소를 받아들이지 않을 것이라는 판매자의 의사표현일 뿐입니다. 이 표현이 있다고 해도 결함이 있을 시 물건을 환불하는 데에는 영향을 미치지 않습니다.

* 출처: http://www.awqaf.gov.ae/Fatwa.aspx?SectionID=9&RefID=18330(2015.1.7)

◈ 디야에 관한 건

질문 우리에게는 관습이 있습니다. 그것은 사람과 사람 간에 다툼으로 상해 또는 사망사고가 발생하여 디야3를 요청해야 하는 경우, 가해자 측이 분쟁으로 인해 발생한 사고에 대하여 디야를 피해자 측에 지불하는 것입니다. 만약 피해자 측이 관습대로 디야를 수령하였고 이를 가족 구성원 간에 동등하게 분배하였다면 이와 같은 절차가 정말 가족 구성원 간의 합의 · 협조라고 말할 수 있겠습니까?

파트와 '피의 값'이란 생명을 침해한 죄에 대하여 지불해야 하는 돈을 말합니다. 이러한 개념을 소개했던 사람은 바로 카팁 샤르비니였습니다. 디야란 무슬림 학자들이 만장일치한 개념입니다.

"실수에 의하지 아니하고는 믿는 자가 믿는 자를 살해하지 못하노라. 그리고 실수로 인하여 믿는 자를 살해하는 자는 살해된 자의 유족들이 자비로서 면제하지 아니하는 한, 믿는 노예 한 사람을 자유인으로 하고 피의 값을 지불하여 유족들에게 주어야 하노라."〈니사(4)장 92절〉 여러 편의 하디스에서도 본 개념을 의무로 규정하고 있습니다.

피의 값은 두 종류로 분류됩니다.

1. 생명 침해에 대한 피의 값
2. 생명을 침해하지 아니한 죄에 대한 피의 값

생명을 침해 하지 아니한 상해 또는 폭행의 경우 속죄금은 피해당사자의 몫이고, 생명을 침해한 경우 속죄금은 사망자 유족의 몫입니다. 이 경우 속죄금은 수령인의 법정상속분과 부계혈족관계에 근거한 상속 순위에 따라 차등 분배됩니다. 피해 당사자 또는 사망자 유족의 속죄금 수령 여부에 상관 없이 비상속인에게는 아무런 권리가 없으며, 샤리아에 부합하

3_ 피값, 속량금.

지 않는 관습은 배격해야 합니다. 왜냐하면 그러한 관습은 자힐리야 시대의 유산이기 때문입니다.

* 출처: http://www.alifta.net/Search/ResultDetails.aspx?languagename=ar&lang=ar&view=result&fatwaNum=&FatwaNumID=&ID=8100&searchScope=3&SearchScopeLevels1=&SearchScopeLevels2=&highLight=1&SearchType=exact&SearchMoesar=false&bookID=&LeftVal=0&RightVal=0&simple=&SearchCriteria=allwords&PagePath=&siteSection=1&searchkeyword=2171332161822161672161772161682161769#firstKeyWordFound(2014.8.22)

◈ 금 제품 판매시 함께 계산되는 비즈에 관한 판단

질문 금 판매상들이 비즈 박힌 금을 다루는 경우입니다. 그들은 이런 금을 판매할 때 비즈를 포함한 채 금 무게를 잽니다. 그러나 이런 금을 구매할 때는 비즈 무게를 제외한 금 무게만을 잽니다. 이에 대한 판단은 무엇인가요?

파트와 세공된 금은 상품처럼 거래가 됩니다. 단, 판매자는 매매 시 금에 박힌 비즈의 무게를 정확히 밝혀야 합니다. 그렇지 않으면 그 행위는 사기로 간주됩니다. 샤리아는 사기행위를 금지하고 있습니다. 하디스에 다음과 같은 구절이 있습니다. "속이는 자는 우리 부족 사람이 아니다."〈무슬림:164〉

* 출처: Qarārāt Majlis al-Iftā' al-'urdunnī, Dā'irah al-Iftā' al-'ām, p.214.

◈ 편법으로 사회 보장 제도의 보상을 청구

질문 회사 직원이 2013년 3월 16일 사고를 당해 영구 장애를 얻게 되었습니다. 회사 사장은 2013년 3월 1일자로 그를 사회보장 제도에 등록했고, 따라서 사고는 그 이후에 일어난 것이 되었습니다. 그렇다면 사회 보장 제도의 보상을 받는 것이 괜찮습니까?

파트와 알라께서는 거짓과 속임수, 위조를 금지하시며 다음과 같이 말씀하셨습니다. "믿는 자들이여 알라를 경외하며 항상 정직한 자들과 함께하라."〈타우바(9)장 119절〉알라의 예언자도 다음과 같이 세 번 말씀하셨습니다. "심각한 대죄 중 가장 심각한 것들을 알려 주랴?" 이에 "알려 주십시오 예언자님"이라 답하자, 예언자는 "알라 이외의 다른 신을 믿는 것, 부모님께 불효하는 것, 거짓 증언을 하는 것"이라 하셨습니다. 또 "그만 말씀하셨으면 좋겠다는 생각이 들 때까지 이를 반복해서 말씀하셨다"고 부카리가 전했습니다.

회사 사장이 행한 일은 사실상 위조 행위입니다. 이러한 일을 행해서도 안 되고, 이에 대한 지원도 받을 수 없습니다. 알라께서는 "그들을 증오하거나 공격하지 말고 정의와 신앙을 위해 서로 협동하라. 그러나 죄악과 증오에는 협조하지 말고 알라를 두려워하라. 알라께서 엄한 벌을 내리실 것이라"〈마이다(5)장 2절〉라고 말씀하셨습니다.

사회보장제도에 가입해 그 혜택을 누리고자 하는 사람이라면 퇴직연금 수령 연령에 이른 직원이라 해도 임금의 일부를 사회보장 기금에 정기적으로 납부해야 합니다. 이는 가입일부터 시작되는데, 질문에 언급된 사람은 가입 이후 납부해야 할 몫을 납부하지 않았다고 할 수 있습니다. 그렇기 때문에 그 사람과 사회보장 기금 간의 계약은 성립되지 않고, 그는 아무것도 받을 자격이 없습니다. 또 이를 준수해야 합니다. 알라께서 "계약을 이행하라 그 모든 계약에 대하여 알라의 질문을 받으리라"〈이스라(17)장 32절〉라고 말씀하셨습니다.

따라서, 질문자께서는 잘못을 바로잡으셔야 합니다. 가입일을 3월 1일이 아닌 3월 16일로 수정해야 하며, 3월 1일 가입 기준으로 보상을 청구할 수 없습니다.

* 출처: http://www.aliftaa.jo/Question.aspx?QuestionId=2831#.VCAFIah_tIE

◇ **직원저축기금의 자금 운영 수익**

질문 수출금융은행과 국제보험사에서 포타쉬 사 직원저축기금의 자금 운영으로 수익을 얻는 데에 대한 샤리아 판단은 무엇인가요?

파트와 위원회는 이와 같은 수익은 가져서는 안 되는 하람으로 보고 있습니다. 코란에 따르면 알라께서는 다음과 같이 말씀하셨습니다. "너희가 회개한다면 원금을 가질 것이니 부정을 저지르지 말 것이며 부정을 당해서도 아니 되니라."〈바까라(2)장 279절〉 이러한 수익은 공익을 목적으로 불우 이웃을 돕는 등의 일에 지출되어야 합니다.

* 출처: Qarārāt Majlis al-Iftā' al-'Urdunnī, p.225.

◈ 종교재산에서 발생한 수익을 직원들 상여금으로 사용

질문   부동산 형태의 종교재산에서 발생한 순이익을 아우까프기금개발 기구 직원들의 상여금으로 지출하는 것과, 실제 수익의 2%만큼을 상여금 으로 지출하자는 제안에 대한 샤리아의 판단은 무엇입니까?

파트와   위원회가 검토하고 논의한 결과는 다음과 같습니다. 위원회는 기 금 개발을 위한 직원들의 업무와 노력을 장려하고자 부동산 형태의 종교 재산에서 발생한 순이익을 해당 기관 직원들에게 상여금으로 지출하는 것이 샤리아 상으로 문제가 되지 않는다고 판단합니다. 그리고 샤리아는 종교재산 관리자가 그의 업무에 상응하는 적절한 임금을 취할 것을 허용 합니다. 또한 위원회는 기관행정위원회가 동의한 특정 기준에 의거하는 것을 전제로 상기 명시된 실제수익의 2%에 달하는 상여금 지출도 무방하 다고 봅니다.

* 출처: Qarārāt Majlis al-Iftā' al-'urdunnī, p.226.

◈ 관광 가이드가 관광객을 특정 상점으로 안내

질문   관광 가이드는 관광객들이 물건을 구매하도록 특정 상점으로 안 내합니다. 상점 주인은 가이드에게 수수료를 주기 위해 물건 가격을 올립 니다. 그렇다면 가이드가 가져가는 돈에 대한 판단은 무엇입니까?

파트와   관광 가이드는 중개인 역할을 하는 것이며, 중개인이란, 법학자 들이 임대와 수수료 분야와 같은 분야로 연구하고 있으며 이에 대해 "원 론적으로 관광 가이드가 관광객을 데려다준 상점 주인으로부터 수수료를 받는 것은 가능하다. 그러나 이를 위해서는 몇 가지 조건이 있다"라고 말 한 바 있습니다. 그 조건은 다음과 같습니다.

1. 관광객들에게 충고 형식으로 이루어져야 합니다. 즉, 가이드는 관광객 들을 속이지 않기 위해서 더 좋은 상품과 서비스를 제공하는 좋은 상 점과 음식점으로 데려가야 합니다. 가이드는 사기꾼과 한 패가 되어선 안 됩니다. 예언자께서 말씀하시길 "속이는 자는 우리 부족 사람이 아 니다"〈무슬림:164〉라고 하셨습니다. 또한 예언자는 "자문을 해 주는 자는 믿을 만한 자이다"〈티르미디 전승〉라고 하셨습니다.

2. 상점 주인은 관광객들에게 적당한 가격을 넘어선 부당한 가격으로 판매가격을 올려서는 안 됩니다. 하디스에서 "지나친 기만은 리바이다" 〈부카리 전승〉라고 했습니다. 가격을 모르는 사람에게 돈을 더 받는 것은 부당한 행위라는 의미입니다. 따라서 가이드는 이런 나쁜 짓에 동조해서는 안 됩니다.

3. 관광가이드는 소속된 회사의 허락을 받고 일해야 합니다. 가이드는 회사에 고용된 사람이므로 본인의 이익 아닌 고용주의 지시에 따라 일을 해야 합니다.

* 출처: http://aliftaa.jo/Question.aspx?QuestionId=2669#.U0aJHGC_mM8

◆ 물품에 대한 보장

질문 판매물품에 대해 판매자가 구매자에게 제공하는 보장에 대한 판단은 무엇입니까? 그 보장은 영구적이거나 1년 보장일 수도 있습니다. 혹은 사용시간이나 주행거리와 같은 다른 기준에 의해 제한된 기간 동안 보장될 수도 있습니다. 구매한 시계에 문제가 생길 경우 판매자가 시계를 수리해 주거나 교환해 주는 것처럼 말입니다. 이것에 대한 판단은 무엇입니까?

파트와 보장이 시간적으로나 다른 기준으로 제한되지 않는다면 허용되지 않습니다. 보장이 제한적이라면, 그리고 보장이 쌍방에게 정확하게 알려지지 않은 상태가 아니라면 보장은 허용됩니다.

* 출처: Al-Fatāwi Al-Muʿāmalāt, Qism al-Fatwa bi Maktab al-'iftāʾ, Salṭanah ʿUmān, p.333.

◆ 방치된 이웃의 대추야자 수확물

질문 두 사람의 녹색재산4이 서로 이웃해 있습니다. 대추야자 나무 한 그루가 이웃집 정원쪽으로 기울어졌습니다. 그리고 이 대추야자 나무는 방치됐습니다. 나무의 주인은 몇 년 째 대추야자 열매를 따지 않고 있습니다. 열매가 떨어져서 이웃의 재산에 피해를 입힐 지경이었습니다. 그래서 이웃은 그에게 피해가 발생하지 않도록 대추야자 나무를 제거하자고

4_ 녹색재산은 과수원을 말한다.

말했습니다. 대추야자 나무가 자연적으로 쓰러지건 나무 주인이 나무를 넘어뜨리건 간에 이웃에게 피해를 줍니다. 나무 주인은 어떻게 해야 합니까?

파트와 피해를 걱정하는 사람은 해당 나무의 주인에게 벌목을 요구해야 합니다. 주인이 이를 거부한다면 이 일을 샤리아 법원에 고발합니다. 만약 법원의 판결이 나오기 전에 피해가 발생한다면 나무의 주인이 손해를 보상해 주어야 합니다.

* 출처: Al-Fatāwi Al-Mu'āmalāt, Qism al-Fatwa bi Maktab al-'iftā', Salṭanah 'Umān, p.334.

◈ 모스크 주차장에서 주차 중 발생한 사고에 대한 수리비에 대한 판단

질문 한 남자가 정부가 운영하는 모스크의 주차장에 차를 주차하는 상황에서 발생한 일입니다. 이 주차장엔 전신주가 있습니다. 후진을 하던 중 차가 무엇인가와 충돌했습니다. 전등은 손상되지 않았지만 전등이 고정돼 있던 시멘트가 깨졌습니다. 그래서 모스크 노동자들이 이를 수리했습니다. 운전자는 어떻게 해야 합니까?

파트와 정부가 수리 비용을 부담해야 합니다. 그러면 아무런 문제가 없습니다.

* 출처: Al-Fatāwi Al-Mu'āmalāt, Qism al-Fatwa bi Maktab al-'iftā', Salṭanah 'Umān, p.334.

질문 정부 소유 주거지역의 시설을 손상시킨 사람은 어떻게 해야 합니까? 이 사람은 고의로 부순 것이 아닙니다. 이 사람은 이 지역의 거주민입니다.

파트와 답변은 이전 질문과 같은 답을 드립니다.

* 출처: Al-Fatāwi Al-Mu'āmalāt, Qism al-Fatwa bi Maktab al-'iftā', Salṭanah 'Umān, p.334.

◈ 제약회사 직원이 샘플 약품을 가난한 이에게 주는 것

질문 저는 외국계 제약회사에 속한 약국에서 근무하고 있습니다. 제 업무는 전문의사들에게 신약과 최신 제약 연구를 홍보하는 것입니다. 회사는 저에게 일정 양의 무료 샘플 약을 주는데, 저는 이를 의사들에게 나

뒤 주고 의사들이 환자들에게 무료로 사용하도록 하고 있습니다. 저는 가끔 할당된 샘플 약을 필요한 가난한 사람들에게 주고 있습니다. 무료 샘플 약을 가난한 사람들에게 주는 것에 대한 샤리아의 판단은 무엇입니까?

파트와 당신은 근무하고 있는 회사의 허락이 없이는 아무리 가난한 사람들과 불쌍한 사람들이라도 그들에게 샘플 약을 주는 행동을 해서는 안 됩니다. 왜냐하면 당신은 전문의사들에게 약을 홍보하는 회사의 대리인이기 때문입니다. 대리인은 위임 받은 일을 벗어나거나 위임 조건에 어긋나는 행위를 해서는 안 됩니다.

* 출처: http://aliftaa.jo/Question.aspx?QuestionId=2055#.U0VqxGC_mM8(2014.4.9)

◈ **모스크 예탁금 투자 가능 여부**

질문 한 남자에게 모스크에 예탁해 놓은 돈이 있습니다. 이 남자가 다른 사람에게 이 예탁금을 대출해 줄 수 있나요? 그리고 이 예탁금을 대출받는 것이 가능한가요?

파트와 와끄프 자산은 와끄프에 이익이 될 때 외에는 사용할 수 없습니다. 그 남성의 돈을 다른 사람에게 대부해 주는 것은 와끄프에 이익이 되지 않습니다. 또한 대출한 사람이 갚을 능력이 없을 수도 있어, 와끄프의 자산을 잃을 수도 있습니다. 그러므로 와끄프 자산을 다른 사람에게 대부해 주는 것은 안 되고, 타인이 대출을 요청해서도 안 됩니다. 대출 신청자가 상환 능력이 없을 경우, 대출 시 보증을 서 준다면 이는 가능합니다.

* 출처: http://aliftaa.jo/Question.aspx?QuestionId=2381#.U0aGpWC_mM8(2014.4.10)

◈ **남성에게 반지 판매에 관한 건**

질문 상인이 남성에게 반지를 파는 경우 죄를 짓는 건가요? 반지를 팔아서 돈을 버는 경우, 이것이 하람인가요?

파트와 남성에게 금이나 은으로 된 반지를 파는 것은 특별할 게 없습니다. 하지만 당신이 그 남성이 금반지를 자신이 끼려고 구매한다는 걸 알았다면 팔지 마십시오. 왜냐하면 그것은 죄를 짓는 것을 도와주는 것과 같기 때문입니다. 그럴 경우에는 그 남성에게 충고하고 남성이 은반지는 괜찮지만 금반지를 착용하는 것은 하람이라고 알려 주세요.

 * 출처: http://www.alifta.net/Search/ResultDetails.aspx?languagename=ar&lang=ar&vie
 w=result&fatwaNum=&FatwaNumID=&ID=5017&searchScope=3&SearchScopeLevels1=
 &SearchScopeLevels2=&highLight=1&SearchType=exact&SearchMoesar=false&bookID=
 &LeftVal=0&RightVal=0&simple=&SearchCriteria=allwords&PagePath=&siteSection=1&s
 earchkeyword=216170216168216167216175217132#firstKeyWordFound(2014.7.14)

◈ 노래 테이프, 담배, 면도 등 금지된 것을 판매하는 영업장에 점포 임대

　질문　노래 테이프나 담배 판매, 이발소의 면도와 같이 금지된 것들을 영업하는 상점 임대에 대한 판단은 무엇입니까? 임대인은 이러한 사실을 인지하지 못한 채 계약했고 한참이 지난 후 이를 알게 되었습니다. 임대인이 계약을 갱신하는 것이 가능합니까?

　파트와　알라께서 말씀하시길 "정의와 신앙을 위해 서로 협동하라, 그러나 죄악과 증오에는 협조하지 말고, 알라를 두려워해라, 알라께서 엄한 벌을 내리실 것이라"〈마이다(5)장 2절〉라고 하셨습니다. 금지된 것을 판매하는 상점 등을 임대하는 것은 죄 짓는 일에 동참하는 것입니다. 또한 이는 사람들에게 부패를 확산시키는 원인이 됩니다. 그러므로 이런 행위를 시작하는 것도 안 되고 지속하는 것도 안 됩니다.

 * 출처: Al-Fatāwi Al-Muʿāmalāt, Qism al-Fatwa bi Maktab al-'iftāʾ, Salṭanah ʿUmān, p.267.

◈ 대추야자밭 고용 조건

　질문　어떤 사람이 일정 금액만큼 자신의 대추야자 밭에서 일하도록 했습니다. 고용인은 고용주의 손익과 상관없이 대추야자 접붙인 식물을 대추야자 열매가 맺기 전 구매하는 조건이었습니다. 이에 대한 판단은 무엇입니까?

　파트와　임금이 노동의 대가라면 무방합니다.

 * 출처: Al-Fatāwi Al-Muʿāmalāt, Qism al-Fatwa bi Maktab al-'iftāʾ, Salṭanah ʿUmān, p.267.

◈ 상점 권리금

　질문　1. 한 남성이 상점이 전무한 지역에서 처음으로 장사를 하려고 상점을 임차하였습니다. 이 사람은 상점을 수리하고, 정리하고, 설비를

마쳤습니다. 상점의 원 주인은 어떤 제약이나 조건 없이 합의한 임대 기간이 끝나면 본인에게 상점을 돌려달라는 조건을 걸었습니다. 그렇다면, 임차인은 상점을 수리하고, 인테리어 장식을 하고, 홍보한 것에 대한 권리가 있나요?

2. 한 사람이 기존의 상점을 임차하였습니다. 물론 임차 기간은 정해져 있습니다. 상점 주인이 상점을 필요로 한다거나, 임대기간이 끝나면 어떠한 제약이나 조건 없이 상점을 주인에게 양도한다는 조건이 있었습니다. 이 경우 임차인은 가게 인테리어나 가게를 홍보한 것에 대한 권리가 있나요?

두 상황의 차이점은 첫 번째 임차인은 상점을 처음으로 개점한 것이고, 두 번째 임차인은 기존 상점을 임대한 것입니다.

파트와　양측이 상점 임대 시 일정 기간에 합의했다면 임대는 유효합니다. 두 상황의 조건들은 양측의 합의에 의한 것이었습니다. 임차인이 장사를 하기 위해 상가를 꾸민 것에 대해서는, 상점 주인의 동의유무와 상관없이 첫 번째 경우, 임차인이 상가를 처음으로 개점한 것은 기부한 것으로 간주됩니다. 그래서 임차인이 계약완료 이후 상점을 소유주에게 돌려줄 때, 자신이 한 일에 대해 아쉬움이 있을 것입니다. 두 번째 경우는 양측 간의 합의에 의한 것입니다.

* 출처: Al-Fatāwi Al-Mu'āmalāt, Qism al-Fatwa bi Maktab al-'iftā', Salṭanah 'Umān, pp. 267-268.

◈ 자국민만 수입 가능한 물품을 겨냥하여 수입 허가증을 빌려주는 것

질문　자국민 외에는 수입할 수 없는 물품이 있습니다. 그런데 자국민이 해당 물품수입 허가증을 발급받고 외국인에게 양도하여 외국인이 수입하는 일이 발생했습니다. 이 사람은 외국인에게 허가증을 양도하면서 2.5%의 대가를 조건으로 두었습니다. 이는 가능한 일인가요?

파트와　허가증을 발급하는 데 자국민이 수고를 기울였고, 그것이 가라르가 아니라면, 이는 무방합니다.

* 출처: Al-Fatāwi Al-Mu'āmalāt, Qism al-Fatwa bi Maktab al-'iftā', Salṭanah 'Umān, p. 268.

◈ 부동산 중개자가 판매자와 구매자로부터 수수료를 받는 것에 대한 판단

질문　현재 부동산 판매 및 중개 거래를 하는 사무실이 있습니다. 판매자와 구매자가 이곳을 통해 판매 계약을 체결하면 이들은 이런 업무를 하고, 구매자와 판매자 모두에게 돈을 받습니다. 이처럼 판매자와 구매자 모두에게서 돈을 받는 이 중개업에 대한 판단은 무엇입니까?

파트와　이는 허락된 일입니다. 이들이 자신들의 노력을 기울인 후 얻은 대가이기 때문입니다.

* 출처: Al-Fatāwi Al-Mu'āmalāt, Qism al-Fatwa bi Maktab al-'iftā', Salṭanah 'Umān, p. 268.

◈ 주류 운반의 가능성을 인지한 채 자동차를 임대

질문　한 사람이 자기 소유의 자동차를 외국인 관광객 손님용으로 호텔에 임대하는 것이 가능합니까? 문제는 이 자동차가 술 운반에도 사용될 가능성이 있을 수도 있습니다.

파트와　의심의 여지가 있는 것은 버리고 의심이 없는 일을 하십시오.

* 출처: Al-Fatāwi Al-Mu'āmalāt, Qism al-Fatwa bi Maktab al-'iftā', Salṭanah 'Umān, p. 269.

◈ 습득물에 관한 건

질문　습득물 신고는 어떻게 이루어집니까?

파트와　잃어버린 재물이 있다면 관계 기관에 고지하십시오. 관계 기관은 습득물의 종류와 모양, 포장 유무 등 상세한 정보를 살펴십시오.

* 출처: Al-Fatāwi Al-Mu'āmalāt, Qism al-Fatwā bi Maktab al-'iftā' Salṭanah 'Umān, p. 260, p. 325.

◈ 어린 시절 습득물을 성인 되어 해결하는 방안

질문　어떤 사람이 어린 시절 물건을 습득했지만 신고하지 않았습니다. 이제 행동에 책임을 질 나이가 되었는데 어떻게 해야 합니까? 이에 대한 판단은 무엇입니까?

파트와　습득물의 주인을 찾을 능력이 없었다면, 또는 뒤늦게라도 주인을 찾을 수 없었다면, 이 습득물을 가난한 무슬림들에게 주어야 합니다. 습득물이 손상됐다면 그에 상응하는 금액을 주어야 합니다.

* 출처: Al-Fatāwi Al-Muʿāmalāt, Qism al-Fatwā bi Maktab al-'iftā' Salṭanah 'Umān, p.325.

◈ 습득물에 관한 판단

질문 한 사람이 현재 사용하는 1 오만 리얄을 습득했습니다. 이에 대한 판단은 무엇입니까?

파트와 습득물을 일련번호와 같은 것으로 주인을 확인할 수 있다면 주인을 찾아 주십시오. 그렇지 않다면 습득물을 가난한 사람들에게 주어야 합니다.

* 출처: Al-Fatāwi Al-Muʿāmalāt, Qism al-Fatwa bi Maktab al-'iftā', Salṭanah 'Umān, p.325.

◈ 유학지에서 습득한 물건에 대한 처리

질문 한 남자가 근무지 혹은 유학지에서 물건을 주웠습니다. 물건을 주인에게 돌려주지 않고 신고하지 않았으며 자신이 소유했습니다. 그 후 귀국했습니다. 그 이후로 시간이 많이 흘렀습니다. 어떻게 해야 하나요?

파트와 가난한 무슬림들에게 기부해야 합니다.

* 출처: Al-Fatāwi Al-Muʿāmalāt, Qism al-Fatwa bi Maktab al-'iftā', Salṭanah 'Umān, p.325.

◈ 사업자 등록증 대여

질문 사업자 등록증을 가지고 있지만 이를 사용하지 않는 사람이 있습니다. 가끔 사람들이 사업자 등록증을 대여하는 대신 돈을 주겠다고 요청합니다. 이 돈은 할랄입니까? 하람입니까?

파트와 신앙심이 있는 사람은 이런 일을 하지 않습니다. 이에는 의심할 만한 일이 포함되어 있기 때문입니다.

* 출처: Al-Fatāwi Al-Muʿāmalāt, Qism al-Fatwā bi Maktab al-'iftā' Salṭanah 'Umān, p.260.

◈ 택시 번호 취득 면허증 임대

질문 한 남성이 택시 번호를 발급받기 위해 면허증을 취득했습니다. 이후 이 사람은 택시 번호를 다른 사람에게 판매 혹은 임대하고자 합니다. 이 거래는 유효한 것인가요? 이런 거래는 이미 사회에서 흔합니다. 즉, 이 남성은 택시번호 소유주이고, 면허증 취득을 위해 비용을 지불했습니다.

파트와 면허증은 양도될 수 있습니다. 왜냐하면 번호판으로 이익이 창출되는 것이기 때문입니다. 그러나 번호판 주인은 번호판 없이 자동차를 소유하는 것이 허락되지 않습니다. 그러므로 번호판을 임대한 사람이나 구매자는 원하는 이익을 얻는 것을 그만둬야 합니다. 상거래의 원칙은 대상물을 이용하여 수익용으로 판매, 증여, 임대가 가능하다는 것입니다.

* 출처: Al-Fatāwi Al-Mu'āmalāt, Qism al-Fatwā bi Maktab al-'iftā' Salṭanah 'Umān, p.261.

◈ 운전 연수 조건에 대한 판단

질문 저는 자동차 운전 연수를 위해 여성 운전 강사와 계약했습니다. 합의 조건은 제가 운전 면허 취득이 가능하도록 연수를 받고 그 강사에게 300 오만 리얄을 주는 것이었습니다. 저는 우선 강사에게 170 오만 리얄을 주고, 나머지 130 오만 리얄에 대해서는 면허증 취득시 주기로 하였습니다. 그런데 운전 강사는 제가 면허를 취득하기 전에 사망했습니다. 그렇다면 현재 저는 면허증을 취득하지 못한 채 나머지 금액을 운전 강사 상속자들에게 지불해야 합니까?

파트와 면허 취득 때까지 운전 연수를 하는 것에 대한 합의는 합의 안에 가라르가 포함되어 있습니다. 양측 간의 계약은 면허증이 나온 후 완성되는 것입니다. 그렇지 않으면 양측은 유사한 비용에 근거하여 지불해야 합니다. 그러므로 당신은 상속인들이 동의하는 비용을 지불해야 합니다. 그렇지 않다면 유사 경우의 비용 산출에 근거하여 지불해야 합니다.

* 출처: Al-Fatāwi Al-Mu'āmalāt, Qism al-Fatwā bi Maktab al-'iftā' Salṭanah 'Umān, p.261.

질문 저는 자동차 운전 연수를 하고 있습니다. 저와 운전 교육생 간의 계약 또는 합의를 바탕으로 이를 진행하고 있습니다. 계약 및 합의의 방식은 아래와 같습니다.

1. 시간제: 합의는 시간당 금액으로 계산하여 지불하며, 양측의 동의에 의해 합의.

2. 운전 면허증을 취득할 때까지 일정한 금액으로 합의.

3. 양측이 합의한 일정한 금액으로 운전을 위한 몇 가지 시험에 대한 합의. 만약 첫 번째 시험에서 합격했거나, 운전면허 시험 횟수에 대한 합의가 끝났을 경우에 첫 번째 시험에서 합격했든 마지막 시험에서 합격했든 운전강사에게 총액에 해당하는 돈을 제공.

4. 일정한 금액에 대한 합의 후 이 금액과 교육 시간 계산. 연수생이 운전면허를 취득하지 못하면 운전 강사는 추가로 10시간 연수시간 부여. 연수생이 계약된 시간의 연수를 다 받지 않은 채 운전면허를 취득해도 양측이 합의한 전액을 납부. 이는 양측의 동의에 의한 것임.

파트와　첫 번째 경우는 아무 문제 없습니다. 이 경우는 양측 누구에게도 가라르가 포함되지 않았기 때문입니다. 노력의 양과 임금은 알려져야 합니다. 그러나 나머지 계약 방식에는 불확실함이 있습니다. 이 방식에 따른 계약은 양측의 동의에 의해 연수가 끝나는 시점에 종료됩니다. 합의된 업무가 끝날 때까지 불확실함이 지속됩니다. 만약 양측 간 의견 불일치가 발생한다면 이를 취소하고 양측은 이와 유사한 경우에 근거하여 비용을 지불하여야 합니다.

* 출처: Al-Fatāwi Al-Muʻāmalāt, Qism al-Fatwā bi Maktab al-ʼiftāʼ Salṭanah ʻUmān, p. 262.

◈ 담배 운송에 사용되는 자동차 임대

질문　우리나라에서는 매일 수 많은 외국 선박을 상대로 담배 판매가 빈번하게 이루어지고 있습니다. 이 일에 종사하는 이들은 법학자의 말을 빌려 담배 연기를 흡입하는 것이 금지되거나 꺼려지는 일이라고 말하고 있습니다. 문제는 판매되는 담배의 양이 생각보다 많다는 것입니다. 그래서 이 거래가 지역민의 주 수입원이 되었습니다. 사람들은 집을 담배 보관 창고로 임대하고, 자동차를 창고에서 항구까지 담배 운송수단으로 임대하고 있습니다. 일부 사람들은 담배 연기를 마시는 것은 하람이지만 담배 거래를 통한 수익 창출, 담배 운반, 담배 보관 창고 임대는 샤리아상 금지되지 않는다고 생각합니다. 그들의 주장은 당나귀 고기를 먹는 것은 금지되어 있으나 당나귀를 이용하는 것은 괜찮다는 것입니다. 이것에 대한 의견은 무엇입니까?

파트와 불복종에 동참하는 것은 불복종입니다. 그리고 불복종에 대한 임금을 가져가는 것은 금지됩니다. 당나귀 판매에 대한 판단을 근거로 끼야스하는 것은 허락되지 않습니다. 왜냐하면 해롭기만 한 담배와는 달리 당나귀 이용은 원래 허락되었던 것이기 때문입니다. 하지만 담배는 해를 끼치는 수단이므로 담배를 유통시키는 수단 또한 금지된 것입니다. 담배로 얻은 수익 역시 하람입니다.

* 출처: Al-Fatāwi Al-Muʿāmalāt, Qism al-Fatwa bi Maktab al-'iftāʾ, Salṭanah ʿUmān, p. 262.

◈ 토지 임대 기한 만료 후 반환된 토지에 설립된 건물의 소유권

질문 상업용 토지를 소유한 자가 있습니다. 은행에서 이 토지에 건물을 짓고 일정 기간 동안 사용하기를 원했습니다. 토지 주인과 은행 간에 합의된 일정 기간이 지난 후 토지는 주인에게 환원되었습니다. 그렇다면 토지의 건물은 토지 주인의 소유가 되는 것입니까? 이에 대한 샤리아의 의견은 무엇입니까?

파트와 이 거래의 성격상 주의할 점이 일부 있다는 것은 차치하고도, 리바 기관에 임대하는 것은 허락되지 않는 행동입니다. 왜냐하면 이는 죄를 범하는 것에 협조하는 것이기 때문입니다. 알라께서 "정의와 신앙을 위해 서로 협동하라, 그러나 죄악과 증오에는 협조하지 말고, 알라를 두려워해라, 알라께서 엄한 벌을 내리실 것이라"〈마이다(5)장 2절〉라고 하셨습니다.

* 출처: Al-Fatāwi -Al-Muʿāmalāt, Qism al-Fatwa bi Maktab al-'iftāʾ, Salṭanah ʿUmān, p. 263.

◈ 모스크 소유 상점 중 이발소 임대 가능성 여부

질문 모스크에 상점들이 모여 있는데, 이 상점들은 모스크의 소유물로 상점의 임대료는 모스크를 위한 비용에 사용되고 있습니다. 이 중 한 상점은 외국인을 위한 이발소로 임대되었습니다. 외국인들은 이발소에서 턱수염을 면도하거나 다듬고 있습니다. 알려 드리자면, 이 상점은 모스크 건물에 속해 있습니다. 제 질문은 이 모스크 재산으로 임대료를 받아 모스크 복지를 위해 사용하는 것에 대한 판단은 무엇입니까?

파트와 알라께 불복종하는 일과 관련된 임대는 허용되지 않습니다. 알라께서 "정의와 신앙을 위해 서로 협동하라, 그러나 죄악과 증오에는 협조하지 말고, 알라를 두려워해라, 알라께서 엄한 벌을 내리실 것이라"〈마이다(5)장 2절〉라고 하셨습니다.

* 출처: Al-Fatāwi Al-Mu´āmalāt, Qism al-Fatwa bi Maktab al-'iftā´, Salṭanah ´Umān, p.263.

◈ 다신론자용 이발소 임대

질문 다신론자들을 위한 이발소 임대에 대한 판단은 무엇입니까? 알려드리자면 다신론자들은 턱수염을 면도합니다.

파트와 모스크 옆에서 다신론자들이 하고 있는 일의 성격을 보았을 때, 이 일은 하면 안 됩니다.

* 출처: Al-Fatāwi Al-Mu´āmalāt, Qism al-Fatwa bi Maktab al-'iftā´, Salṭanah ´Umān, p.264.

◈ 사원 인접 상가에 이발소 임대

질문 한 남성이 어느 지역에 모스크를 짓고, 이 모스크에 인접하여 상가를 지었습니다. 그리고 상가의 상점들을 이발사들에게 임대해 주었습니다. 그렇다면 이 상점 임대에 대한 샤리아적인 판단은 무엇입니까? 이 상점을 이용하여 벌어들인 수익을 모스크 보수작업에 사용해도 괜찮습니까?

파트와 그 상점에서 이발사들이 면도 영업을 하지 않는다면, 사원을 위해 상점을 임대하는 것은 무방합니다.

* 출처: Al-Fatāwi Al-Mu´āmalāt, Qism al-Fatwa bi Maktab al-'iftā´, Salṭanah ´Umān, p.264.

◈ 노래 테이프, 리바 은행, 여성 뷰티샵 매장으로 임대

질문 가요 테이프를 팔거나, 리바 은행이나 혹은 여성 뷰티숍을 위해 임대하는 것은 괜찮은가요?

파트와 알라를 거역하는 일에 동조하는 임대는 허락되지 않습니다.

* 출처: Al-Fatāwi Al-Mu´āmalāt, Qism al-Fatwa bi Maktab al-'iftā´, Salṭanah ´Umān, p.265.

◆ 현물 거래에 관한 건

질문   금세공으로 세공비를 받는 세공사가 있습니다. 그는 금을 팔 경
우에는 세공비와 함께 금 값을 받습니다. 금을 금으로 교환할 경우에 세
공비를 받고, 세공비에 금 교환에 따른 이윤이 포함됩니다. 이것이 적법
한가요?

파트와   금 판매수익과 함께 세공비를 받는 것이 지폐처럼 금이 아닌 다
른 종류로 매매한 것이면 무방합니다. 그러나 금을 금으로 파는 것과 같
이 동종끼리 판매하고 세공비도 수령했다면 그것은 허용되지 않습니다.
아부 사이드 쿠드리의 하디스에 따르면 예언자가 "금을 금으로 팔 때 동
급, 동량이 아니면 팔지 말라 현물이 부재한 상태, 즉 교환할 두 물품 중
하나가 없이는 팔지 말라"고 했습니다.

* 출처: http://www.alifta.net/Search/ResultDetails.aspx?languagename=ar&lang=ar&vie
w=result&fatwaNum=&FatwaNumID=&ID=5017&searchScope=3&SearchScopeLevels1=
&SearchScopeLevels2=&highLight=1&SearchType=exact&SearchMoesar=false&bookID=
&LeftVal=0&RightVal=0&simple=&SearchCriteria=allwords&PagePath=&siteSection=1&s
earchkeyword=21617021616821616721617521713 2#firstKeyWordFound(2014.7.14)

◆ 무슬림의 이윤을 추구하는 화폐 교환

질문   무슬림이 달러나 그 밖의 화폐를 싼 값에 구입하여 가격이 오른
뒤에 파는 것이 가능한가요?

파트와   문제될 것이 없습니다. 달러나 그 밖의 화폐를 구입해서 가지고
있다가 값이 오른 후에 그것을 파는 것은 무방합니다. 그러나 구입 시에
현장 직거래여야 하고 나시아(외상)로 구매하는 것은 안 됩니다. 달러는
사우디 리얄 또는 이라크 디나르로 현장 거래되어야 합니다.

* 출처: http://www.alifta.net/Search/ResultDetails.aspx?languagename=ar&lang=ar&vie
w=result&fatwaNum=&FatwaNumID=&ID=3624&searchScope=4&SearchScopeLevels1=
&SearchScopeLevels2=&highLight=1&SearchType=exact&SearchMoesar=false&bookID=
&LeftVal=0&RightVal=0&simple=&SearchCriteria=allwords&PagePath=&siteSection=1&s
earchkeyword=21713421617921713821616621616 9#firstKeyWordFound(2014.7.14)

• 이슬람 샤리아 위원회 결정

1. 결정 제96호(10/4)

신용 카드에 관하여 하기와 같이 결정한다.

1) 사무국은 은행이 발행한 신용카드의 모든 조건에 대한 현장조사를 실시한다.

2) 신용카드 양식을 검토하는 위원회 구성하여 신용카드의 특성과 차이점을 규정하고, 이 신용카드에 대한 합법적 조정 작업을 한다. 이는 아랍 및 기타 외국의 다양한 신용카드 발행기관을 확보한 이후에 진행한다.

3) 사전 준비작업에서 나온 주제를 토론하기 위한 검토회의를 개최하고, 이에 관한 통합 결과를 마련하여 차기 회의에 이를 제출한다.

   하기 사항을 권고한다.

   ① 관련 경제 전문용어 및 샤리아상 전문용어를 재정립할 필요가 있다. 이는 허용된 거래 및 금지된 거래와 관련한 것으로 거래 현실에 적합하도록 거래 본질을 밝혀야 하기 때문이다.

   샤리아에서 빈번히 사용되는 표현이 전문용어로 확정된다. 특히 이 용어에는 샤리아적 판단의 영향이 미치고, 나아가 이것은 경제 전문용어가 된다. 이때 경제 전문용어는 샤리아 전문용어와 조화를 이루고 샤리아의 본 개념에서 출발한다.

   ② 다수의 무슬림 국가로부터 은행이 리바 성격을 띤 신용카드의 발행을 금하게 해 달라는 요구가 있었다. 이는 국가를 금지된 리바의 수령에 빠지는 위기로부터 지키고, 국가경제 및 개인의 자산을 보호하기 위한 것이다.

   ③ 샤리아 판단의 범주 내에서 국가 경제를 보호하기 위한 금융정책을 마련하고, 사회와 개인을 은행의 착취로부터 보호하기 위한 확고한 규칙을 마련한다. 이는 은행의 착취로부터 파멸을 피하기 위한 것이다.

2. 결정 제101호(11/4)

공공·민간 부문의 채무·대출채권·샤리아에 입각한 대출채권의 대안 매각에 관하여 하기와 같이 결정한다.

1) 만기채무를 동종 또는 동종이 아닌 물품의 후불방식으로 매각하여 리바를 취하는 것은 허용되지 않는다.
2) 1990년 3월 14일부터 20일까지 사우디 아라비아 왕국에서 제6차 회의로 개최되었던 채권에 관한 샤리아 위원회의 결정 제60호(6/11)를 재차 강조한다. (셋째)항 역시 1992년 5월 9일부터 14일까지 사우디아라비아 왕국에서 제7차 회의로 개회된 기업어음 공제에 관한 샤리아 위원회의 결정 제64호(7/2)호에 의거한 것이다.
3) 샤리아 위원회는 채무 매각에 관한 여러 방식을 검토하고, 더욱 심도 있는 연구를 진행하기 위해 매각형태 결정을 연기한다. 그리고 사무국에 이 형태들을 검토하기 위한 위원회 구성을 요구하였고, 합법적인 대안을 제안하였다. 이는 채무를 매각하기 위한 것입니다. 이로써 해당 주제는 다시 한 번 차기 샤리아 위원회 회의로 이월된다

3. 파트와 결정 제102호(11/5)

통화 거래에 관하여 하기와 같이 결정한다.

1) 화폐 및 화폐가격 변동에 관한 피끄흐위원회의 결정 제21호(3/9)를 확인함으로써, 금융시장에 관한 결정 제63호(7/1)의 세 번째 조항: 물품, 화폐 및 주식지표의 거래에 관한 결정 제2호 화폐 거래 결정이 내려졌다. 결정 제53호(6/4)는 수령에 관한 것이다. 결정 제53호의 두 번째 조항: (마-1)이 바로 그것이다.
2) 화폐의 선물 판매는 샤리아상 허용되지 않는다. 또한 지불 기일을 정하는 것 역시 허용되지 않는다. 이는 코란과 하디스에서도 이는 명시되어 있으며, 이에 관해 공동체의 만장일치가 이루어졌다.
3) 이슬람 샤리아 판단을 준수하지 않는 리바, 화폐 거래 및 환전은 몇몇 국가들의 경제를 강타한 경제위기 및 경제변동의 주요 이유 중 하나이다.

4. 권고사항

피끄흐위원회는 하기 사항을 권고한다.

샤리아에 입각하여 금융시장을 감독해야 한다. 또한 금융시장이 화폐 및

기타 부문에 있어 이슬람 샤리아상 판단에 따라 운용되도록 해야 한다. 상기 판단은 경제적 위기를 방지하기 위한 안전 장치이기 때문이다.

* 출처: Majma al-Fiqh al-Islāmī, Sharika Maṭābi' al-Sudānī lil'umlah al-Maḥdūdah, pp.277-278.

● 이슬람 샤리아위원회 제12차 회의

첫째, 금지되는 형태와 허락되는 형태는 아래와 같다.

1. 금지된 형태: 두 계약이 같은 시간, 같은 물건, 같은 기간에 명시된 것
2. 허락된 형태:
   가) 두 건의 계약이 시간적으로 상호독립적이어서, 임대 계약 이후에 판매계약이 이루어져야 한다. 혹은 임대 기간이 종료될 때 소유 계약이 존재해야 한다. 선택은 규칙에 맞게 이루어져야 한다.
   나) 임대는 실제로 이루어져야 하고, 매매가 숨겨져서는 안 된다.
3. 임대한 물건에 대한 책임은 임차인이 아닌 임대인에게 있다. 그러므로 임차인의 과실이나 소홀로 인해 발생한 파손이 아니라면 물건은 임대인이 책임진다. 또한 임차인은 사용권한이 종료되면 아무런 의무도지지 않는다.

   만약 계약에 임차물건에 대한 보험이 포함되어 있다면 보험은 상업보험이 아닌 이슬람 상조 보험이어야 한다. 보험은 임차인이 아닌 임대인인 물건 주인이 부담해야 한다.
   가) 리스 승계 계약은 임대 기간 중에는 임대 규칙에 적용되고, 물건 소유 중에는 판매 규칙에 적용된다.
   나) 운영에 관련되지 않는 수리 비용은 임대 기간 내내 임차인이 아닌 임대인이 부담한다.

둘째, 금지된 계약의 형태

1. 리스 승계 계약은 임차인이 일정한 기간 동안 지불한 요금에 대한 계약으로, 새로운 계약 체결 없이 임대 기간이 끝나면 자동적으로 판매로 전환된다.
2. 다른 사람에게 물건을 임대할 때에는 가격과 기간이 알려져야 하고, 판매

계약은 알려진 기간 동안 합의한 모든 금액을 지불한 것과 관련되어 있다.

3. 이것은 학술기관에서 발행한 파트와와 결의안들이 포함된 것으로 이 학술기관에는 사우디 원로 학자들의 기관이 포함되어 있다.

셋째, 허락된 계약의 형태

1. 임대 계약은 임차인이 알려진 금액과 기간 동안 임차한 물건을 이용하는 것이다. 이 계약은 임차인을 위한 물건 기증 계약과 관련되어 있다. 이는 모든 요금의 납부와 결부되어 있으며, 독립적인 계약이거나 모든 요금을 지불한 후 기증을 약속하는 계약이다. 이는 기증과 관련된 13(1/3)호 이슬람 피끄흐 아카데미 결의안에 따른 것이다.

2. 임대 계약은 물건 주인이 임차인에게 정해진 기간 동안 지불해야 할 모든 임대료를 납부한 후, 선택권을 주는 계약이다. 선택은 임대 기간이 끝날 시, 임대한 물건을 시장가격으로 구매하는 것이다. 이는 이슬람피끄흐 아카데미 44(6/5) 결의안에 따른 것이다.

3. 임대 계약이란 임차인이 임대한 물건을 이용하도록 하는 계약으로, 임대료와 기간이 명시되어 있고, 모든 임대료 납부가 완료되면, 양측이 합의한 가격에 임차인에게 임대한 물건을 판매한다는 약속과 관련된 계약이다.

4. 임대 계약은 임차인이 임대한 물건을 사용할 수 있도록 하는 계약으로 이에 대한 대가로 잘 알려진 임대료와 기간이 있다.

임대인은 임차인에게 원하는 시간에 임대한 물건을 소유할 수 있는 선택권을 준다. 단, 판매는 시장가격으로 새로운 계약을 통해 이루어진다. 이는 이슬람 피끄흐 아카데미 44(6/5) 결의안에 따른 것이고 판매 시기는 합의에 따라 이루어진다.

넷째, 리스 승계 계약의 형태에 대해서는 이견이 있다. 그러므로 다음 회기에 토의가 필요하다.

임대증서와 관련된 주제는 더 많은 토의와 연구가 필요하므로, 다음 회기로 연기한다.

* 출처: http://www.fiqhacademy.org.sa/, http://www.fiqhacademy.org.sa/qrarat/12-4.htm

• 이슬람 피끄흐 위원회 제3차 회의

아래와 같이 결정한다.

1. 이슬람 개발은행의 대출 서비스 요금과 관련

가) 대출 서비스 요금을 받는 것은 실질 비용 내에서 가능하다.

나) 실질 비용을 초과한 모든 것은 금지된다. 이는 샤리아상에서 금지된 리바이기 때문이다.

2. 임대 행위와 관련

가) 이슬람 개발은행이 자신들이 소유했던 장비들을 고객들에게 임대하는 것은 샤리아상으로 받아들여질 만한 사안이다.

나) 이슬람 개발은행은 고객이 필요한 장비들이나 기계들을 구입하는 것을 고객 중 한 명에게 위임한다. 단, 물건의 사양은 정해진 것이어야 하고, 금액은 은행이 부담한다. 이는 은행이 이 물건들을 은행의 대리인이 소유한 이후에 고객에게 임대하기 위함이다.

　위임은 샤리아상으로 받아들여지는 것으로, 가장 선호되는 것은 구매를 위임 받은 사람은 가능한 한 앞서 말한 고객이 아니어야 한다.

다) 임대 계약은 기계를 실질적으로 소유한 이후에 이루어져야 한다. 또한 위임 계약과 이행 계약은 각각 별도의 계약으로 체결되어야 한다.

라) 임대 기간 종료 후 기계를 기증한다는 약속은 별도의 계약으로 가능하다.

마) 파손이나 결함은 물건의 소유주인 은행에 책임이 있다. 그러나 임차인의 과실이나 소홀로 인해 발생한 것이라면 임차인에게 책임이 있다.

3. 할부 선판매 행위에 대하여

가. 이슬람 개발은행이 고객에게 물건을 판매한다는 약속은 은행이 물건을 소유한 이후라면 샤리아상으로 가능하다.

나. 이슬람 개발은행은 고객이 필요한 장비들이나 기계들을 구입하는 것을 고객 중 한 명에게 위임한다. 단, 물건의 사양은 정해진 것이어야 하고, 금

액은 은행이 부담한다. 이는 은행이 이 물건들을 은행의 대리인이 소유한 이후에 고객에게 임대하기 위함이다. 위임은 샤리아상으로 받아들여지는 것으로, 가장 선호되는 것은 구매를 위임 받은 사람은 가능한 한 앞서 말한 고객이 아니어야 한다.

다. 판매 계약은 물건을 실제로 소유하고 수령한 후에 이루어져야 하며, 별도의 계약이 체결되어야 한다.

4. 해외무역 자금조달 행위에 관하여

해외무역 자금 조달 행위는 할부 선판매 행위를 하는 것과 같은 원칙이 적용된다.

5. 이슬람 개발은행이 해외 은행에 어쩔 수 없이 예치한 예치금 이자를 처분하는 것에 관하여

이슬람 은행은 불안정한 통화로부터 은행 자금의 실질가치를 보호하기 위해 예치금으로부터 얻은 이자를 이용해서는 안 된다. 그러므로 이 이자는 교육, 연구, 구호 활동, 회원국에 대한 재정 및 기술 지원 및 학술 기관, 연구기관 학교 등 공공의 이익을 위한 곳에 사용되어야 한다. 또는 이슬람의 지식을 전파하는 것과 관련된 기관에 사용되어야 한다.

* 출처: http://www.fiqhacademy.org.sa/qrarat/3-1.htm http://www.fiqhacademy.org.sa/

• 이슬람 피끄흐 위원회 제5차 회의

첫째, 리스 승계 형태는 다른 대안들이 더 적합하다. 두 개의 대안이 아래에 나와 있다.

가) 충분한 담보를 획득하기 위해서 할부로 판매한다.

나) 임대 계약은 물건 주인이 일정 기간 동안 지불해야 할 임대 할부금을 모두 지불한 후, 임차인에게 아래의 사항 중 한 가지를 선택하도록 선택권을 준다.

　- 임대 기간 연장

　- 임대 기간 종료

- 임대 물건을 주인에게 돌려줌
- 임대 기간 종료 시, 시장 가격으로 임대 물건을 구입

둘째, 리스 승계의 다양한 형태에 대해서는 다음 회기로 논의를 연기한다. 이 문제에 관하여 연구하고, 결의안을 발표하기 위해 이슬람 은행들과 협력하여 이와 관련된 상황들과 제약들에 대해서 알아보고, 계약서들의 표본들을 제시 받은 이후에 논의가 이루어져야 한다.

* 출처: http://www.fiqhacademy.org.sa/qrarat/3-1, htm http://www.fiqhacademy.org.sa/

● 이윤

1. 정의: 이윤은 상업활동으로 발생하는 자본금 증가분이다.
2. 이윤의 양 결정: 샤리아에는 이윤의 양을 결정하는 것에 대한 내용이 없다. 상인이 값을 지불하고 상품을 구매한 후, 상품의 가격이 증가하면 이윤을 붙여 상품을 판매할 수도 있는데, 만약 적은 이윤을 붙여 판매할 경우 상인은 손해를 보게 된다. 상인이 상품을 구매한 후 상품의 가격이 하락한다면, 상인은 미미한 이윤 또는 이윤을 붙이지 않고 이 상품을 판매해야 하는 상황에 처한다. 상인은 시가보다 더 높은 가격으로는 상품을 판매할 수 없는데, 이는 즉 과도한 이윤은 불가하다는 것을 의미한다. 상인들이 탐욕을 부릴 경우 그들은 적정수준의 이윤에 만족하지 못할 것이고, 따라서 이 경우에는 국가가 상품의 가격을 정한다. 국가가 정한 상품의 가격보다 높은 가격으로 상품을 판매하는 사람은 제재를 받는다.
3. 소유하지 않은 것에 대한 이윤: 타인의 소유물을 갈취하여 이를 판매한 경우 또는 보관을 부탁 받은 물건을 판매한 경우, 물건을 판매하고 받은 대가에 대한 권리는 물건의 소유주에게 있다. 타인에게서 갈취한 물품이 가공이 가능한 물질이고 이를 가공한 후 판매하였다면, 가공으로 인해 발생한 이윤은 무다라바 회사의 이윤 거래와 같다. 즉 노동자가 이윤의 반을 갖고 물품의 원소유자가 반을 갖는다.
4. 책임이 없는 것에 대한 이윤: 소멸될 경우 이에 대한 책임을 지지 않거나 손해가 발생할 경우 그 손해에 대한 책임이 없는 재물에 대해 이윤을 취할 수 없다. 왜냐하면 아이샤가 이에 대해 다음과 같은 전승을 남겼기 때문이다. 예언자는 "이윤에는 책임이 따른다"고 말했다. 책임지지 않는 것

에 대한 이윤을 금한 것이다.[5]

5. 회사에서의 이윤 분배: 상업회사, 농업회사 또는 산업회사에 참여한 사람들의 경우 그들은 원하는 대로 이윤에 대해 합의할 수 있으며, 자본금을 고려해 이윤이 산정돼야 한다는 조건은 없다. 회사에 여러 사람이 참여하고 있지만 각자의 이윤 배당률을 정하지 못한 경우 이윤은 자본금 비율에 근거하여 배분된다.

6. 이윤에 대한 동업자들의 의견 대립: 동업자간 발생한 이윤에 대한 이견의 경우, 증가분이 있다고 주장하는 사람은 그가 주장하는 바에 대한 증거를 제시해야 한다. 증거가 없을 경우 가장 적은 액수를 주장하는 자의 주장을 받아들이고, 그가 서명을 해야 한다.

* 출처: Muḥammad Rawās Qal'ajī, al-Mawsūʻah al-Fiqhiyyah al-Muyassarah, Dār al-Nafāʼis, pp.932-933.

◆ 이윤의 한도에 관한 판단

질문　판매와 염가 판매에 있어 허락된 이윤은 무엇입니까?

파트와　코란에 의하면 "그러나 알라께서는 거래는 적법하나 이자는 불법으로 만드셨노라"〈바까라(2)장 275절〉라고 말씀하셨습니다. 하지만 샤리아상 이윤의 최대ㆍ최소 한도가 정해져 있지 않습니다.

이에 기초하여, 염가 판매나 할부에 있어 이윤에 대한 특정한 한도가 없다는 사실을 말씀드립니다. 하지만 저희는 조언드리건대, 질문자께서 매매 거래자들에게 인정을 베푸시고 이윤을 심하게 책정하지 마십시오. 예언자가 이렇게 말했습니다. "알라께서는 매매와 채무를 상환 받을 때 너그러움을 베푸는 자에게 자비를 베푸신다."〈부카리 전승〉또한 예언자는 한도를 정해 이에 대한 분쟁이 이는 것을 피하려 했습니다.

* 출처: http://www.dar-alifta.org/ViewFatwa.aspx?ID=283&LangID=1&MuftiType=1

◆ 위임 종료에 대한 건

질문　아버지께서 돌아가시면서 저와 형제들에게 땅을 남겨 주셨습니

5_ Sunan Abī Dāwud, Kitāb al-ʼIjārah, 3508.

다. 우리는 형제 중 한 명에게 유산으로 받은 토지의 판매를 위임했는데, 몇 년이 지나도록 땅은 팔리지 않았습니다. 제 질문은 어떻게 이 위임을 끝낼 수 있을까요?

파트와 위임은 쌍방이 하는 허용된 계약입니다. 당신은 당신이 원할 때 계약을 파기할 수 있습니다. 판사 혹은 공증인에게 가서 지난 위임을 취소한다고 알리세요. 그럼 당신이 요구한 대로 거래를 끝내기 위해 필요한 일들이 정리될 것입니다.

만약 법적으로 해결이 어려우면 변호사와 상의하세요.

* 출처: http://aliftaa.jo/Question.aspx?QuestionId=290#.U0VpfmC_mM8, 2014.4.9, No.290.

◈ 채권 기부의 여부

질문 한 사람이 다른 사람에게 빚이 있습니다. 이 사람은 모스크를 짓는 등에 이 빚을 기부한다는 (채권자의) 위임을 받을 수 있습니까?

파트와 채권자는 채무자에게 모스크를 짓는 일과 같이 좋은 일에 돈을 쓰도록 채무자에게 채무액만큼의 기부를 하라고 위임할 수 있습니다. 왜냐하면 돈은 채권자의 것이므로 원하는 대로 돈을 사용할 수 있기 때문입니다. 또한 채권자는 채무자든 다른 사람이든 간에 본인 외의 사람에게 위임할 수 있습니다. 『투흐파 알무흐타즈Tuḥfah al-Muḥtāj』(5권 p.353)에서 발췌한 것에 따르면 "만약 채권자가 채무자에게 "네가 나한테 갚아야 할 채무 중에서 매일 1디르함씩을 고아인 아무개를 위해 사용해라"라고 말을 했다면, 채무자는 이대로 실천해야 한다. 이것이 옳다"고 하였습니다. 단, 이 일에도 채무자가 동의해야 한다는 조건이 있습니다. 위임은 수락과 제의가 있어야만 유효해지는 계약이기 때문입니다. 『알마즈무으 al-Majmu'』(14권 p.105)에서 발췌한 것에 따르면 "위임은 제안과 수락 없이는 유효하지 않다. 왜냐하면 계약이란 계약 당사자 둘 각각에게 권리가 수반되기 때문이다." 그러므로 위임도 매매와 임대처럼 제안과 수락이 필요한 것입니다. 또한 바로 수락하거나, 나중에 수락하여도 무방합니다. 만약 채무자가 빚에서 벗어나고자 위임을 하는 것이라면 이 빚으로부터 벗어날 수 있습니다.

* 출처: http://aliftaa.jo/Question.aspx?QuestionId=2383#.U0aHQmC_mM8, 2014.4.9

◆ **구매자가 대금지불을 완료하지 못한 현물을 재판매하는 것**

질문 A(부동산 지분 보유자)는 그의 지분을 7년 전에 4만 이집트 파운드로 B에게 팔았습니다. B는 그중 2만5천 파운드를 A에게 주었지만, 나머지 금액과 등기에 대해 두 사람 사이에 의견차가 생겼습니다. 이 상황에서 A가 이 부동산, 즉 그의 지분을 C(다른 구매자)에게 8만 파운드에 판매하고, 그 후 C가 B와 A 사이에 있는 문제를 해결하고 B가 지분에 대해 선금으로 지불했던 금액을 되돌려줄 수 있습니까? 그런데 이때 A는 C에게 자신이 B의 위임인이라는 것을 알렸지만 B는 C에게 A가 지분을 판다는 사실을 전혀 알지 못할지도 모릅니다. C가 A로부터 지분을 구입하는 것이 가능합니까? 가능하다면, A에게 매입할 시 A는 지분 보유자로 간주됩니까, 아니면 대리인으로 간주됩니까?

파트와 상황이 질문에 나와 있는 대로 부동산 소유주 중 한 명이 자신의 지분을 구매자에게 팔고, 이 판매가 샤리아상 원칙과 조건을 지켜 이루어졌을 경우, 구매자는 판매된 지분을 소유하게 되고 판매자는 그에 대한 대가를 소유하게 됩니다. 구매자는 지분을 처분할 수 있으며 또한 남아 있는 대가를 판매자에게 지불할 의무가 있습니다. 하지만 판매자는 제2의 구매자에게 부동산 지분을 재판매할 수 없습니다. 왜냐하면 자신이 소유하고 있지 않은 것을 파는 셈이 되기 때문입니다. 양도가 아직 이루어지지 않았을지라도 그러합니다. 판매 철회나 계약 파기가 이루어지고 그 결과로 지분이 다시 원 판매자에게 돌아간다면, 그때에는 자신이 원하는 대로 다른 판매자에게 지분을 판매할 수 있습니다. 언급하신 위임에 대해 말씀드리자면, 대리인은 정직한 사람으로 이익에 따라 움직이며, 위임인에게 이익이 되는 일과 위임인이 허락한 일만 할 수 있습니다. 두 번째 구매자는 앞서 말씀드린 바에 의거하여 행동해야 합니다. 따라서 첫 번째 판매가 올바르게 이루어졌다면 C는 A를 B의 대리인으로 보고 지분을 구입할 수 있고, A는 자신에게 권한이 있다는 사실을 확인해야 합니다. 첫 번째 판매가 올바르지 않다면 C는 A를 지분 보유자로 간주하고 지분을 구입할 수 있습니다.

* 출처: http://www.dar-alifta.org/ViewFatwa.aspx?ID=278&LangID=1&MuftiType=1, 2014.12.19, No.278.

◈ 망자의 부채 상환 의무

질문 제 형제가 사망하였습니다. 저는 그를 위한 추도 예배에서 말했습니다. "제 형제가 진 빚은 모두 제가 책임집니다." 매장이 끝난 후, 사망한 제 형제의 부인은 제 형제가 일해서 얻은 수익을 모두 써 버렸고, 그가 남긴 재산 중 승용차만 남았습니다. 이때 형제가 남긴 빚은 그의 유산에서 변제됩니까? 아니면 제가 그에 대한 책임을 집니까? 제 사망한 형제의 빚이라고 볼 수 있는 후불 지참금을 미망인의 형제가 제게 요구한다면 저는 이를 지불해야 합니까? 아니면 형제의 유산에서 이를 지불해야 합니까?

파트와 상황이 질문과 같다면 자동차처럼 사망자의 재산과 관련한 모든 것은 그가 남긴 유산이며 상속인들에게 샤리아상의 비율에 의거해 분배됩니다. 사망한 형제의 부인이 자신의 명의로 사용한 돈은 그녀 스스로 책임져야 합니다. 상속자들을 대신한 것이었다면 이는 상속자들 전부의 책임이 됩니다. 사망자가 진 빚에 대해 말씀드리자면, 추도 예배 때 "제 형제가 진 빚은 모두 제가 책임집니다"라고 말했기 때문에 사망자가 진 빚은 사망자의 형제의 빚이 됩니다. 그리고 그 안에는 후불 지참금이 포함됩니다.

* 출처: http://www.dar-alifta.org/ViewFatwa.aspx?ID=3665&LangID=1&MuftiType=1, 2014.12.19, No.3665.

◈ 화폐가치 변화에 따른 권리에 대한 건

질문 저에겐 쿠웨이트에서 일하는 남자 형제가 있습니다. 그는 저에게 몇몇 일처리를 위한 권리를 위임하였습니다. 그리고 저는 그의 돈을 가지고 있습니다. 그는 건물 건축용 토지를 저와 공동으로 구매하기로 약속했습니다. 저는 이 토지를 구입했고, 구매 계약을 작성했습니다. 서로 반반 씩 나눠서 2만 8천 이집트 파운드의 구매 계약을 체결한 것입니다. 저는 그 중 1만 8천 파운드를 그의 돈에서 지불하였고, 1만 파운드는 제 돈에서 지불하였습니다. 그는 이 계약에서 저와 그가 동등한 지분을 갖는다는 것에 동의했습니다. 따라서 저는 그에게 4천 파운드를 빚진 셈이 되었고, 저는 상황이 허락할 때 이를 갚겠다고 했습니다. 토지를 구매한 때로부터 20년 정도가 지났습니다. 이제 저는 이 토지를 팔고자 하고, 제 형제도 이에 동의했습니다. 하지만 그는 제 지분을 실제로 지불한 비율에 기초하여 구입하기를 원합니다. 가격은 많이 상승하였습니다. 저는 그에게 너는 1만4천 파운드에 대한 권리가 있고 나 또한 절반에 대한 권리가 있다고 말했습니다. 하지만 그는 이를 거부했습니다. 이에 대해 어떻게 생각하십니까?

파트와 상품의 가치는 시간이 지나면서 증가할 수도 있고 감소할 수도 있습니다. 하지만 이런 증감은 미미합니다. 긴 시간이 경과한 것이 아니라면 증감에 대한 영향은 거의 나타나지 않습니다. 제1차, 2차 세계대전 이래로 물가는 거의 하락하지 않았습니다. 경제학자들의 주장에 따르면, 단기간 내에 물가가 하락할 것이라고 예측되지 않습니다. 물가는 대폭 또는 소폭 증가할 수도 있고, 장기간 또는 단기간의 안정세에 들어갈 수도 있습니다. 동전에 이어 지폐가 만들어졌습니다. 동전은 금이나 은이 아닌 금속으로 만들어진 화폐의 한 종류이며, 그 가치는 합의에 의해서 결정됩니다. 물론 무게가 부족하거나 함량의 비율을 속인 동전도 있습니다. 피끄흐 학자들은 화폐 가치가 변했더라도 계약이 파기되지 않는다는 데에 이견이 없습니다. 가치에 합의했기 때문입니다. 학자들 간에 이견이 있는 부분은 지불해야 하는 금액입니다. 변화가 일어난 것이 계약입니까, 아니면 그 가치입니까? 이러한 문제를 겪고 있는 사람들의 의견을 살펴보기 위해서 다음의 간추려진 의견들을 살펴볼 필요가 있습니다.

첫 번째 의견: 계약이 체결된 금액과 동일한 금액이 지불되어야 합니다. 이는 아부 하니파와 다른 4대 학파의 의견입니다. 『무잠마으 알안후르 Mujamma' al-'anhūr』에 이런 언급이 있습니다. "구매자가 사기를 치며 구매를 하는데, 수령하기 전에 물건의 가치가 감소하였고 판매 조건은 합의한 그대로라면 구매자는 그 상품을 선택하지 않는다. 반대로 물건의 가치가 증가하고 판매 조건은 그대로라면 판매자는 그 상품 판매를 하지 않는다." 『알파타와 알하미디야al-Fatāwā al-Ḥāmidiyyah』에서도 다음과 같이 말했습니다. "임대 계약을 체결한 화폐의 가치가 상승하였거나 감소하였을 경우 계약을 체결한 만큼 지불해야 한다." 또한 이런 질문도 있었습니

다. 만약 자이드가 오마르로부터 명시된 금액을 빌렸는데 화폐가치가 하락했으며, 자이드는 빌린 돈을 이미 사용했습니다. 자이드는 동일하게 돌려주기를 원합니다. 이것이 가능한가요? 이에 대한 대답은, "빚은 동등하게 갚는다"입니다. 『파타와 까디 칸Fatāwā Qāḍi Khān』에서도 동일함이 의무입니다. 알이스피자비는 "가치는 고려하지 않는다"라고 말했습니다.

두 번째 견해: "계약일 당시의 현금 가치가 기준이다." 이는 아부 유수프의 의견입니다. 『알문타까al-Muntaqā』의 언급된 바는 다음과 같습니다. "화폐는 가치가 상승할 수도 내려갈 수도 있다. 이맘 아부 하니파와 이맘 아부 유수프 중 아부 하니파는 '그 외의 것에 대한 기준은 없다'고 말했지만 아부 유수프는 '판매하고 수령했을 당시의 디르함의 가치가 기준이며, 그것이 파트와이다'라고 말했습니다. 또한 '판매' 관련 장과 '부채' 관련 장에서도 말했습니다. 이븐 아비딘도 그렇게 생각합니다. 하지만 파트와에 대해 많은 생각을 해봐야만 합니다. 이븐 아비딘은 『탄비흐 알루꾸드 피 마사일리 알누꾸드Tanbīh al-Qurūḍ fī Masā'il al-Nuqūd』라는 논문에서 알갓지에 대해 말했습니다. "나는 셰이크들의 공인된 서적에 있는 의견들을 따랐다. 나는 파트와를 내리는 사람이 단지 아부 하니파의 말에 따라 파트와를 내리는 것이 아니라 이맘과 판관들이 파트와를 내린 것을 바탕으로 말한다고 생각한다. 아부 유수프에 대해 말하자면, 그의 말에 의거한 파트와가 많은 의견들에 드러나 있다. 그러니 이를 따르자."

이 논의에서 그는 또한 파트와가 내려진 것과 가치에 대해 다음과 같이 언급합니다. "아부 유수프는 수령시의 가치를 의도한 것이다. 그리고 무함마드 븐 알핫산은 유통된 마지막 날의 가치라고 지적했다. 이에 대한 파트와가 있다."

이 의견의 요지는 화폐의 개수가 아닌 가치가 기준이라는 것입니다. 이는 하나피 학파의 의견이며 또한 일부 말리키 학파의 의견이기도 합니다.

세 번째 의견: 말리키 학파의 루후니는 큰 변화가 있다면 가치가 의무가 된다고 봅니다. 큰 변화의 기준은 3분의 1입니다. 예언자는 "3분의 1이면 많다"라고 했기 때문입니다. 질문의 상황에 기초하여, 가격이 크게 상승하고 통화 가치가 하락한 것은 국내외의 경제적 상황 때문입니다. 채무자(질문자)가 채권자(형제)에게 갚은 돈은 저희가 보기에 공정하다고 여겨지

며 샤리아가 의도하는 바에 가깝다고 생각됩니다. 두 사람이 다르게 합의하지 않는 한 그렇습니다. 또한, 두 사람 사이에 있는 토지는 질문에서 물어본 대로 반반으로 나뉘어진 것입니다.

* 출처: http://www.dar-alifta.org/ViewFatwa.aspx?ID=3568&LangID=1&MuftiType=1, 2014.12.26, No.3568.

◈ 희생물 도축 위임

질문 타키야나 혹은 제가 희생물을 도축하는 위임을 받고 돈을 받는 것이 가능합니까?

파트와 타키야는 희생물을 바치고 싶은 사람을 대신해서 희생물을 구매하고 도축하는 대가로 일정 금액을 지불하는 것입니다. 이는 가능한 일입니다. 또한 희생물을 바치고 싶은 사람은 타키야 운영자에게 "이 돈으로 희생물을 구입하고, 도축해서 나 대신 나눠 주시오"라고 말할 수 있습니다. 그리고 남는 돈은 타키야인 것입니다. 타키야 운영자는 받은 돈으로 희생물을 사고 도축하고도 남은 돈으로는 타키야 운영비나 지출 비용을 감당하거나, 희생물을 더 사도 무방합니다. 더 많은 희생물을 도축하는 것에는 이 희생물을 도축하는 데 참여한 많은 사람들 외에도 관련된 가난한 사람들을 위해 대신한다는 의미를 가지고 있습니다. 예언자도 두 마리의 양을 도축했는데, 하나는 자신을 위해서, 다른 하나는 그의 가족을 위한 것이었습니다. 예언자는 자신과 그의 공동체(국가)를 위한 희생물을 준비했습니다.

* 출처: http://aliftaa.jo/Question.aspx?QuestionId=725#.U2hK7WW_mM8, 2014.5.6., No. 725.

◈ 대리인의 임무

질문 저는 회사에서 매니저로 일을 하고 있습니다. 저는 회사 물품(나일론 물품)을 구매하라는 업무를 맡았습니다. 저는 나일론 회사 매니저와 회사의 나일론 물품 1톤을 1000 요르단 디나르에 구매하고, 회사에 이 물품을 1400디나르에 파는 조건에 합의하였습니다. 이에 대한 판단은 무엇입니까?

파트와 　당신이 질문에서 언급한 문제의 경우, 당신이 나일론 회사 매니저로부터 가져간 돈은 당신에게 허락된 돈이 아닙니다. 왜냐하면 당신은 당신이 근무하고 있는 회사 사장으로부터 위임 받은 대리인이며, 대리인은 위임한 사람의 이익을 위해 행동해야 하기 때문입니다. 즉. 본인의 이익을 위해 행동해서는 안 됩니다.

　당신은 거짓말로 사람들의 돈을 부정하게 취하는 것입니다. 알라께서 "너희 가운데 너희의 재산을 무익하게 삼키지 말 것이며."〈바까라(2)장 188절〉라고 하셨습니다. 당신은 당신이 한 짓에 대한 회개와 속죄를 해야 하고, 회사에 (당신이 부정으로 취한) 돈을 몽땅 돌려줘야 합니다.

* 출처: http://aliftaa.jo/Question.aspx?QuestionId=1962#.U2hL9GW_mM8, 2014.5.4, No. 1962.

◆ 아버지가 아들에게 자신 소유 상점의 물건에 대한 권리를 위임

질문 　상점을 소유한 사람이 있습니다. 상점에는 팔 물건들이 있는데 이 사람은 아들에게 대신 이 물건을 팔라고 위임을 하며, 원하는 대로 이를 가져가라고 허락했습니다. 그리고 자선을 하든 선물을 하든 원하는 대로 하라고 하였습니다. 이러한 성격의 허락은 유효한 것인가요?

파트와 　만약 아버지의 의지로 이렇게 위임을 하였다면, 아들은 통념에서 벗어나지 않는 한 원하는 대로 실천할 수 있습니다.

* 출처: http://aliftaa.jo/Question.aspx?QuestionId=1746#.U2hLY2W_mM8, 2014.5.4, No. 1746.

◆ 대학 강의실에서 핸드폰 충전 여부

질문 　핸드폰 충전을 하기 위해 대학 강의실에 있는 전기를 사용하는 것에 대한 판단은 무엇입니까?

파트와 　신실한 사람들은 이런 행동을 하지 않습니다.

* 출처: http://aliftaa.jo/Question.aspx?QuestionId=1589#.U2US8WW_mM8, 2014.5.4, No. 1589.

◈ 주식 매매에 대한 판단

질문   주식 매매에 대한 판단은 무엇입니까?

파트와   첫째, 반드시 거래자들이 주식을 사거나 팔 때 주식에 대해 잘 알고 있어야 합니다. 왜냐하면 이슬람은 모든 거래에 있어 속임수를 금지하고 있기 때문입니다. 그렇기 때문에 속임수가 들어 있는 도박을 금지한 바 있습니다. 예언자는 속이면서 판매하는 것을 금지했다는 기록이 있습니다. 또한 "다 익지 않은 열매를 판매하는 것과 같은 속임수가 들어 있는 외상 거래 역시 금지하였다"라고 기록된 바 있습니다. 법학자들은 감춰진 모든 것은 속임수 판매에 속한다라고 합의하였습니다.

만약 실물과 사양, 수량을 모른다면, 예를 들어 색이 들지 않은 대추나무 열매나 혹은 당근과 같이 땅속에 열매가 있는 것 등 자본 양을 알기 전이나 실질 수익을 내기 전에는 주식 매매가 허락되지 않습니다. 또한 현금과 가격이 오르내릴 수 있는 경매 간의 차이를 구분해야 하며, 이에 대한 모든 측정은 수량에 따라 해야 합니다. 반드시 거래는 현금 판매와 직거래, 동종 판매로 이루어져야 합니다. 예언자는 하디스에서 "금은 금으로 은은 은으로 밀은 밀로 보리는 보리로 대추야자는 대추야자로 건포도는 건포도로 소금은 소금으로 동종으로 직거래 방식으로 거래를 해야 한다. (가격을) 올리는 사람 혹은 올리라고 요구하는 사람 모두 리바를 취하는 사람이다"라고 했습니다. 주식을 거래하는 회사는 반드시 이슬람 샤리아 규칙을 준수해야만 합니다. 그리고 리바나 기만, 속임수 및 금지된 모든 거래들을 피해야만 합니다. 허락된 것 외에는 거래를 하지 마세요. 이것은 제가 보기엔 명확한 것입니다.

* 출처: Al-Fatāwi Al-Mu'āmalāt, Qism al-Fatwā bi Maktab al-'iftā' Salṭanah 'Umān, p.239.

◈ 채권에 대한 판단

질문   기관에서 발행하는 채권에 대한 샤리아적인 의견은 무엇입니까? 채권 가입자들은 미리 일정 비율의 이자를 받습니다. 이는 순나에 포함된 것입니까?

파트와   이자를 규정하는 것은 허락되지 않습니다. 기업은 수익과 손해를 입을 수 있습니다. 가입자들은 수익이 발생했을 시 몫을 챙기는 것처럼 손해 발생시에도 일정 부분을 감당해야 합니다.

* 출처: Al-Fatāwi Al-Mu'āmalāt, Qism al-Fatwā bi Maktab al-'iftā' Salṭanah 'Umān, p.243.

◈ 계약서의 사양과 상이한 아파트에 대한 배상

질문   회사가 토지를 구입했습니다. 그리고 상가와 16채의 아파트를 포함하고 있는 설계도를 그렸습니다. 설계도는 방의 크기나 높이, 내장재의 종류와 모양, 작업 종류, 시기 등과 같이 아파트의 사양을 자세하게 정해 놓았습니다. 현재 이 회사는 건설이 시작되면 고객들에게 아파트를 14,500리얄에 판매할 생각입니다. 고객은 선금으로 7,000리얄을 지불하고, 잔금은 아파트 열쇠를 양도받은 후 지불하는 것입니다.

그렇다면 구매자는 판매 계약서에 적힌 대로 아파트 사양이 같지 않다면 판매를 취소하고 피해에 대한 보상을 요구할 수 있습니까?

파트와   건축 자재나 건축의 세부사항, 크기, 견고함 대한 설명이 정확했다면, 가능합니다.

* 출처: Al-Fatāwi Al-Mu'āmalāt, Qism al-Fatwā bi Maktab al-'iftā' Salṭanah 'Umān, p.245.

◈ 삼형제 간 현금 구매 이후 분쟁 발생

질문   삼형제가 현금을 구입했습니다. 첫째가 1,500피에스타, 둘째가 1,600피에스타, 해외에 사는 셋째가 1,800피에스타의 은을 지불했습니다. 그리고 첫째와 둘째가 이 돈을 나누고 해외에 있는 셋째에게는 아무것도 주지 않았습니다. 왜냐하면 셋째는 대리인이 없었기 때문입니다. 목격자들이 이 돈을 나누는 것과, 해외에 있는 셋째에게 아무것도 주지 않았다는 것과, 돈이 삼형제의 이름으로 되어 있는 것을 보았습니다. 이에 대한 판단은 무엇입니까?

파트와   각각의 지분은 돈을 낸 만큼입니다. 만약 형제들이 분쟁 중이라면 이 문제를 샤리아 법정에 상정하세요.

* 출처: Al-Fatāwi Al-Mu'āmalāt, Qism al-Fatwā bi Maktab al-'iftā' Salṭanah 'Umān, p.231.

◆ **주식회사의 수익 배당**

질문 주식회사가 일년에 한 번 수익 배당을 한다면, 회사는 수익 계산을 매월 계산하는 것이 가능합니까? 회사는 연초에 주식을 구입한 사람에게는 수익을 주지 않고, 연중에 주식을 구매한 사람에게 수익을 배당하고 있습니다.

파트와 주식 양에 따라 세부적으로 계산해서 수익을 분배하여, 모든 권리가 있는 사람들에게 그 권리를 제공했다면 이는 괜찮습니다. 이는 일년의 모든 달에 해당하는 수익과 수익률을 알아야만 가능한 일이기 때문입니다.

* 출처: Al-Fatāwi Al-Mu'āmalāt, Qism al-Fatwā bi Maktab al-'iftā' Salṭanah 'Umān, p.232.

◆ **본사의 물건을 지사에서 판매 가능 여부**

질문 일부 회사에는 지점들이 있습니다. 누군가가 지점 중 한 곳을 방문하면 찾는 물건이 없을 수 있습니다. 왜냐하면 그 물건은 본사에 있는 물건이기 때문입니다. 물건이 그 지점에 없는데도 물건 구매에 대한 계약을 하기도 합니다. 그렇다면 이것은 없는 물건을 판매하는 것에 해당하는 것입니까? 아니면 회사는 한 개의 회사로 간주되는 것입니까? 이 판매는 올바른 판매입니까?

파트와 본사든 지점이든 주인이 한 명이라면 ─주인이 개인이든 단체든 마찬가지로─ 이 경우에는 갖고 있지 않은 것을 판매한 것이 아닙니다. 이는 (존재하는 물건이지만) 그 당시 그곳에 없는 물건을 판매한 것입니다. 그러나 현재 자세한 규격 설명서가 있다면, 구매자가 물건 사양에 거의 근접하게 알 수 있습니다. 그러니 이는 무방합니다.

* 출처: Al-Fatāwi Al-Mu'āmalāt, Qism al-Fatwā bi Maktab al-'iftā' Salṭanah 'Umān, p.234.

◆ **해외 이슬람은행에 투자**

질문 해외에 있는 이슬람 은행이 수익과 손해가 포함된 거래에 투자하기를 요구하고 있습니다. 그러나 수익에 대해서는 (보장)조건이 있습니다. 수익이 일정한 비율에 도달하거나 넘어설 경우, 일정 비율보다 넘는 수익에 대해서는 투자자에게 분배해 주지 않고 예비 예산으로 전환시킵니다. 그래서 은행이 손해를 봤을 경우 예비 예산으로 손해를 커버해 주고 있습니다. 이 은행에 투자하는 것은 가능합니까?

파트와　　모두가 동의했다면 괜찮습니다.

* 출처: Al-Fatāwi Al-Mu'āmalāt, Qism al-Fatwā bi Maktab al-'iftā' Salṭanah 'Umān, p.236.

◈ 승마 클럽 경기 참가비에 대한 판단

질문　　무프티님, 사우디아라비아에서는 승마 클럽 주관으로 경마 경기가 개최됩니다. 이 승마 클럽은 자동차 등의 상품과 상금을 수여합니다. 처음에 경기 참가 신청은 어떠한 비용도 지불하지 않고 일반적인 방법으로 진행되었습니다. 그러나 시간이 흐르면서 많은 경주마가 경기 출전에 등록되기 시작했습니다. 경기 시작 전 경주마들이 대기하고 있는 곳인 출발 게이트는 경주마 20마리밖에 수용할 수 없습니다. 어떤 때에는 경주마 40마리가 전반부 출전 등록을 합니다. 그래서 승마 클럽은 부득이 참가등록을 한 경주마를 대상으로 제비뽑기를 시작하게 되었고, 출발 게이트보다 초과된 경주마들은 제외시켰습니다. 우승이 유력한 우수 경주마들이 경기에 등록되었습니다. 우수한 경주마들이 수준이 상대적으로 낮은 경주마들과 함께 제비뽑기의 대상이 되기 때문에 어떤 때는 일부 우수 경주마들이 제비뽑기에서 떨어져 출발 게이트에 서지 못하는 경우도 있습니다. 제비뽑기에서 당첨되지 못한 경주마는 전반부 출전이 금지됩니다. 이러한 이유로 승마 클럽은 참가비를 받기로 했습니다. 이는 무분별한 출전 신청을 방지하고자 하는 마주들의 합의로 이루어졌습니다. 참가하는 모든 경주마가 내야 하는 비용은 1천 리얄로서 이 비용으로 자동차와 상금 등이 마련되며 상위 5명에게 상이 주어집니다. 1등에게는 자동차, 나머지에게는 상금과 참가비를 줍니다. 이 비용은 허용된 것인가요?

파트와　　이에 대한 샤리아적 근거가 없기 때문에 승마 클럽이 경기에 참여하지 않는 경주마 주인으로부터 돈을 받는 것은 허용되지 않습니다. 알라께서는 이렇게 말씀하셨습니다. "믿는 자들이여 너희들 가운데 너희들의 재산을 부정하게 삼키지 말라 서로가 합의한 교역에 의해야 되니라." 〈니사(4)장 29절〉

* 출처: http://www.alifta.com/Fatawa/FatawaSubjects.aspx?languagename=ar&View=Pa
ge&HajjEntryID=0&HajjEntryName=&RamadanEntryID=0&RamadanEntryName=&NodeI
D=3057&PageID=15214&SectionID=3&SubjectPageTitlesID=37492&MarkIndex=1&0#%d
8%b3%d8%a8%d8%a7%d9%82%d8%a7%d8%aa%d9%84%d9%84%d8%ae%d9%8a%d9%8
4, 2013.12.24, No.22084.

◆ **경품에 대한 판단**

질문 며칠 전 저는 아이들에게 우유를 사주기 위해 한 식료품점에 갔
습니다. 판매원이 저에게 이렇게 말했습니다. "경품을 주는 우유가 있습
니다. 경품은 상금을 뜻합니다. 상금은 1리얄에서 500리얄입니다." 저는
상금을 얻고자 이 우유를 4통 구매했습니다. 4통 중 2개에서 1리얄 상금,
3번째 우유에서는 10리얄, 4번째 우유에서는 500리얄의 상금에 당첨되었
습니다. 제가 이 상금을 가져도 됩니까? 허용되지 않는 일이라면 이 상금
을 어떻게 처리해야 합니까? 만약 이것이 금지된 것이라면 사람들이 금지
된 것을 저지르지 않도록 왜 이런 행사를 금지하지 않습니까?

파트와 판매되는 통조림이나 상품 등에 현금이나 선물을 넣는 것은 원래
가능치 않은 일입니다. 왜냐하면 이렇게 하는 것은 사람들을 기만하고 많
은 손님을 끌기 위한 것이기 때문입니다. 손님으로 하여금 상금이 없는
상품에 눈을 돌리지 않게 하는 것과 금액이 각각 다른 상금이 든 우유를
사는 것은 샤리아상으로 합법적이지 않은 것입니다. 이는 알라께서 금지
한 도박입니다. 도박은 불확실성과 무지입니다. 그리고 이에 리바가 있습
니다. 이렇게 우유를 구매하는 것은 우유를 구매한 금액의 일부나 심지어
는 더 많은 금액을 돌려줄 것을 요구하는 것입니다. 이는 리바이며 리바
거래는 금지되어 있습니다. 동등함을 인정하고 실천하지 않는 것은 분쟁
을 인지하는 것과 같습니다. 그렇기 때문에 우유에서 발견한 상금을 취해
서는 안 됩니다. 당신은 가능하다면 우유 공급자에게 돌려주어야 합니다.
그럴 상황이 안 될 경우 불우이웃에게 상금을 나눠 주세요.

* 출처: http://www.alifta.com/Fatawa/FatawaSubjects.aspx?languagename=ar&View=Pa
ge&HajjEntryID=0&HajjEntryName=&RamadanEntryID=0&RamadanEntryName=&NodeI
D=3054&PageID=14551&SectionID=3&SubjectPageTitlesID=36654&MarkIndex=16&0#%
d9%88%d8%b2%d8%b9%d9%86%d9%82%d9%88%d8%af%d8%a3%d9%88%d9%87%d8%

af%d8%a7%d9%8a%d8%a7%d8%af%d8%a7%d8%ae%d9%84%d8%a7%d9%84%d9%85%d
8%b9%d9%84%d8%a8%d8%a7%d8%aa%d9%88%d8%a7%d9%84%d8%a8%d8%b6%d8%a
7%d8%a6%d8%b9%d8%a7%d9%84%d8%aa%d9%8a%d8%aa%d8%a8%d8%a7%d8%b9,
2013.12.24, No.20656.

◈ 도축에 대한 수고비

<u>질문</u>   만약 제가 가족을 두고 성지순례를 다녀왔고, 가족들을 위해 희생제에 양을 잡고 싶어서 제 이웃이나 친지에게 도축해 줄 것을 부탁했다면 저는 그에게 수고비를 줘야 합니까? 사람들이 줘야 한다고 말하기 때문입니다. 만약 수고비를 지불했다면 저는 무엇을 해야 할까요?

<u>파트와</u>   도축을 대가로 당신이 비용을 내는 조건을 걸었거나 이런 관습이 있다면 당신은 도축된 고기가 아닌 다른 것을 그에게 주어야 합니다. 만약 도축비를 조건으로 걸지 않았고 비용을 주는 관습이 없다면 그렇게 하지 않아도 됩니다. 당신이 그에게 자발적으로 비용을 주었다면 이는 선행입니다. 왜냐하면 예언자가 이렇게 말했기 때문입니다. "누군가가 너희에게 선행을 베푼다면 너희는 그에게 보상을 하라."〈하디스〉

* 출처: http://www.alifta.com/fatawa/fatawaDetails.aspx?languagename=ar&BookID=3&View=Page&PageNo=4&PageID=5371, 2013.12.24, No.8602.

◈ 뇌물에 대한 판단

<u>질문</u>   저는 이집트인 엔지니어입니다. 현재는 사우디에서 일하고 있으며 그 전에는 이라크에서 일했습니다. 제가 이라크에서 일하던 시기에 일부 이라크 시아파 지역의 하수도 설치를 감독했습니다. 가격, 계산서 등의 업무 모두를 제가 도맡아 했습니다. 당시 초기 사업수행을 위한 하청업자가 있었습니다. 이 하청업자는 사업수행을 멋지게 해내고 있어서 해당지역 감독기관으로부터 총애를 받았습니다. 그리고 그는 해당 업무의 유일한 피추천인이었습니다. 제가 사업 수행을 담당하는 엔지니어인 걸 알고는 저를 채용했고 업무를 도와주는 대가로 제게 1만 디나르를 주겠다고 했습니다. 즉 제가 업무 감독을 하는 것입니다.

그는 제가 제시했던 가격에 그 일을 맡겼습니다. 중요한 점은 다음과 같

습니다. 해당 가격은 하청업자가 저를 채용하기 전에 정해진 것입니다. 이라크는 전시 상황이었기 때문에 그 가격이 상당히 높았습니다. 사실 저는 그 가격을 하향 조정할 수 있었으나 그렇게 하지 않았습니다. 그리고 저는 다음과 같이 말했습니다. "어차피 돈은 정부로 갈 것입니다. 정부는 그 돈으로 무기를 사 전투를 하고 이란에 있는 무슬림들을 죽일 것입니다." 그는 그 돈을 저에게 주었습니다. 이는 제가 가격조정을 하지 않게 하기 위해서였고, 가격 조정은 제 소관이기 때문입니다. 이 이유 때문에 하청업자로부터 돈을 받았습니다. 참고로 저는 업무에 조금밖에 도움이 되지 못합니다. 그리고 일의 품질은 기술적 사양과 조건에 따라 크게 달라졌습니다.

저는 이 돈을 받았고 우리나라에 있는 집 한 채를 빼고는 남은 돈은 없습니다. 그 돈으로 집을 지었고, 당연히 그 돈으로 결혼도 했습니다.

저는 이 문제가 머리에서 맴돌아 잠을 청할 수 없습니다. 저는 이 돈이 비열한 것이라 생각합니다. 제 행동이 옳지 않은 것이라면, 이런 상황에서 어떻게 해야 합니까?

이 돈이 금지된 것이라면 제가 돌려줄 수도, 불우한 이웃을 위해 사용할 수 없는 상황에서 어떻게 해야 할까요? 저는 제 아내가 살고 있는 집 한 채밖에 가진 게 없으며 앞으로 제 어머니와 제 형제들이 이 집에서 지낼 것입니다.

제게는 어머니와 동생 4명이 있고 그중 가장 큰 동생은 11살 정도 됩니다. 어머니는 연로하시고 아버지는 우리에게 아무것도 남기지 않고 돌아가셨습니다. 그렇다면 제가 근심을 덜 수 있도록 동생들의 이름으로 제 집을 등기해도 될까요?

양심의 가책으로부터 자유로워질 수 있게 파트와를 내려 주시기 바랍니다. 이 돈이 금지된 것이라면 저는 무얼 해야 합니까? 참고로 지금 그 돈은 한 푼도 남아 있지 않으며 그 돈으로 지은 집 한 채밖에 없습니다.

이 돈으로 한 제 결혼은 무효인가요? 저는 이 돈으로 마흐르(혼납금)를 마련했습니다.

파트와 당신이 이 돈을 취한 것은 금지된 일입니다. 왜냐하면 뇌물이기 때문입니다. 뇌물은 금지된 것입니다. 이는 하청업자가 당신에게 준 선물로 보이지 않습니다. 사업 감독이 아니었다면 그는 당신에게 돈을 주지 않았을 것입니다. 그리고 일도 없었을 것입니다. 뿐만 아니라 당신은 그에 부합하는 일을 하지 않았습니다. 오랜 기간이 걸린다 하더라도 이 돈을 좋은 곳에 사용해야 합니다. 하청업자에게 돌려주지 말아야 합니다. 왜냐하면 그에게 돌려주는 것은 설령 그의 업무가 종료되었다 하더라도 나쁘게 사용될 것이기 때문입니다. 그렇기 때문에 당신과 하청업자 모두 이 돈을 가질 자격이 없습니다. 당신의 혼인 계약은 유효합니다. 지참금이 뇌물로 마련되었더라도 말입니다.

* 출처: http://www.alifta.com/fatawa/fatawaDetails.aspx?languagename=ar&BookID=3&View=Page&PageNo=10&PageID=9271, 2013.12.24, No.6679.

◈ 선불 전화카드에 대한 판단

질문　수와, 모바일리, 자인 등의 통신회사에서 발행된 선불카드가 있습니다. 이 카드들은 할부로 현재 가격보다 더 비싼 금액에 판매됩니다. 이 카드는 10, 20, 30리얄 등과 같이 가격이 각기 다릅니다. 질문은 이것입니다. 이 카드를 돈을 더 받고 판매하는 것과 후불 판매하는 것에 대한 판단은 무엇입니까?

파트와　이런 전화카드를 액면가보다 더 비싼 가격에 직불 또는 후불로 매매하는 것은 가능한 일입니다. 왜냐하면 이는 허용된 편의를 판매하는 것이기 때문입니다.

* 출처: http://www.alifta.com/Fatawa/NewFatawaContent.aspx?languagename=ar&ID=22&GroupNumber=2, 2013.12.24, No.25490.

◈ 사망한 자의 미지불 임금 수령자

질문　과거에 예멘 페인트공이 우리 집에서 일했습니다. 그는 안타깝게도 교통사고로 사망했습니다. 저는 그의 돈 3천 리얄을 가지고 있으나 이 돈을 받아야 할 사람은 나타나지 않고 있습니다. 저는 판사에게 이 돈을 거둬 달라고 부탁했으나 사망자의 상속자가 나타날 때까지 가지고 있으라며 제 부탁을 거절했습니다. 그가 사망한 지 일 년이 지났고 저는 그와 함께 살았던 예멘인들에게 그에 대해 물어봤습니다. 그러자 그들은 그에겐 형제가 한 명 있다며 그 형제가 그의 돈을 가져갈 것이라고 말했습니다. 시간이 지났는데도 그가 받아야 할 돈을 가지러 오는 이가 없습니다. 저는 이 돈을 지니고 있는 것이 너무 부담스럽습니다. 돈을 처리할 방법을 알려 주시기 바랍니다.

파트와 당신은 그의 상속자가 나타날 때까지 그 사람의 권리를 보전해야 합니다. 그리고 당신이 가지고 있는 그의 돈을 가지러 올 형제가 있다는 것을 알고 있는 한 상속자가 맞는지 확인하고 돈을 줘야 합니다. 시간이 오래되었고 사업 등과 같은 일을 하는 데 그 돈을 사용해 증식시켰다면 잘한 일입니다. 만약 그의 돈을 당신이 거주하고 있는 지역의 법원장에게 맡길 수 있다면 이로써 충분합니다. 그리고 당신은 법원장이 돈을 받았다는 영수증을 받아야 합니다. 이것이 당신이 가장 좋은, 그리고 가장 쉽게 할 수 있는 일입니다.

* 출처: http://www.alifta.com/Fatawa/FatawaChapters.aspx?languagename=ar&View=Page&PageID=5550&PageNo=1&BookID=3, 2013.12.24, No.2790.

◈ **시계수리공의 폐업과 미수령 시계 처리**

질문 우리는 시계 수리점을 하고 있습니다. 3년 전 제 아버지가 돌아가셨지만 저는 여전히 같은 일을 하고 있습니다. 그런데 제 시력이 나빠져 의사가 시계 수리를 못 하게 하였습니다. 지금 저는 수리할 목적으로 받아 둔 시계를 다수 가지고 있습니다. 시계 주인들은 오랜 기간 시계를 찾으러 오지 않았습니다. 그 기간도 다양합니다. 20년, 10년, 5년, 2년, 1년, 1년 미만 등입니다. 그중에는 수리 비용이 이미 지불된 시계도 있으며, 시계 주인은 아직 찾으러 오지 않고 있습니다. 우리는 이 시계가 필요 없습니다. 그래서 무프티님께 이것이 허용된 것인지 묻고 싶습니다. 시계를 처분하고, 판매하고 그 돈으로 선행을 해야 합니까?

파트와 시계 주인이나 시계 주인의 상속자가 누군지 알 수 없다면 당신은 시계를 판매하고 시계 주인을 위해 판매하고 얻은 돈으로 선행해도 됩니다. 시계 주인이 온다면 있었던 일을 말해 줍니다. 만약 시계 주인이 이에 만족하지 않는다면 시계 값을 돌려줍니다.

* 출처: http://www.alifta.com/Fatawa/FatawaChapters.aspx?languagename=ar&View=

Page&PageID=5760&PageNo=1&BookID=3, 2013.12.24, No.7505.

◈ 습득한 의류 판매

질문 한 청년이 저를 찾아왔습니다. 청년은 여성 드레스를 가지고 있었고 판매하려고 했습니다. 그래서 제가 그에게 물었습니다. "어디서 이 드레스를 구한 겁니까?" 그러자 그 청년은 "담맘에서 여행 중일 때 대로 옆에 있던 판지를 발견했습니다. 그 위에 드레스가 흩어져 있었습니다. 그래서 이를 주워서 당신에게 가져온 것입니다." 저는 드레스를 구입했고 드레스 모두를 팔았습니다.

파트와 위 사람이 길에서 발견한 것은 주운 것입니다. 그는 주인이 와서 드레스를 가져갈 수 있도록 1년 동안 사람들에게 알려야 합니다. 그가 당시 가격에 드레스를 판매했다면 성급한 행동입니다. 사람들에게 알리며 1년이 지나는 동안 그 돈을 가지고 있어야 합니다. 1년 안에 주인이 찾아온다면 그 돈을 주인에게 돌려줘야 합니다. 그렇지 않다면 1년 뒤 그 돈을 처리합니다.

* 출처: http://www.alifta.com/Fatawa/FatawaChapters.aspx?languagename=ar&View=
Page&PageID=5809&PageNo=1&BookID=3, 2013.12.24, No.18389.

◈ 대상에 따라 다른 가격으로 판매하는 것에 따른 판단

질문 저는 시계를 판매합니다. 150리얄 정도 가격에 시계를 팝니다. 한 남자에게 제가 145리얄에 시계를 팔았습니다. 다른 남자에게는 135리얄에 팔았습니다. 또 저의 친구에게는 우정을 생각해서 25리얄에 팔았습니다.

만일 제가 아는 사람이 와서 시계를 150리얄에 팔되 연금이 나올 때까지 대금 지불을 늦춰 줄 수 있냐고 묻는다면, 이 판매가 허용되나요?

파트와 믿는 자라면 사람들을 기만해서는 안 됩니다. 오히려 손해를 주지 않는 적합한 가격에 판매해야 합니다. 시계 값이 150리얄이라면 사람들이 파는 것처럼 똑같이 150리얄에 팔아야 합니다. 그러나 친하고 가까운 일부 사람들에게 가격을 낮춰 주는 것은 무방합니다. 그리고 친척이나 친구들에게 정가보다 낮은 가격에 파는 것도 무방합니다. 약하고 무지한

사람들에게 가격을 올려서 팔고 영민한 사람들에게는 정가에 판다면 그
것은 사람을 기만하는 것입니다. 이는 허용되지 않습니다. 차라리 다른
사람들처럼 모든 사람에게 정해진 가격대로 파는 것이 낫습니다. 그것이
아무도 속이지 않고 공평한 것입니다. 아니면 사람들을 기만하지 않도록
다른 사람들이 판매하는 가격으로 판매해야 합니다. 일부 좋아하는 사람
들, 친구들, 친척들에게 가격을 낮춰 주거나 선물을 주는 것은 무방합니
다. 그러나 가격을 모르는 사람들이 부당하게 착취당하는 일이 있어서는
안 됩니다. 그들에게 더 비싸게 팔기보다는 오히려 모든 사람에게 가격
변동이 없이 정가로 팔아야 합니다. 이것은 상인의 의무입니다. 일부 사
람들에게 가격을 낮춰 주는 것은 무방합니다. 만일 판매 후 연금 수령 때
까지 구매자에게 지불을 늦춰 줄 경우에는 연금이 월말까지 입금되는 것
이 확인되면 무방합니다. 하지만 언제 연금이 들어오는지 모른다면, 그것
은 무지이고 가라르이기 때문에 허용되지 않습니다. 무기한이거나 불확
실한 지불 기간이 설정되어 있다면 월초나 월 말일 등으로 기한을 정해야
하고 연금이 정기적으로 정해진 금액으로 들어오는 것이라면 무방합니
다. 선불의 경우, 이것은 대출이고 거래는 넓은 의미의 대출이 되므로 무
방합니다. 그러나 협상 없이 팔아서는 안 됩니다. 연금이 한 달, 두 달, 또
는 세 달 뒤에 수령되는 것이 확인되면 무방합니다.

* 출처: http://www.alifta.net/Search/ResultDetails.aspx?languagename=ar&lang=ar&view
=result&fatwaNum=&FatwaNumID=&ID=5364&searchScope=5&SearchScopeLevels1=&
SearchScopeLevels2=&highLight=1&SearchType=exact&SearchMoesar=false&bookID=&
LeftVal=0&RightVal=0&simple=&SearchCriteria=allwords&PagePath=&siteSection=1&sea
rchkeyword=216186216177216177#firstKeyWordFound(2014.8.5)

◈ 구매 물건에 이윤을 붙여 판매하는 상거래의 조건

질문　　상인 중에 구매 및 판매를 겸하는 사람이 있습니다. 예를 들어 상
품을 100에 구매해서 그것을 200에 판매하는 겁니다. 이렇게 거래하는 것
이 옳은 것인가요?

파트와　　이런 행동에 사기나 속임수가 없다면 문제되지 않습니다. 왜냐하
면 오늘 산 상품이 내일이 되면 값이 오를 수도 있습니다. 그래서 상품을

100에 사서 200에 파는 것은 무방합니다. 현금 결제든 외상 결제든 사람들에게 사기나 거짓말을 하지 않는다면 무방합니다. 속임수가 있을 경우, 예를 들어 시장에서 100에 팔리는 물건을 사람들에게 200이라고 속이거나 그들에게 시장가를 밝히지 않는다면, 시세를 모르는 사람들을 속이는 것이며 이는 횡포이자 사기이므로 허용되지 않습니다.

상품이 시장에서 얼마에 팔리는지, 예를 들어 100에 팔리는지 알고 있다면 사람들에게 그보다 더 비싼 가격에 팔 수 없습니다. 오히려 그들에게 시장에서 얼마에 팔리고 있다고 알려 줘야 합니다.

자신이 더 싸게 파는 판매자가 아니라는 것을 밝히고 사람들이 그걸 알면서도 구매한다면 구매자들이 납득하고 이해한 것이므로 문제되지 않습니다. 그 구매자가 당장 그 상품이 필요하거나 비싼 값이라도 구매하는 어떤 이유가 있는 것입니다. 결론적으로 상품이 시장에서 안정적으로 확정된 가격에 팔리고 있다면 시장에서 얼마에 팔리고 있는지 분명히 밝힌 후 판매해야 합니다.

* 출처: http://www.alifta.net/Search/ResultDetails.aspx?languagename=ar&lang=ar&view=result&fatwaNum=&FatwaNumID=&ID=5364&searchScope=5&SearchScopeLevels1=&SearchScopeLevels2=&highLight=1&SearchType=exact&SearchMoesar=false&bookID=&LeftVal=0&RightVal=0&simple=&SearchCriteria=allwords&PagePath=&siteSection=1&searchkeyword=216186216177216177#firstKeyWordFound(2014.8.5)

◆ 주식 증가분

질문   시멘트 회사가 생산력을 증대시키고자 주식을 판매하기로 하였습니다. 1주당 가격은 1.8리얄이었습니다. 1년 후 주식 가격은 2리얄 넘게 오를 것입니다. 증가분에 대한 의견은 무엇입니까?

파트와   이 주식 가격이 실제 시장가격이라면 무방합니다.

* 출처: Al-Fatāwi Al-Mu'āmalāt, Qism al-Fatwā bi Maktab al-'iftā' Salṭanah 'Umān, p.244.

◆ 거래 쌍방이 반드시 무슬림이어야 하는가의 여부

질문   무슬림이 무슬림에게서 상품을 구입하려 하지 않고, 이를 의무로 간주하지 않고 불신자의 가게에서 구입하고자 하면서 무슬림들 간의 결속을 저버리는 것에 대한 판단은 무엇입니까? 이것이 할랄인가요 아니면 하람인가요?

파트와 원칙적으로 무슬림이 필요로 하는 것을 알라가 허용한 것이라면 무슬림 또는 불신자로부터 구입이 허용됩니다. 예언자도 유대인에게서 구입한 적이 있습니다. 그러나 무슬림이 사기, 가격 인상, 상품 불량 등의 이유가 없는데도 무슬림과 거래하지 않고 불신자에게서 구매하기를 좋아하고, 실제 구매하고자 하고, 정당한 근거 없이 그것을 더 선호하는 것은 하람입니다.

습관적으로 그렇게 하다 보면 불신자들과 가깝게 지내게 되고 그들을 좋아하고 애착을 갖게 되며, 무슬림 상인들을 찾는 횟수가 줄어들어 그들의 상품이 팔리지 않고 쌓이게 되기 때문입니다.

하지만 무슬림 상인이 불공정한 거래를 한다든가 등의 구매를 거부할 만한 이유가 있을 경우에는 그 무슬림 상인에게 그런 행위를 멈출 것을 충고해야 합니다. 충고를 받아들인다면 다행이지만, 그렇지 않을 경우에는 포기하고 다른 사람에게, 차라리 거래를 공정하게 하고 믿을 수 있는 불신자에게 가십시오.

* 출처: http://www.alifta.net/Search/ResultDetails.aspx?languagename=ar&lang=ar&view=result&fatwaNum=&FatwaNumID=&ID=4569&searchScope=3&SearchScopeLevels1=&SearchScopeLevels2=&highLight=1&SearchType=exact&SearchMoesar=false&bookID=&LeftVal=0&RightVal=0&simple=&SearchCriteria=allwords&PagePath=&siteSection=1&searchkeyword=2161702161682161672161752171 32#firstKeyWordFound(2014.7.14)

◇ 노동자가 본국으로 귀국 후 노동자의 스폰서가 임금을 요청한 경우

질문 저는 한 노동자와 집 담을 짓기로 계약하였습니다. 이 노동자에게 임금 중 일부만 지불하고 잔금은 남겨 두었습니다. 이 노동자는 본국으로 돌아갔는데, 4년이 지난 후 이 노동자의 스폰서와 일꾼들이 저에게 나머지 임금을 요구하였습니다. 그러나 일을 했던 노동자는 자신의 스폰서에게 임금을 주지 말라고 했습니다. 현재 이 노동자는 본국에 있습니다. 이 문제에 대해 알려 주세요.

파트와 나머지 임금에 대한 권리는 노동자에게 있지 스폰서에게 있는 것이 아닙니다. 당신이 나머지 임금을 스폰서에게 주는 실수를 범하지 말아야 합니다. 당신은 돈의 주인을 찾아 직접 지불해야 합니다.

* 출처: Al-Fatāwi Al-Mu'āmalāt, Qism al-Fatwā bi Maktab al-'iftā' Salṭanah 'Umān, p. 259.

◈ 사망 후에 코란을 읽어 달라고 독경사를 고용할 수 있는가?

질문 사망한 사람을 위해 코란을 읽어 줄 사람을 고용하는 것에 대한 판단은 무엇입니까?

파트와 코란을 읽어 주는 것에 대해 임금을 주는 것은 허락되지 않습니다. 다른 사람을 위해 코란을 읽어 주는 것은 예언자 시대와 이후 무슬림 사회에서도 약조되지 않은 일입니다. 그러므로 이 관행을 지키는 것이 맞습니다.

* 출처: Al-Fatāwi Al-Mu'āmalāt, Qism al-Fatwā bi Maktab al-'iftā' Salṭanah 'Umān, p. 260.

질문 임금을 받고 코란을 읽어 주는 사람이 있습니다. 만약 이 사람이 큰소리로 코란을 읽는 것보다 속으로 읽을 때 더 생기가 돈다면 속으로 코란을 읽어 주는 것이 가능합니까? 이는 올바른 발음으로 코란을 읽는 것 때문에 그렇습니다.

파트와 사람은 큰소리로든 속으로든 코란을 읽을 수 있습니다. 알라께서 "모든 인간에게는 행위의 결과에 따라 등급이 있나니"〈알아흐까프(46)장 19절〉라 하셨습니다. 제 생각에는 돈을 받고 코란을 읽어 주는 것은 안 된다고 생각합니다. 코란을 낭송하는 것은 알라께 가까이 가는 숭배 행위입니다. 알라를 숭배하고 알라께 가까이 가는 행위들은 돈을 받고 할 수 없는 것입니다. 만약 돈을 받게 되면 알라를 숭배하는 데 요구되는 신실함에 모순되는 것입니다. 알라께서 "그들에게 주어진 명령은 알라를 경배하고 진실한 믿음이 되도록 그분께 헌신하며"〈바이이나(98)장 5절〉라고 하셨습니다.

* 출처: Al-Fatāwi Al-Mu'āmalāt, Qism al-Fatwā bi Maktab al-'iftā' Salṭanah 'Umān, p. 260.

◆ **코란 낭독을 위해 사람을 고용하거나 단식하는 것**

> 질문   사람을 고용하여 코란을 읽는 것과 단식하는 것에 대한 판단은
> 무엇입니까?
>
> 파트와   이 문제에 대해서는 이견이 있으나, 대부분 피하라는 의견입니
> 다.

* 출처: Al-Fatāwi Al-Mu'āmalāt, Qism al-Fatwā bi Maktab al-'iftā' Salṭanah 'Umān, p.260.

◆ **사업자 등록증 임대에 관한 판단 요청**

> 질문   사업자 등록증을 가지고 있지만 이를 사용하지 않는 한 남성이
> 있습니다. 가끔씩 사람들이 사업자 등록증을 주는(빌려주는) 대신 돈을
> 주겠다는 요청을 합니다. 이 돈은 할랄입니까?
>
> 파트와   신앙심이 있는 사람은 이런 일을 하지 않습니다. 이 일에는 의심
> 할 만한 점이 포함되어 있기 때문입니다.

* 출처: Al-Fatāwi Al-Mu'āmalāt, Qism al-Fatwā bi Maktab al-'iftā' Salṭanah 'Umān, p.260.

◆ **택시 번호판 임대에 관한 판단 요청**

> 질문   차량 없이 영업용 택시 번호만 빌리는 것이 샤리아상 가능합니까?
>
> 파트와   번호를 얻는 데 돈이나 노동이 필요한 경우에는 빌려도 괜찮습니
> 다.

* 출처: Al-Fatāwi Al-Mu'āmalāt, Qism al-Fatwā bi Maktab al-'iftā' Salṭanah 'Umān, p.260.

● **판매와 그에 따른 선택**

1. 판매의 정의, 판매에 대한 판단, 판매의 합법성에 대한 근거

1) 판매의 정의

○ 판매의 언어적 의미: 완전한 교환, 즉 유형이든 무형이든 간에 어떤 것을
다른 것과 교환하는 것이다. 아랍어로 '바아Bā'a'는 '팔다'라는 의미이고,
'이브타아'ibtā'a'는 '사다'라는 의미이다.

　가. 팔을 뜻하는 '바운'으로부터 나온 단어이다. 즉, 판매자와 구매자 모

두 상품을 가진 팔을 상대방에게 내민다는 것에서 생긴 의미이다.

나. 혹은 '바이아6'에서 나온 단어이다. 즉 악수와 손뼉 치기를 의미하는 것이다. 왜냐하면 판매자와 구매자 모두 (거래 시에) 손을 마주치기 때문인데, 이에 따라 판매를 '손뼉을 치는 거래(싸파까)'라고도 부른다.

○ 피끄흐상 의미: 가치가 있는 자산을 가치가 있는 자산과 교환하는 것으로, 상호합의에 의한 소유권의 이전과 획득을 의미한다.

가. 교환: 교환이란 주고 받는 것을 의미한다. 즉, 판매자와 구매자 모두 보상의 형태로 이익을 주고받는 것을 의미한다.

나. 하나피 학파가 보는 자산의 의미: 자산은 성질에 따른 것으로, 필요 시 저장이 가능한 것이다. 혹은 인간이 소유할 수 있거나 일반적으로 인간에게 유용한 것을 의미한다. 혹은 물질적 가치가 있다고 간주되는 모든 현물을 의미한다. 이는 교환이란 물질적인 것과 형태가 있는 것을 대상으로 한다는 것을 의미한다. 그렇기에 언어적 명칭에서 벗어나 피끄흐 용어로 사용된다. 그리고 자산은 현금과 현물을 포함한다.

다. 가치가 있는 것: 가치가 있는 것이란 저장이 가능한 것으로 샤리아에서 허락된 것이다. 즉 샤리아적 관점에서 자산으로 간주되는, 인정받은 자산을 의미한다. 따라서 술 혹은 돼지가 실정법에서는 가치가 있는 자산으로 간주된다 하더라도, 샤리아적 관점에서 볼 때 술 혹은 돼지는 가치가 있는 자산이라 할 수 없다.

라. 소유권 이전: 소유를 이전할 자격 혹은 그에 상응하는 권리를 가진 판매자로부터 이루어지는 것.

마. 획득: 소유할 수 있는 자격 혹은 그에 상응하는 권리를 가진 구매자로부터 이루어지는 것.

2) 판매에 대한 관련 법학자들이 주장하는 일부 조건 하에 판매가 허용되었지만 샤리아적으로 금지된 판매는 이러한 허용에서 제외된다.

6_ 매매, 교역; 판매계약.

3) 판매의 합법성에 대한 근거

판매의 합법성은 코란과 순나, 이즈마아(합의), 알마으쿨에 의해 확립되었다.

가. 코 란

알라께서는 거래는 적법하다고 규정하셨다."〈바까라(2)장 275절〉

"너희가 다른 사람에게 어떤 것을 팔 때에는 증인을 세우라."〈바까라(2)장 282절〉

"오, 너희 믿는 자들아! 너희가 서로 동의하여 교역에 의해 믿지 않는 한 너희의 재물을 부당한 방법으로 탐닉하지 말아라."〈니사(4)장 29절〉

나. 순 나

○ 말씀의 순나

"알라께서는 매매하거나 대출을 회수할 때 너그러운 자에게 자비를 내리신다."〈부카리 전승〉

"두 매매자는 그 자리를 떠나지 않는 한 선택을 할 수 있다."(합의된 순나)

"어떻게 수입을 얻는 것이 가장 좋습니까?"라는 질문을 받자 예언자는 "너희 손으로 일하는 것이나, 모든 정당한 거래이다"라고 답하였다. 〈티르미디 전승〉

"정직하고 진실한 상인은 예언자들과 진실한 자들, 순교자들과 함께 한다."〈티르미디 전승〉

○ 행동의 순나

알라가 예언자를 보내셨을 때, 사람들은 자힐리야 시대의 시장에서 거래를 하고 있었고, 그러한 시장 중에는 우카즈, 알마잔나, 디 알마자즈가 있다. 알라께서는 그들이 하고 있는 행위를 승인하셨다. 그들이 이러한 행위를 삼가려 할 때 전능하신 알라께서는 "너희가 너희의 주님의 자비를 구하는 것은 너희에게 결코 죄가 되지 아니하니라."〈바까라(2)장 198절〉라는 말씀을 내리셨다.〈부카리 전승〉

다. 이즈마으(합의)

이슬람 공동체는 판매가 허용된다는 것에 합의했고 또 이를 허락했다.

라. 알마으쿨

사람들은 판매와 그들이 소유한 상품을 교환하는 것이 합법적이기를
원하는데, 매매가 그 유일한 방법이다. 왜냐하면 탐욕과 물욕이라는
본성으로 인해 사람들은 보상 없이 소유한 것을 내놓으려 하지 않기
때문이다. 즉 사람들은 보상을 필요로 하며, 필요를 충족시키기 위해
법을 제정해야 한다.

4) 판매의 기본 요소

기본 요소의 의미: 기본 요소란 행위의 기반으로, 판매의 기본 요소란
말은 판매가 이루어지는 방식을 의미한다. 하나피 학파의 학자들은
판매의 기본 요소를 사물의 존재에 달려 있고 실존하는 것의 일부여
야 한다고 보았다. 판매 계약의 기본 요소, 즉 말, 행동, 기록, 신호 등
어떤 방법으로든 판매자와 구매자 두 명이 원하는 바에 대해 합의에
이른 것을 말한다. 이러한 의미에서 판매의 기본요소는 '교환'이다.

다른 법학파에 속한 대부분의 학자들은 판매의 기본 요소를 사물의
존재에 달려 있으며, 실존하는 것의 일부여서는 안 된다고 보았다.

따라서 판매의 기본 요소는 '두 계약 당사자', '계약물', '계약'의 형태
라 할 수 있다.

하나피 학파는 판매의 기본 요소가 '교환' 하나라고 주장하고, 일반
학자들은 '두 계약 당사자', '계약물', '계약' 세 가지가 판매의 기본 요
소라고 주장하는데, 이에 상관없이 결론은 하나이다. 왜냐하면, 교환
이 일어나는 경우에, 교환은 두 계약 당사자 사이에서 이루어지며, 계
약물이 존재하고, 교환하고자 하는 의도를 나타내는 형식이 사용되기
때문이다.

판매의 기본 요소가 계약의 기초가 되기 때문에, 판매의 기본 요소가
갖추어지지 않았다면 계약은 무효가 된다. 따라서 제안과 수락을 통
하지 않고 매매를 하거나, 무아타(말 없이 행위로만 계약한 것) 형태
로 매매가 이루어졌다면 판매는 무효가 된다. 하나피 학파가 판매의
기본 요소라고 주장하는 교환에는 두 가지 측면이 있다. 즉 행동으로
써 이루어지는 교환과 말로써 이루어지는 교환이다.

행동으로 이루어지는 교환: 행동으로 이루어지는 교환이란 두 계약

당사자 사이에 구두 표현 없이 교환이 이루어진 것을 뜻한다. (두 계약 당사자 중 하나만 말로써 표현하지 않는 것에 대해서는 법학자들 간에 이견이 있다.)

이러한 종류의 판매는 '알타아티', '알무아타', '알타라디', '알무라와' 라고 불린다.

위에서 언급한 모든 판매는 계약 당사자 쌍방 간에 말이나 신호 없이 상호 합의를 기반으로 교환이 이루어지는 판매 형태를 의미한다.

법학자들은 이러한 형태의 판매에 대해 각자 다른 의견을 가지고 있으며, 다음은 이에 대한 네 가지 의견이다.

1. "알타아티" 판매는 절대 허락되지 않는다. 즉 보잘것없는 물건이든 귀중한 물건이든 상관 없이 불가하며, 사람들이 이러한 판매를 인정하든 안 하든 상관 없이 불가하다. 이는 샤피이 학파와 다히리야 학파, 시아의 이마미야 학파의 의견이다.

2. "알타아티"는 사람들이 이를 인정하든 안 하든, 보잘것없는 물건이든 귀중한 물건이든 상관 없이 절대적으로 허용된다. 이는 말리키 학파와 아흐마드 븐 한발의 의견이다.

3. "알타아티" 판매는 보잘것없는 물건에 한해서 허용된다. 귀중한 물건에 대한 "알타아티" 판매는 허용되지 않는다. 이는 알캇두리, 하나피 학파의 알카르키, 이븐 수라이즈, 샤피이 학파의 알루야니의 의견이다.

4. 사람들이 인정한다는 조건 하에 보잘것없는 물건, 귀중한 물건 모두 "알타아티" 판매가 허용된다. 이는 하나피 학파와 한발리 학파의 의견이다.

○ 1번 의견의 근거

계약은 행동으로 성립되지 않는다. 행동은 계약을 체결했다는 근거가 되는 힘이 없기 때문이다. 계약은 동의를 바탕으로 이루어지는데, 동의는 분명한 말이나 기록으로만 나타내질 수 있으며, 필요하다면 기록이나 이해 가능한 신호 등 말이나 기록과 상응한 역할을 하는 것을 통해 나타난다.

샤리아상 판단할 때 판매는 말이며, 이는 즉 제안과 수락을 뜻하기 때문

이다. 따라서 알타아티 판매는 샤리아 판단에서 볼 때 판매로 간주되지
않는다.

○ 2번 의견의 근거

말리크의 의견이며, 또한 이맘 아흐마드 학파의 원칙이다.

사람들의 인정 여부에 상관 없이 동의의 뜻이 확실히 드러나는 경우 계
약은 행위(즉 알타아티)에 의해 성립한다. 단, 결혼 계약은 예외적으로 말
로써 이루어져야 한다.

말에 의한 판매와 행위에 의한 판매를 구분 짓지 않은 근거들의 일반성
에 따른 것이다. 이런 판단의 근거는 샤리아가 내려지기 전에 이미 판매
가 존재했다는 것을 들 수 있다. 판매를 꼭 말로 해야 한다고 정해져 있는
것은 아니며, 예언자나 예언자의 교우가 판매 시 제안과 수락을 하였다고
전해진 바도 없다. 만약 그러하였다면 죄를 피하기 위해 이러한 사실이
널리 알려졌을 것이다.

제안과 수락은 상호합의를 나타내는 표현이다. 따라서 흥정이나 알무아
타 같이 상호합의를 보여 주는 다른 수단이 존재한다면 그것으로 제안과
수락을 대신할 수 있다.

○ 3번 의견의 근거

알캇두리, 알카르키, 이븐 수라이즈, 알루야니의 의견이다.

사람들은 보통 알타아티의 방법을 이용하여 말이나 신호 없이 보잘것없
는 물건들을 판다. 하지만 귀중한 물건들은 그렇게 하지 않는다.

보잘것없는 물건이란 채소나 빵, 설탕 등 관습적으로 받아들여지는 값이
싼 물건들을 말한다.

이븐 후맘이 전한 바에 따르면, 아비 무아즈는 "나는 수프얀 알사우리가
석류를 가지고 있는 사람에게 가서 동전을 그의 옆에 내려 놓고 말없이
석류 하나를 가지고 가는 것을 보았다"라고 말했다.

○ 4번 의견의 근거

이는 하나피 학파와 한발리 학파의 의견이다.

판매는 언어적으로 보나 샤리아적으로 보나 교환을 의미하는 명사이다.
'알타아티' 판매도 교환의 성격을 띠며, 즉 무언가를 주고받는 것이다. 매
매를 말로 하는 것은 매매를 나타내는 징표일 뿐이다.

이에 대한 근거는 알라의 말씀에 나와 있다. "너희가 서로 동의하여 거래에 의해 믿지 않는 한…."〈니사(4)장 29절〉 그리고 거래란 어떤 것과 다른 것을 대등한 비용을 치르고 교환하는 것으로 소유자가 변하는 것이다.

알라께서는 "인도 대신에 죄악을 선택한 자들이 이들이니, 이들이 그 길(거래)에서 얻은 것은 아무것도 없었으며 또한 올바른 길로 인도되지도 못하노라"〈바까라(2)장 16절〉라고 말씀하셨다.

알라께서는 판매라는 말이 없는 교환에 거래라는 명칭을 붙이셨다.

그리고 알라께서는 "알라께서는 믿는 자들로부터 그들이 바친 사람들과 그들의 제물에 대하여 그들이 갖게 되는 낙원을 주시었노라"〈타우바(9)장 111절〉라고 말씀하셨다.

지고하신 알라께서는 천국에 대한 교환이란 매매를 통해 이루어지는 알라를 위한 전투라고 명명하셨다. 비록 판매라는 말이 나와 있지는 않지만 이러한 의미는 위의 절의 나머지 부분에 나타나 있다. "그러므로 너희가 너희의 사람과 재물을 바쳐 얻은 것을 기뻐하라. 그리고 그것이 지고의 승리이니라."〈타우바(9)장 111절〉

"알타아티 판매"가 주고받음이라는 교환의 성격을 띠고, 보잘것없는 것과 귀중한 것 모두에 적용된다는 것이 입증됐다면, 모든 것에 대한 "알타아티 판매"는 판매로 간주되고, 따라서 허락된 것이다.

* 출처: ʿabduljawād Khalaf(2008), al-Muʿāmalāt fī al-Fiqh al-Islāmī, al-Dār al-Duwaliyyah lil Istithmārāt al-Thaqāfiyyah, pp.9-16.

◆ 재산의 정의와 분류

질문 무슬림들에게 재산의 정의는 무엇입니까? 그리고 그들은 재산의 분류를 어떻게 합니까?

파트와 재산은 소유하고 있는 자산, 물건, 가축, 돈 등으로 나뉩니다.

* 출처: Al-Fatāwi Al-Muʿāmalāt, Qism al-Fatwa bi Maktab al-'iftāʾ, Salṭanah ʿUmān, p.390.

◈ 이익도 재산으로 간주되는가의 여부

질문 이익도 재산으로 평가됩니까? 만약 아니라면 재산의 명목은 이익
에 관계없이 실물에만 국한됩니까?

파트와 네, 이익도 재산입니다. 보장되는 양만큼 평가됩니다. 그것은 집
이나 자동차의 사용이나 그 외의 기구들의 사용과 마찬가지로 사용료를
지불해야 합니다. 그래서 주인의 허락 없이 무언가를 사용했다면 그로 인
해 얻은 이익만큼 지불해야 합니다.

* 출처: Al-Fatāwi Al-Mu'āmalāt, Qism al-Fatwa bi Maktab al-'iftā', Salṭanah 'Umān, p.390.

• 상거래 관련 정의 및 규정

하기 상거래 관련 정의 및 규정은 『알마우수아 알피끄히야 알무얏사라
al-Mawusū'ah al-Fiqhiyyah al- Muyassarah』에 수록된 것이다. 상거래에 관한
규정은 국가별 차이가 존재한다. 그 이유는 이슬람 학파별 해석 상의 차
이와 국가별 장려 정책의 차이에서 비롯된 것으로 보인다.

무다라바

계약 일방이 자본을 제공하고 타방이 노동을 제공하는 형태이다.

• 파트너십(al-Shirākah)

무슬림 사회의 상거래에서 계약으로 맺어지는 파트너십에는 무파와다,
이난, 무하사, 무다라바, 무자라아, 무사까, 우주흐, 아으말이 있다. 그중
이난 파트너십은 합자회사, 주식회사, 유한책임회사로 나뉘어진다.

(1) 무파와다 파트너십(Company of Negotiation): 무한책임 파트너십
1) 정의: 두 명 이상이 자본과 행위, 채무에 대한 책임을 동일하게 지는 파트
너십이다. 앞의 세 요소 중 어느 한 요소에서 차이가 생기게 될 경우 이 파
트너십은 이난 파트너십으로 전환된다.
이에 따라, 두 동업자 중 한 사람이 개인적 필요가 아닌 것을 구매한 것은
파트너십의 소유가 된다. 또한 파트너십이 마땅히 해야 하는 것 대신에 두

동업자 중 한 사람이 채무를 지게 될 경우 다른 동업자는 이에 대한 책임을 진다. 왜냐하면 한 동업자는 다른 동업자의 보증인이기 때문이다.

2) 샤리아상의 합법성: 무파와다 파트너십에 대한 내용이 코란과 순나에 있지는 않다. 하지만 무파와다는 샤리아상으로 합법이며, 이는 행위에 대한 원칙적인 허용에 근거한다. 즉, 샤리아에는 이를 금지하는 내용이 없다. 그리고 이는 파트너십에 대한 사람들의 일반적 관념에 따른 것이다. 왜냐하면 이 파트너십의 두 동업자는 자본과 노동이 동일하든 상이하든 상관없이 자본과 노동에 함께 참여하기 때문이다. 따라서 파트너간 자본과 노동에 있어 동일하게 책임진다면 이는 무파와다 파트너십이 되고, 상이하다면 이난 파트너십이 된다.

3) 무파와다의 기반: 무파와다 파트너십은 위임과 보증에 기반하여 체결된다. 즉 동업자 각각은 다른 동업자의 대리인이자 보증인이다. 동업자 각각이 서로의 대리인이라는 점에 근거하여, 동업자는 상품양도, 하자에 의한 반품, 가격 할인을 할 수 있으며, 또한 회사에서 일하도록 사람을 고용할 수 있다. 그리고 그를 포함한 동업자들은 피고용인의 처분에 대해 동등한 권리를 갖는다. 동업자 각각이 서로의 보증인이라는 점에 근거하여, 동업자는 회사의 모든 채무에 대한 책임을 갖는다. 한 파트너의 사유재산이 모두 소진되었다고 해도 채권자는 다른 동업자에게 채무에 대한 책임을 물을 수 있다. 비록 그가 채무발생 행위에 연관되지 않았을지라도 그러하다.

(2) 이난 파트너십

1) 정의: 이난 파트너십이란 두 명 이상의 사람 간에 이루어진 파트너십으로, 동업자들이 자본, 이윤, 노동에 있어 동일해야 한다는 조건은 없다.

　이난 파트너십은 회사 채무에 대한 동업자들의 책임 비중에 따라 다음과 같은 종류로 나뉘어진다.

① 합자회사(Limited Partnership or General Partnership, LP or GP): 합자회사란 두 종류의 사원들로 구성된 파트너십이다. 회사 채무에 대한 연대 책임을 질 의무가 있는 사원과(무한책임사원), 자신이 참여한 지분에 한해서만 회사 채무에 대한 책임을 지는 사원(유한책임사원)으

로 구성된다.

② 주식회사(Joint-stock Company): 자본금을 동일한 가치를 지닌 유통 가능한 주식으로 나누는 파트너십으로, 출자자들은 자신의 자본금 한도 내에서만 회사 채무에 대해 의무를 진다.

③ 유한책임회사(Limited Liability Company): 유통 불가능한 자본금으로 구성되는 파트너십이다. 유한책임회사에 참여한 사원은 자신의 자본금 한도 내에서만 의무를 진다.

(3) 무다라바 파트너십

1) 정의: 무다라바는 이윤을 공유하는 파트너십 계약으로, 한쪽이 자본을 제공하고 다른 한쪽이 노동을 제공하거나, 계약 일방이 자본을 제공하고 타방이 자본과 노동을 제공하는 두 형태가 있다. 이 두 번째 형태를 무하사 파트너십이라 한다.

   ○ 샤리아상 합법성

   샤리아상으로 무다라바 파트너십은 이즈마으(합의)로 합법적이다. 예언자도 계시를 받기 전 카디자의 상단을 이끌고 샴 지역으로 갔을 때 무다라바를 했다. 예언자의 교우들 또한 무다라바를 했고, 오늘날까지 계속되고 있다.

2) 무다라바의 기반: 무다라바는 위임에 기반한다. 무다립(노동자)은 출자자의 대행인이다. 따라서 무다립이 이윤을 내면 그 이윤을 나눠 가지고, 양자가 정한 조건을 위배하였을 경우에는 조건 위배자가 책임을 진다. 어떤 연유에 의해 무다라바가 파기되었다면 무다립은 출자자의 피고용인이 된다.

3) 동업자: 무다립의 조건은 대리인의 조건과 일치한다. 즉, 정신이 온전한 성인이어야 하며, 선택을 내릴 수 있는 자여야 하고, 법적 무능력자가 아니어야 한다. 보호자는 미성년자와 정신이상자를 대신하여 그들의 자산을 무다라바 형태로 운용할 수 있다.

   ① 무다립은 자본에 대해 신용이 있다. 자본금이 피해를 입었지만 위반 행위나 의무 태만으로 인한 것이 아니라면 그는 이에 대한 책임을 지지 않는다. 출자자가 그의 동업자와 상이한 금액의 이윤을 갖지만, 이

에 대해 명확한 이유를 대지 못할 경우 무다립의 말이 인정된다. 무다
립에게 신용이 있기 때문이다.[7]

② 무다립은 출자자가 정한 조건들을 준수해야 한다.

4) 형식: 무다라바는 무다라바를 나타내는 모든 형식에 의해 성립된다. 출
자자의 이해를 위해 세워진 무다라바 조건들은 이행되어야 한다. 출자자
의 이해와 관계가 없는 조건에는 관여하지 않는다. 출자자가 무다립이
떠나지 않고 특정 국가에서 일할 것을 조건으로 하거나, 또는 특정한 물
건을 가지고 업무를 이행할 것을 조건으로 했다면, 무다립은 이를 이행
할 의무가 있다. 조건을 위반할 경우 무다라바는 무효가 되며, (조건을
위반한 자는) 자본에 대한 책임을 진다. 출자자가 자신이 무다립과 함께
일할 것을 조건으로 걸었다면, 이는 무다라바가 아닌 이난 파트너십이
된다.

5) 무다라바 자본: 무다라바 자본의 조건은 다음과 같다.

① 현금이거나 가액을 산출할 수 있는 현물(등가물)이어야 한다.

② 계약 당시 명시되어야 한다.

③ 현물이어야 하며, 노동자가 부담하는 채무가 되어서는 안 된다. 노동
자가 아닌 이가 부담하는 채무일 경우, 채권자가 노동자에게 "내가
아무개에게 빌려준 1천 디르함이 있으니 이를 아무개로부터 수령하
고 이 자금으로 무다라바 계약을 이행하라"라고 말한다면 이것은 가
능하다.

④ 거래에 쓰일 수 있도록 무다립에게 양도되어야 한다.

6) 무다라바에서의 노동: 무다라바 계약은 반드시 다음과 같은 형태를 취해
야 한다.

① 무조건적인 무다라바가 있다. 예를 들어 "여기 내 자산이 1만 디르함
이 있으니 이를 가지고 무다라바를 행하라. 우리 사이의 이윤은 반으
로 나눈다"라고 말한다면, 무다립은 상인들처럼 이 자금을 가지고 판
매, 구매, 저당, 임대 등의 상업행위를 할 수 있다. 하지만 무다립은 제
3자에게 자금을 지불함으로써 또 다른 무다라바를 할 수 없으며, 이

7_ 약자보호의 원칙.

자금을 자신의 자금 또는 제3자의 자금과 혼합할 수 없다. 또한 무다립은 제3자와 맺은 파트너십에 이 자금을 포함시킬 수 없다.

② 무다립에게 일임하는 형태가 있다. 예를 들어 무다립에게 자본주가 "여기 내 자산 1만 디르함이 있으니 이를 가지고 당신이 원하는 대로 하라"고 말하고, "우리 사이의 이윤은 반으로 나눈다"라고 한다면, 무다립은 무다라바 자본을 자신의 자금과 혼합할 수 있다. 또한 이 자금을 제3자와 맺은 무샤라카 또는 무다라바에 포함시킬 수 있다.

③ 무다립에게 제약이 있는 형태가 있다. 예를 들어 무다립이 특정한 종류의 상품 거래를 해야 한다는 제한을 두는 것으로, "여기 내 자산 1만 디르함이 있으니 이를 가지고 무다라바를 행하되 실을 판매하라 우리 사이의 이윤은 반으로 나눈다"라고 말하는 경우이다. 또는 특정한 장소로 제한하는 것으로, "이 자산을 기반으로 메카에 가서 실을 판매하고 메카를 벗어나지 않아야 한다"라고 말하는 경우를 들 수 있다. 이때 무다립은 이러한 제한사항을 준수해야 한다.

7) 무다라바로 인한 이윤과 손해

① 이윤은 자본과 상관없이 이윤 대비 특정 비율에 따라 명확히 결정되어야 한다. 예를 들어, "당신에게 알라께서 베풀어 주시는 이윤의 3분의 1을 주겠다"라고 하는 것을 들 수 있다.

② 이윤이 발생하였을 경우 (무다립과 자본주는) 이 이윤을 쌍방 간에 합의된 조건에 따라 나눈다. 하지만 손해가 발생하면 자본으로 모든 손해를 충당하고, 무다립은 노동을 들인 대가를 잃게 된다.

③ 파기된 무다라바일 경우: 이윤은 모두 자본주의 소유가 되며, 무다라바로 인해 발생한 이윤이나 손해와 상관없이 무다립은 계약에 명시된 금액에 해당하는 유사한 경우의 통상적 임금을 받는다.

(4) 무하사 파트너십[8]

한 사람은 자본을, 다른 한 사람은 자본과 노동을 제공하는 파트너십이다. 일반적으로 이 파트너십은 비공개적이고 법인격을 갖지 않는다. 무하

8_ 유한책임조합(LLP: Limited Liability Partnership), 사모펀드류와 유사하다.

사에 대해서는 한 명 또는 소수만이 알고 있고, 이들은 파트너십 관련 업무를 처리하며 그들의 책무를 다한다. 자본주 중 비공개적 투자자들은 파트너십 채무에 대해 아무런 책임도 지지 않지만, 파트너십 관련 업무에 대해서는 책임을 진다.

(5) 무사까 및 무자라아 파트너십

토지를 경작할 사람에게 정해진 수확량의 일정 비율을 받기로 하고 파트너십이 성립된다. 혹은 작물에 물을 줄 사람에게 정해진 수확량의 일정 비율을 받기로 하고 파트너십이 성립된다.

(6) 우주흐 파트너십[9]

자본이 없는 두 사람이 외상으로 구매한 것에 대해 발생하는 이윤을 나누는 것이다.

(7) 아으말 파트너십

아브단, 또는 사나이아라고도 불리는 아으말 파트너십은 두 명이 그들의 육체적 노동을 투입하여 획득한 소득을 서로 나누는 것이다.

* 출처: Muḥammad Rawwās Qal'ah'jī(2000), al-Mawusū'ah al-Fiqhiyyah al-Muyassarah, p.1141.

9_ 우주흐는 아랍어로 '얼굴들'이다. 그 사회에서 신뢰를 바탕으로 자본 없이 얼굴을 보고 외상거래를 할 수 있다는 의미이다.

참고문헌
F a t w ā

공일주(2010), 이슬람 율법, 살림.

금융감독원(2006), 최근 이슬람 금융동향 및 시사점.

김동환(2013), "이슬람 금융 거래에 적합한 시장에 관한 연구,"『중동연구』 제32권-2호, 53-82.

_____(2013), "이슬람 금융 거래 방식의 분류에 관한 연구,"『한국이슬람학 회논총』 제23-3집, 166-184.

_____(2014), "시대적 배경을 통해 나타난 리바의 특징과 종류,"『한국이슬 람학회논총』 제24-3집, 191-210.

김종원(2010), 이슬람 금융의 힘, 21세기북스.

데이비드 리버링 루이스(2008), 이종인 옮김, 신의 용광로, 책과 함께.

엄익란(2009), 무슬림 마음 속에는 무엇이 있을까? 한울.

엘버트 후라이니(2010), 홍미정, 김정명 옮김, 아랍인의 역사, 심산.

유스프 까르다위(2011), 최영길 옮김, 이슬람의 허용과 금기, 세창.

이븐 칼둔(2012), 김정아 옮김, 무깟디마1, 소명.

장 후세인 엮음(2014), 하디스 40선과 해설, 젠나무민북스.

최영길(2008), 무함마드 언행록을 통해서 본 다양한 이슬람, 알림.

한스 큉(2012), 손성현 옮김, 이슬람, 시와 진실.

AAOIFI(2014), Overview of International Islamic Finance Standards.

ʿAbd al-Jawād Khalaf(2008), Muʿāmlāt fī al-Fiqh al-Islāmī, al-Dār al-Duwaliyyah lil Istithmārāt al-Thaqāfiyyah.

Al-Fatāwi al-Sharʿiyyah-17(2012), Qism al-Iftāʾ, Dāirah al-Shʾūn al-Islāmiyyah wa al-ʿamal al-Khairī bi Dubai.

Ali Aḥmed alsālūs(1992), almuʿāmalāt almaāliyat almuʿāṣira fi mizān alfigh alislām, almaktaba alfalāḥ, Kuwait.

ʾAnwār al-Bāz(2010), *Muʿjam Muṣṭalḥāt al-Shariʿiyyah*, Dār al-Wafāʾ.

Ibn Manẓur(2008), *lisan alarab*, Dār Sādir, Beirut.

Khālid ibn ʿabd al-Raḥman al-Jarīsī(2012), al-Fatāwa al-Sharʿiyyah fī al-Masāʾil al-ʿaṣriyyah, Maktabah al-Malik Fahd al-Waṭaniyyah.

Mahmoud A. El-khalifa, Al-Fatāwi -Al-Muʾāmalāt, Qism al-Fatwa bi Maktab al-ʿiftāʾ, Salṭanah ʿUmān.

Maḥmūd Abdulkarīm Aḥmed Irshīd(2001), *alshāmil fī almuʿāmalāt alislāmiyat*, Dār alnafāis, Amman.

Maḥmūd Husein & Husein Muḥammad(2008), *almasārif alislāmiya alusus alnaẓriya wa altaṭtbīqāt alʿamaliya*, Dār almasīra, Amman.

Majmaʿ al-Fiqh al-Islāmī, Sharika Maṭābiʿ al-Sudānī lilʿumlah al-Maḥdūdah

Majmaʿ al-Fiqh al-ʾislāmī(2011), *Fatāwa Majmuʾi al-Fiqh al-ʾislāmī*.

Mohamed(2010), *History of Islamic Banks and a Contemporary Basic Guide to Islamic Banking and Finance*,VDM Verlag Dr. Muller.

Muḥammad Rawwās Qalʾahji(2007), *almuʾamalaat almaaliya almuʾaasira fī ḍaui alfiqh wa alshariʾa*, Dār alnafāis, Beirut.

Qarārāt Majlis al-Iftāʾ al-ʾurdunnī(2009), Dāʾirah al-Iftāʾ al-ʾām.

Qarārāt wa Tauṣiyyāt Majmaʿ al-Fiqh al-Islāmī.

찾아보기
Fatwā

파트와를 통해 본
이슬람 사회의 규범과 현실